U0892254

创新·科学·实用

本书为国家社会科学基金重大项目“多源大数据人口监测的理论逻辑和技术应用研究及示范数据库与决策平台建设”（项目批准号：22&ZD197）的阶段性成果

中国人口与发展研究中心智库研究报告
Think Tank Report of China Population and Development Research Center

中国人口展望（2024）

——迈向高质量发展的未来

主　编　贺　丹
副主编　张许颖
编写组　贺　丹　张许颖　李　月
　　　　刘厚莲　王英安　张翠玲
　　　　王丹寅　贾　璨　候亚杰
　　　　元俊磊　周立权

海峡出版发行集团 | 福建人民出版社
THE STRAITS PUBLISHING & DISTRIBUTING GROUP | FUJIAN PEOPLE'S PUBLISHING HOUSE

图书在版编目（CIP）数据

中国人口展望. 2024 ：迈向高质量发展的未来 / 贺丹主编. --福州 ：福建人民出版社，2024. 11. -- ISBN 978-7-211-09545-2

Ⅰ. C924. 24

中国国家版本馆 CIP 数据核字第 2024A1Y752 号

中国人口展望（2024）

ZHONGGUO RENKOU ZHANWANG（2024）

——迈向高质量发展的未来

主　　编：贺　丹
责任编辑：程顺祺
美术编辑：林　玲
责任校对：李雪莹
出版发行：福建人民出版社　　**电　　话**：0591-87533169(发行部)
网　　址：http://www.fjpph.com　　**电子邮箱**：chengshunqi@126.com
地　　址：福州市东水路 76 号　　**邮政编码**：350001
经　　销：福建新华发行（集团）有限责任公司
印　　刷：福州印团网印刷有限公司
地　　址：福州市仓山区建新镇十字亭路 4 号
开　　本：787 毫米×1092 毫米　1/16
印　　张：13. 5
字　　数：217 千字
版　　次：2024 年 11 月第 1 版　　2024 年 11 月第 1 次印刷
书　　号：ISBN 978-7-211-09545-2
定　　价：69. 00 元

前　　言

党的二十大报告总结了中国式现代化的五个特征，首要特征是“人口规模巨大的现代化”。报告指出，我国14亿多人口整体迈进现代化社会，规模超过现有发达国家人口的总和，艰巨性和复杂性前所未有，发展途径和推进方式也必然具有自己的特点。2023年5月，习近平总书记主持召开二十届中央财经委第一次会议，强调人口发展是关系中华民族伟大复兴的大事，对新时代人口发展提出了新部署、新要求，深刻指出我国总体上已由人口增量发展转向减量发展阶段，人口发展呈现少子化、老龄化、区域人口增减分化等明显的趋势性特征，要努力保持适度生育水平和人口规模，加快塑造素质优良、总量充裕、结构优化、分布合理的现代化人力资源，以人口高质量发展支撑中国式现代化。

我国曾经长期是世界上人口最多的国家，人口问题始终是一个全局性、战略性问题，因此必须全面认识、正确看待我国人口发展的新形势；应深入分析人口发展与经济社会发展的互动规律，牢牢把握战略主动权。

第一，人口规模巨大既是挑战，也是潜能和优势。尽管我国人口总量开始下降，但这是在14亿人口基数上的下降。到21世纪末，我国仍保有巨大的人口规模势能。4亿中等收入群体形成的庞大消费市场规模，是支撑国内大循环的重要条件。2023年，我国人均国内生产总值已达到8.94万元，进入大众高质量消费阶段。亿万家庭生活品质的提升、消费模式的变化，可以带来消费总量、结构和能级的提升。巨大的市场容量、不断增长的个性化消费需求，可以支撑所有细分行业的发展和创新，为产业发展提供巨大的成长空间。

第二，充裕的劳动力供给是中国式现代化的重要支撑。我国劳动年龄人口呈下降趋势，但依旧保持较大规模，2023 年，15-64 岁人口为 9.62 亿人，至 2035 年还将有 9 亿人左右。目前，人口红利的机会窗口依旧没有关闭。同时，我国劳动年龄人口的劳动参与率较高，保障了劳动力的充分供给。根据世界银行数据，2022 年，我国 15-64 岁劳动年龄人口的劳动参与率约为 75%，在世界主要经济体中处于较高水平。尤其是中国女性的劳动参与率较高，目前仍保持在 60%以上，明显高于世界平均水平，也高于印度等人口大国。

第三，人口素质不断提升为中国式现代化建设打下坚实人力资源基础。随着科教兴国战略、人才强国战略、健康中国战略的深入实施，我国人口素质不断提升。2023 年，接受过高等教育人口达到 2.5 亿人，新增劳动力平均受教育年限为 14 年。根据中国人口与发展研究中心的预测，我国人力资本存量还将在 2035 年前持续增加。随着我国人口健康水平的提高，健康工作、生活的时间还将延长，也将重塑我国现代化建设的人力资源基础。

第四，推进以人为核心的新型城镇化将释放巨大的制度红利。当前，我国人口迁移势能仍然巨大。2023 年底，全国户籍人口城镇化率达 48.3%，以户籍人口城镇化率在 2030 年达到 65%计算，还将有 2 亿人要实现生活、工作地的永久性迁移。城镇化带来的经济效应将更加凸显。目前，特大城市和城市群内部的经济联系已经形成，对人口就业的吸纳能力相对稳定。同时，乡村振兴战略将着力培养新型职业农民，留住部分年轻人，支持有资金和经验的外出人口返乡创业，从而开创城乡融合发展的新格局。推进土地、户籍、税收等关键领域改革，促进要素市场化配置，将释放改革红利，实现人口对经济健康发展的长期支撑。

开展人口预测是完善人口战略研究、促进人口高质量发展的重要基础性工作。详细的人口预测数据可以为规划制定、公共服务资源配置等提供基础性依据。为此，中国人口与发展研究中心（简称“人发中心”）组织专业人员，依据第七次人口普查数据、人口抽样调查数据等多源人口数据，依托人口与发展决策大数据实验室的人口预测模型和决策支持平台，经过多情景测算，以预测数据为基础，编写了《中国人口展望（2024）》（简称“CPP 2024”）。CPP 2024 聚焦我国人口发展面临的新形势、新特征，研判我国人口生育、死亡、迁移变动规律，开展全国人口中长期发展趋势预测。同时，CPP 2024 探索分城乡人口发展趋势预测，以及我国 31 个省、自治区、直辖市（不包括港、澳、台地区，后同）人口发展形势分析，为进行细分人群的人口发展趋势研究提供了详细的数据基础。

CPP 2024 主要包括两个主报告，全国人口中长期变动多情景预测、分城乡人口发展趋势预测、各地区人口发展形势预测分析等三个专题，以及概率预测的原理、模型及方法和中国人口中长期变动多情景预测结果数据集两个附录。主报告一“14 亿人的中国：迈向高质量发展的未来”对“十四五”时期及中长期发展态势进行了详细测算，系统归纳了我国人口与经济社会发展互动关系的六个基本判断，提出了相关政策建议。主报告二“人口负增长的内在逻辑、趋势特征及对策”指出了我国人口负增长的起始条件，研判了我国人口负增长的内在逻辑，对我国人口负增长的趋势特征及其经济社会效应进行分析，提出了积极应对人口负增长的战略举措。第一章“我国人口中长期变动多情景预测分析”将贝叶斯分层概率预测方法与人口分要素预测方法相结合，研究设定我国人口预测的生育、死亡、迁移等参数方案，对我国人口中长期变动趋势开展多情景预测分析。第二章“我国分城乡人口发展趋势预测分析”阐明了城乡人口变动状况，研究设置城镇、乡村地区人口预测参数，开展我国城镇、乡村人口发展趋势预测分析。第三章“我国各地区人口发展趋势预测分析”揭示了各省、自治区、直辖市人口发展形势，重点参考第七次人口普查的信息，设置各地区人口预测参数，研判我国各地区人口未来发展趋势。附录一“概率预测的原理、模型及方法”阐述了概率预测方法的原理，对本书的总和生育率和平均预期寿命参数的概率预测方法进行了介绍。附录二“中国人口中长期变动多情景预测结果数据集”摘录了部分常用人口指标，更为详细的人口预测数据集请扫封底二维码下载。

需要说明的是，概率人口预测的中位值情景能够较好地反映我国人口中长期发展态势，但难以涵盖近期内的各种扰动性因素，因此，对近期人口发展趋势的研判，应结合多情景预测结果进行综合分析和应用。分城乡、分地区人口预测是较为复杂的系统性工作，涉及的迁移等影响因素更加复杂，人口预测工作面临的挑战也更大，因此属于探索性工作，未来仍需要进一步提升完善。

《中国人口展望（2024）》是人发中心继《中国人口展望（2018）》之后发布的第二部中国人口预测展望报告。CPP 2024 在多个方面具有一定的创新性：首先，本报告开展全国人口预测时，采用概率预测方法综合设置各情景预测参数，较好地解决了人口预测科学性与确定性、客观性与实用性之间的关系。其次，本报告在设置分城乡和分地区人口预测迁移参数时，充分利用第七次人口普查微观数据，有效提升了细分人群的人口预测数据质量。最后，探索开展全国 31 个省、自治区、直辖市人口预测工作，为深入开展省域尺度下的人口预测工作奠定了基础。今后，中国人口与发展研究中心将加强人口与发展决策大数据实验室建设，持续完善人口预测数据基础、模型体系和软件平台，依据新信息动态开展人口预测工作，定期发布最新人口预测报告，希望为广大学者、实际工作者提供有益借鉴和参考。

贺丹

中国人口与发展研究中心主任、研究员

2024 年 3 月

目　　录

主报告一　14 亿人的中国：迈向高质量发展的未来

人口问题始终是一个全局性、战略性问题。近年来，我国人口发展出现了一些显著变化，既面临人口众多的压力，又面临人口结构转变带来的挑战。当今世界处于百年未有之大变局，“十四五”时期，更是我国“两个一百年”奋斗目标的历史交汇期、新时代社会主义现代化建设“两个阶段”开局的新起点。贯彻创新、协调、绿色、开放、共享的新发展理念，实现现代化，对我国人口发展战略提出了一系列新挑战，迫切需要制定人口长期发展战略，促进人口长期均衡发展。

一、“十四五”时期及中长期人口发展态势

面对内外部环境重大转折性变化，把握当前及今后一个阶段人口发展变动趋势，对我们综合研判人口与经济社会发展互动关系，积极构建适应人口负增长时代的人口发展政策，奠定未来三十年人口与经济社会可持续发展的坚实基础，具有十分重要的战略意义。

依据 2020 年第七次全国人口普查（以下简称“七普”）等数据，采用队列要素预测方法、贝叶斯分层概率预测方法、人口教育多状态预测方法，对我国人口变动趋势进行多情景预测。根据多情景预测数据，我国“十四五”时期及中长期人口发展趋势如下。

（一）人口总量将相继经历零增长、负增长，总人口在 2035 年前均在 13.8 亿人以上

截至 2020 年底，全国人口总量[①]为 141212 万人，2021 年仅增长 48 万

---

① 全书的分析对象均未包括香港、澳门特别行政区和台湾省。

人，为141260万人，达到人口峰值并由此进入零增长区间①，2022年我国总人口开始进入负增长，2035年降至13.80亿人，2050年继续降至12.98亿人。受人口负增长惯性的长期累积影响，我国的人口负增长将呈现出近期慢、远期快的态势。

由于人口负增长惯性的长期累积，自20世纪90年代以来，我国人口自然增长率明显下降（图1）。“十三五”时期，受生育政策调整影响，人口自然增长率有所提高，年均为4.1‰，“十四五”时期继续下降，2025年人口自然增长率将降为-0.96‰，2035年将逐步下降为-2.61‰，2050年将降为-6.26‰。

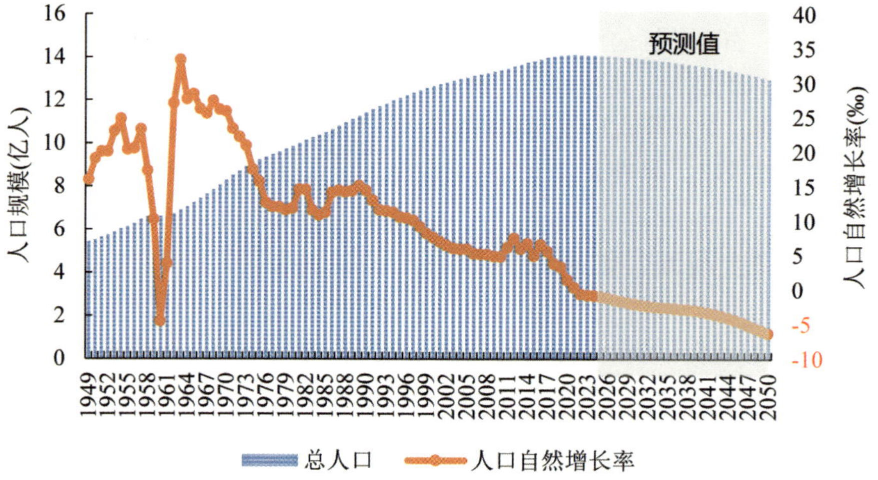

图1　中国人口变动趋势预测

数据来源：中国人口与发展研究中心人口与发展决策大数据实验室；若无特殊说明，本报告图表数据均来自该实验室。

联合国《世界人口展望（2022）》（World Population Prospects 2022，简称“WPP 2022”）报告显示，2022年全球人口为80亿人，预计到2050年增至97亿人，全球人口增长速度将比1950年以来任何时期都要慢。根

① 零增长区间是指总人口达到最高峰之后，前后五年内出生人口与死亡人口的差值在100万人以内的时期。

据中方案预测，2022年之后全球人口自然增长率将降至9‰左右并不断下降，进入人口低增长时代。生育水平下降、总人口开始慢增长或负增长已成为国际人口变化的大趋势。我国人口占世界总人口的比重将从2022年的18%降至2035年的16%、2050年的14%（图2）。2023年，印度总人口超过我国，成为世界上人口最多的国家。2050年我国人口总量为13.14亿人，依然是仅次于印度的世界第二人口大国，远高于第三位的美国（3.75亿人）。

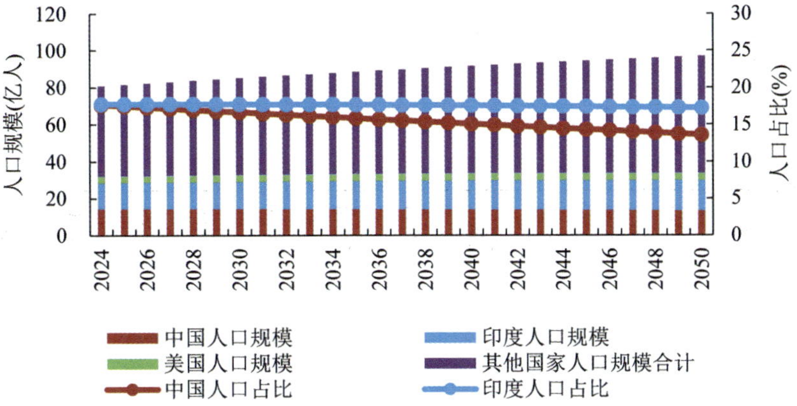

图2　世界及部分国家人口变动趋势

数据来源：《世界人口展望（2022）》。

（二）多重因素影响叠加导致“十四五”时期我国出现极低生育水平，保持适度生育水平需要加强生育支持体系建设

育龄妇女生育意愿长期偏低，是生育水平进一步走低的关键性原因。调查数据显示，60后、70后、80后、90后的平均理想子女数分别为2.04个、1.99个、1.94个、1.85个，均低于更替水平，其中90后的平均打算生育子女数已降至1.66个。

依据第七次人口普查数据，使用存活率方法回推发现，调整完善生育政策，释放了生育潜能，2014年、2016年总和生育率向上波动到1.8。之

后生育水平快速回落，2018 年总和生育率跌破 1.5，2020 年为 1.3，2021 年我国总和生育率跌至极低的 1.15（图 3），低于同期日本的 1.29，略高于韩国的 0.88。2023 年我国总和生育率进一步跌至 1.0 左右。

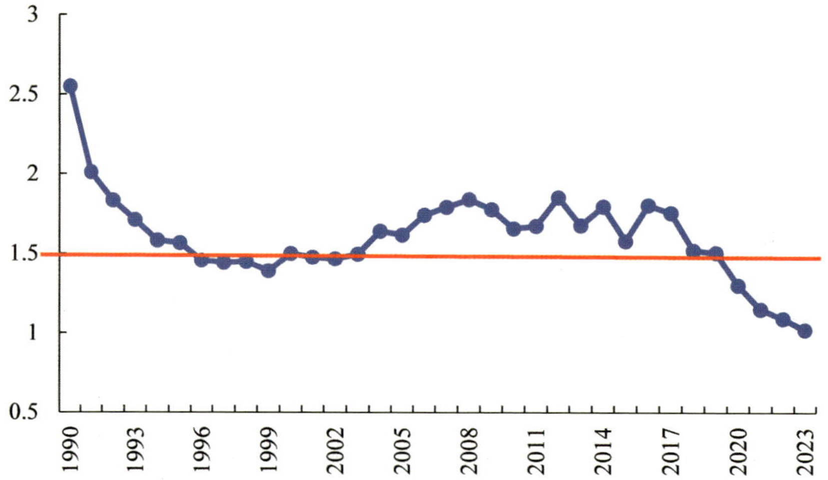

图 3　中国总和生育率变动趋势（1990—2023 年）

经济社会发展的结构性因素约束是导致时期生育水平下降的直接原因。生育保险不完善、托育服务短缺、公共服务不配套、女性难以实现工作—家庭平衡等因素都会影响生育意愿、制约生育行为。调查数据显示，一线城市、二线城市、三线城市育龄妇女平均打算生育子女数分别为 1.29 个、1.39 个、1.58 个。

新冠疫情使得育龄群体的就业、收入等不确定性增强，婚育进一步推迟。进入生育主体的 90 后、00 后婚育观念与老一辈差别较大，时期生育水平呈现继续向下波动态势，短期内回升难度加大。

当前多重因素的影响叠加，我国总和生育率仍面临较大下行压力。随着我国生育环境的改善，生育支持政策体系的不断完善，生育水平可能在“十五五”时期有一定程度的修复，中长期趋势可能回归到终身生育水平。

（三）生育旺盛期育龄妇女规模在“十四五”时期开始加速下降，出生人口在1000万人左右的低水平徘徊

育龄妇女规模变动是影响出生人口变动态势的基础性因素。“十三五”时期，20-34岁生育旺盛期育龄妇女规模已开始出现下降（年均减少340万人）。“十四五”时期，20-34岁生育旺盛期育龄妇女规模开始加速下降，从2021年的1.34亿人降至2025年的1.12亿人，年均减少540万人，2029年至2038年在波动中有所增加，2038年为1.20亿人，此后继续下降，2050年仅为0.82亿人左右（图4）。

受生育政策调整影响，“十三五”时期我国出生人口规模出现了短暂的提高，年均出生1567万人。2016年后开始下降，2020年出生人口为1202万人，2021年为1062万人，2022年为956万人，2023年为902万人，预计“十五五”时期年度出生人口规模将在970万人左右波动（图4）。

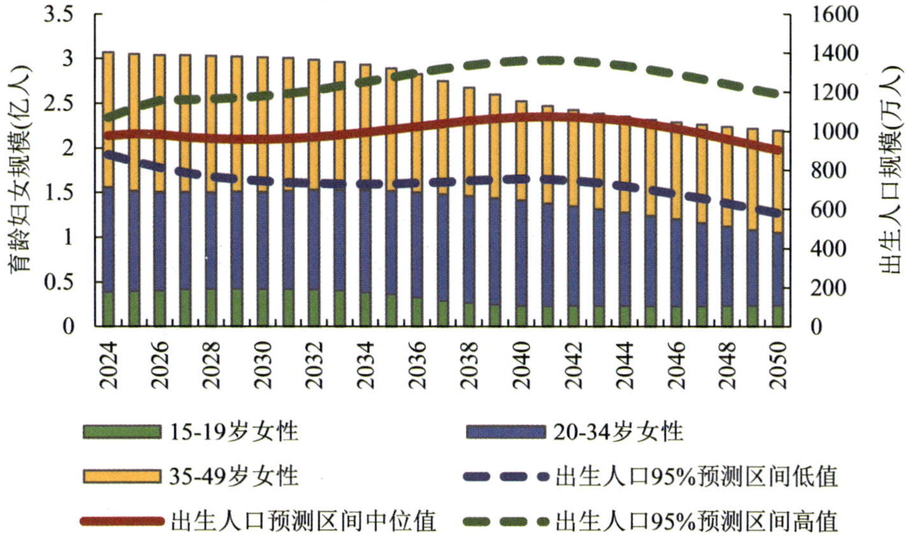

图4　中国出生人口及育龄妇女变动趋势预测

（四）“十四五”时期劳动年龄人口规模下降提速，壮年劳动力人口占比有所提高，女性劳动参与率保持在较高水平

15-59 岁劳动年龄人口规模，2021 年为 8.98 亿人，2035 年减少到 8 亿人，2050 年降至 6.28 亿人。其中，“十三五”时期平均每年减少 280 万人，从“十四五”时期起降幅逐渐扩大，“十四五”时期年均减少 500 万人，“十五五”时期年均减少 680 万人，2031—2040 年期间年均减少约 830 万人，2041—2050 年期间年均减少约 1260 万人。15-59 岁人口占总人口的比重，从 2021 年的 63.60%降至 2035 年的 57.96%、2050 年的 48.39%。劳动年龄人口中 45-59 岁壮年劳动力占比在 2021—2034 年期间保持在 37%上下，此后上升至 40%左右的平台期（图 5）。

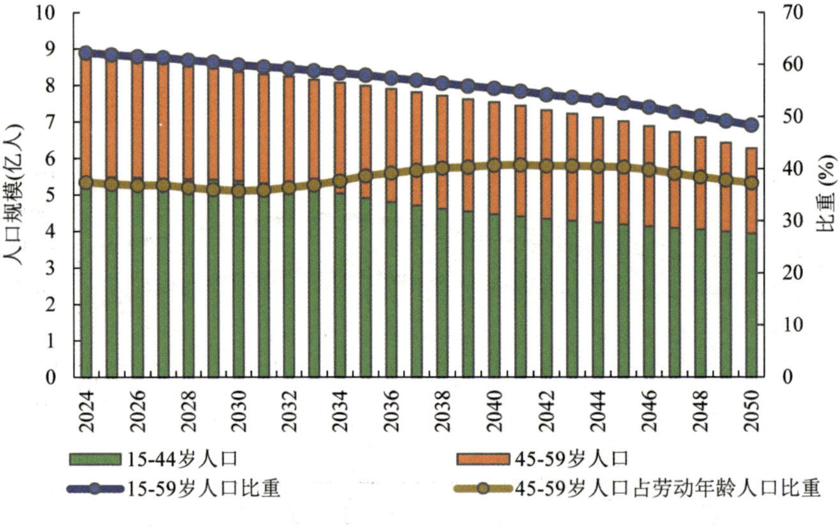

图 5 中国劳动年龄人口（15-59 岁）变动趋势预测

15-64 岁劳动年龄人口规模，2021 年为 9.65 亿人，2026 年增至 9.75 亿人，此后进入持续下降阶段，2035 年减少到 9.06 亿人，2050 年降至 7.45 亿人。2021—2026 年期间，平均每年增加 200 万人，2027—2032 年期间年均减少 560 万人，2033—2040 年期间下降速度最快，平均每年减少 1250 万人，此后至 2050 年降幅有所收窄，平均每年减少 970 万人。15-64 岁劳动年龄人口占总人口的比重在 2030 年之前保持在 68%以上，此后开

始持续下降，2035 年降至 65.67%，2050 年降至 57.39%。45-64 岁人口占 15-64 岁人口的比重在 2021—2045 年呈现上升的态势，从 2021 年的 42.61%增至 2035 年的 45.88%、2045 年的 47.12%。

我国 15 岁以上女性劳动参与率在 1990—2000 年期间平缓下降，2000 年以来下降幅度较为明显，从 2000 年的 71%降至 2021 年的 62%。但从国际比较看（图 6），我国女性劳动参与率在世界上始终处于较高水平，2021 年略高于挪威（60%）水平，显著高于美国（55%）、俄罗斯（54%）、德国（57%）、日本（53%）、印度（19%）水平。

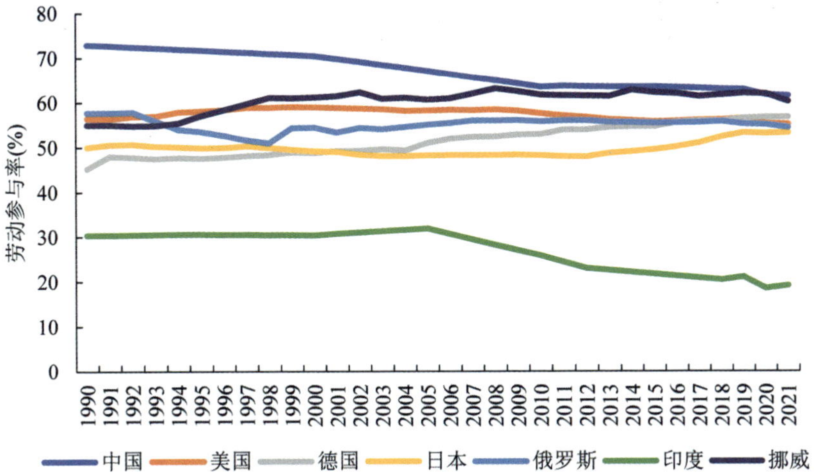

图 6　中国与部分国家15 岁以上女性劳动参与率变动情况

数据来源：世界银行。

（五）自“十四五”时期起，人口老龄化开始加速，2050 年 80 岁及以上老年人口规模相比当前翻两番

受 20 世纪 60 年代出生高峰期的人口进入老年阶段的影响，从 2022 年开始，我国 60 岁及以上老年人口快速增长，2021—2030 年期间年均增加 1300 万人以上，远高于“十三五”时期年均 740 万人的增幅，2025 年达到 3.21 亿人，2032 年突破 4 亿人，2048 年突破 5 亿人（图 7）。60 岁及以上老年人口占比，2021 年为 18.93%，2023 年时超过 20%，2033 年达到 30%，2050 年将接近 40%。

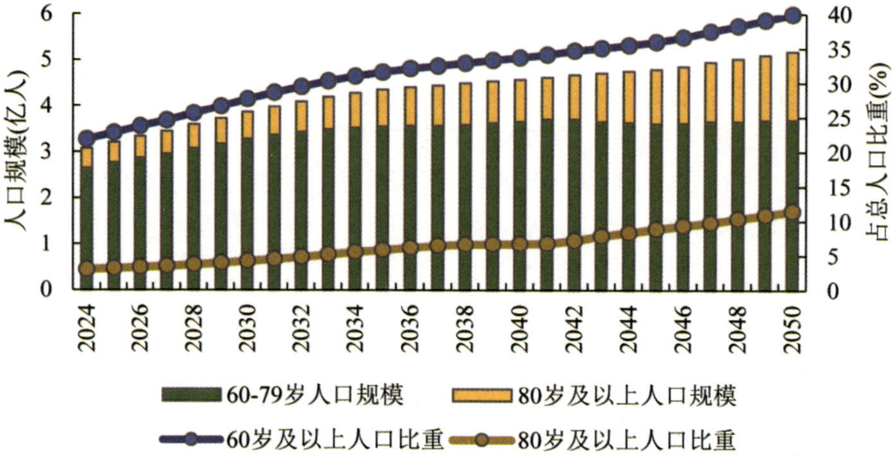

图 7　中国老年人口变动趋势预测

65 岁及以上老年人口规模和占比，将在“十五五”时期进入快速增长期，“十四五”时期年均增加 526 万人，2025 年将达到 2.22 亿人；2027—2035 年期间大多年份增幅在 1000 万人以上，2030 年达到 2.72 亿人，2033 年突破 3 亿人，2050 年为 4.02 亿人。65 岁及以上老年人口占比，2025 年、2030 年、2050 年分别为 15.74%、19.47%、30.96%。

2035 年后，人口的高龄化开始凸显。80 岁及以上高龄老年人口规模在 2021 年为 3776 万人，到 2035 年将翻一番，规模增至 8054 万人，在总人口中的比重将从 2021 年的 2.67%增加到 2035 年的 5.84%。2035—2050 年，高龄老年人口规模将再翻一番，达到 1.49 亿人，在总人口中所占比重达到 11.47%。

（六）人口抚养比不断提高，老年抚养比带动总抚养比快速上升

从当前至 21 世纪中叶，少儿抚养比①的变动幅度较小，从 2021 年的 27 降至 2035 年的 18，此后逐步增加到 2050 年的 24。由于劳动年龄人口规

① 少儿抚养比，指某一人口中少年儿童人口数与劳动年龄人口数之比，用以反映每 100 名劳动年龄人口要负担多少名少年儿童。本处计算公式：0-14 岁人口/15-59 岁人口。

模不断减少和老年人口规模持续上升，老年抚养比①快速增加，从 2021 年的 30 增至 2025 年的 37、2035 年的 55、2050 年的 83，带动总抚养比②快速增加，从 2021 年的 57 增至 2025 年的 62、2035 年的 73、2050 年的 107。也就是说，到 2050 年每 100 个 15-59 岁劳动年龄人口将要分别抚养 83 个老年人口和 24 个少儿人口（图 8）。

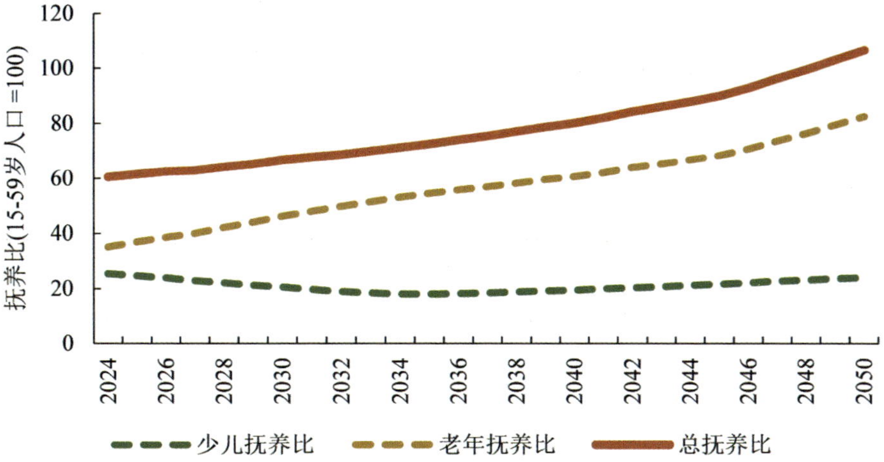

图 8　中国人口抚养比变动趋势预测

按照国际可比口径，从 20 世纪 90 年代到 2033 年左右，我国 15-64 岁劳动年龄人口对应的总抚养比始终低于 50，目前，我国仍处于有利于经济发展的人口红利期。

相比于发达国家，我国总抚养比处于较低水平。《世界人口展望（2022）》数据显示，2025 年我国总抚养比为 59，显著低于美国（72）、俄罗斯（69）、德国（84）、日本（92）等国家，但高于印度（55）。2025—2050 年期间，我国总抚养比快速提高，与美国等国家的差距不断缩小：2035 年为 70，届时美国、俄罗斯、德国、日本分别为 76、67、93、

① 老年抚养比，指某一人口中老年人口数与劳动年龄人口数之比，用以反映每 100 名劳动年龄人口要负担多少名老年人。本处计算公式：60 岁及以上人口/15-59 岁人口。

② 总抚养比，指人口总体中非劳动年龄人口数与劳动年龄人口数之比，用以反映每 100 名劳动年龄人口大致要负担多少名非劳动年龄人口。本处计算公式：（0-14 岁人口+60 岁及以上人口）/15-59 岁人口。

107，印度为 55；2050 年我国总抚养比为 101，高于印度（64）、美国（83）、俄罗斯（93）、德国（100），但低于日本（121）的水平（图 9）。

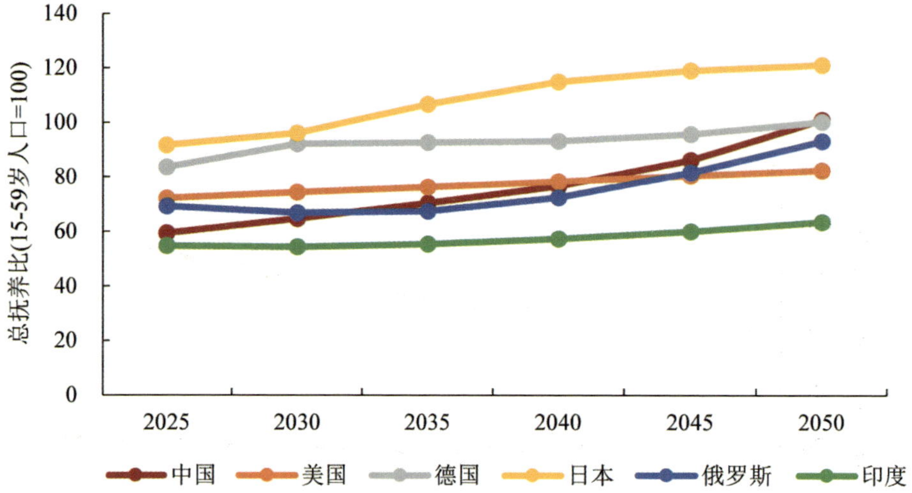

图 9　人口总抚养比的国际对比

数据来源：《世界人口展望（2022）》。

（七）人口发展不均衡，重点人群的发展问题仍旧突出

不同省份在生育水平、预期寿命、教育水平、城镇化率等方面都存在显著差异。2023 年，西藏、贵州、宁夏、海南、青海等省份的人口出生率在 9‰以上，吉林、上海、辽宁、天津仅为 3.8‰～4.5‰。预计不同省份之间，最早和最晚进入人口负增长的时间相差 20 年以上。2021 年，北京、上海、天津、浙江的平均预期寿命超过 80 岁，而西藏、云南、青海的平均预期寿命均在 75 岁以下①。2020 年，北京、上海、天津的 15 岁及以上人口平均受教育年限均超过 11 年，青海、云南、贵州、西藏等省份则低于 9 年②。2023 年，北京、上海、天津常住人口城镇化率达到 85%以上，而西藏、云南、甘肃、贵州、广西等省份在 52%以下，有 14 个省份在 58%～66%，其余 9 个省份在 67%～76%。

① 数据来源于《中国卫生健康统计年鉴（2023）》。
② 由《中国人口普查年鉴-2020》相关数据表计算得到。

欠发达、生态脆弱、相对贫困和部分边疆地区的主要人口发展指标与发达地区相比差距较大。2023 年，全国农村地区 5 岁以下儿童死亡率为 7.2‰，显著高于城市地区的 3.9‰[①]；2020 年，西藏、青海的孕产妇死亡率分别为 47.9/10 万、24.9/10 万，显著高于 9.4/10 万的全国平均水平[②]；深度贫困地区婚姻挤压问题严重，偏远农村大龄青年未婚现象普遍，城镇流动儿童和农村留守儿童规模仍然庞大，困境儿童的早期发展问题突出，农村人口老龄化问题更加突出；等等。“十四五”时期需继续加强对这些重点人群的关注和支持力度。

（八）人口质量持续提升，人力资本存量在未来 15 年继续增加

坚持教育优先发展，实施健康中国战略，我国人口的教育、健康等素质持续提高，在人口总量、劳动年龄人口下降的情况下，随着人口教育和健康素质的提升，人力资本存量持续提升，为加快建设制造强国，实施创新驱动发展战略，奠定了坚实的人力资本基础。

2022 年，我国人类发展指数（Human Development Index，HDI）在全球排名第 75 位，人均国民收入排名第 75 位，已进入高人类发展指数国家行列。但我国低教育水平人口占比仍然较高，2022 年 16 岁及以上就业人员中，拥有初中及以下文化程度的人口占比高达 60.0%，拥有大学专科及以上文化程度的人口占比为 24.1%。[③] 新增人口的预期受教育水平较高，因此，随着就业人口的代际更替，未来就业人员的整体受教育水平将不断提高。

高等教育毛入学率从 2012 年的 30%提高至 2023 年的 60.2%，高等教育进入普及化发展阶段。总人口中接受过高等教育的人口达到 2.5 亿人，新增劳动力平均受教育年限达到 14 年，劳动力质量明显提高。同时，我国人口健康水平持续提升，平均预期寿命从 1990 年的 68.55 岁提高到 2023 年的 78.6 岁。根据世界卫生组织数据，我国健康预期寿命也达到较高水平，2018 年为 68.7 岁，但日本、韩国、德国同期已达到 74.8 岁、73.0 岁、71.6 岁。

基于教育多状态模型测算的结果显示，从“十四五”时期到 2050 年，

---

① 数据来源于《2023 年我国卫生健康事业发展统计公报》。

② 数据来源于《中国卫生健康统计年鉴（2021）》。

③ 数据来源于《中国人口和就业统计年鉴（2023）》。

我国劳动年龄人口平均受教育年限①将不断提高。15-59 岁人口平均受教育年限，男性、女性将分别从 2020 年的 10.96 年、10.53 年，提高到 2025 年的 11.48 年、11.21 年，2035 年为 12.72 年、12.66 年，2050 年为 13.99 年、14.21 年。虽然劳动年龄人口规模持续下降，但由于人均受教育水平的提高，我国人力资本存量②在 2035 年前仍持续增加，2020 年、2025 年、2035 年分别为 97.96 亿人·年、99.46 亿人·年、100.76 亿人·年，但在此后开始下降，至 2050 年将降至 90.78 亿人·年。

（九）更多的人口将居住在城镇

生活在城镇的人口，2023 年为 9.33 亿人。分城乡人口中情景预测数据显示，到 2035 年城镇人口将增长到 10.23 亿人（图 10）。城市和城市群将聚集更多的人口，人口聚集区域与收缩区域将长期并存。不断优化人口空间分布和资源配置，深入实施区域重大战略，促进区域协调发展，我国将形成新的增长动力源和新的经济增长极。

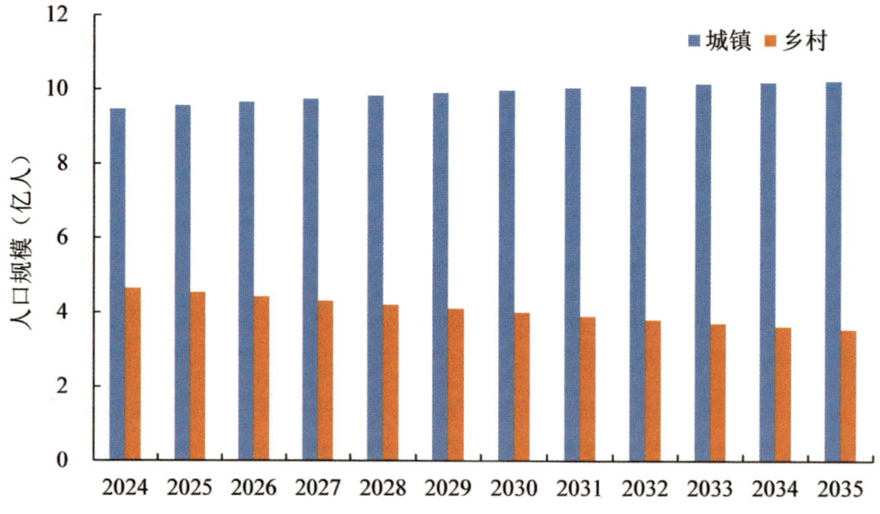

图 10　中国城乡人口变动趋势预测

---

① 平均受教育年限是将各种受教育程度折算为受教育年限得出的，具体的折算标准是：小学=6 年，初中=9 年，高中=12 年，大专及以上=16 年。

② 人力资本存量=15-59 岁劳动年龄人口×15-59 岁人口平均受教育年限。

二、人口与经济社会发展互动关系的基本判断

人口是我国经济社会发展中具有基础性、战略性和全局性的因素。深入分析人口与经济社会、科技进步等变化的机理和规律，是谋划新时期人口发展战略和重大政策措施的内在要求。

（一）人口规模巨大，人口禀赋优势明显，人口支撑经济发展的潜能仍有较大空间

人口是社会发展的主体，也是影响经济可持续发展的关键变量。我国正在经历从人口零增长到负增长的趋势变化过程中，2030 年之前人口总量都在 14 亿人以上，到 2050 年人口总量将在 13 亿人左右，其中 15-64 岁劳动年龄人口为 7.5 亿人左右，规模巨大。要完整、准确、全面贯彻新发展理念，加快构建以国内大循环为主体、国内国际双循环相互促进的新发展格局，从供给侧和需求侧两端发力，提高人口质量，扩大人力资本存量，形成人力资本新红利，提高全要素生产率，实现劳动力质量对数量的替代；加大收入分配改革力度，完善社会福利保障制度，培育壮大中等收入群体和消费市场。应更加重视挖掘人口内部潜力，实施优先投资于人的战略，加大托育、教育、卫生、养老、生育保障和家庭发展的投入，为高质量发展提供有效人力资本支撑和内需支撑，形成人口发展与经济发展的良性互动。

（二）完善生育支持政策体系，推动实现适度生育水平，可以持续优化人口结构

近年来我国婚育推迟、低生育趋势明显，第七次人口普查数据显示，2020 年我国的总和生育率为 1.3。“十四五”期间育龄妇女规模持续缩减、生育意愿在低水平徘徊，影响婚育的就业、收入、住房、教育等结构性压力还不会明显缓解，低生育水平仍将持续。长期低生育将导致劳动力减少、人口规模缩减、人口老龄化加剧等问题，这将影响人口结构改善和代际和谐。但是，我国育龄妇女规模大，其中没有实现生育意愿的中等收入群体较大。生育问题既是“家事”，也是“国事”，应完善中国特色人口治

理体系，实施0-3岁婴幼儿“强势开端”国家行动，促进人力资本投资从生命早期开始，提高人力资本投入—产出效益，持续提高人口竞争力。实施更加积极的生育支持措施，扩大生育保险覆盖面，建立婴幼儿照护体系，减轻女性对职业发展的担忧，促进生殖健康，保护生育力，有效减轻家庭生育、养育、教育负担，可以释放生育潜能，平缓总和生育率下降趋势，不断改善人口结构，减缓人口老龄化进程，增强社会整体活力。

（三）进一步优化人口与空间资源配置，可以释放新的制度红利

乡城之间的人口迁移是经济结构调整、人口转变调节和城乡社会面貌塑造的重要力量，深刻影响了我国改革开放四十多年的发展。未来30年，人口流动迁移和城镇化发展仍然是影响区域经济发展最活跃的因素。我国人口流动迁移势能仍然巨大，超大城市、特大城市和城市群内部的经济联系已经形成，对人口就业吸纳能力相对稳定。新型城镇化和乡村振兴战略将形成推动人口流动迁移的新力量，双向流动迁移的趋势初见端倪。应继续加快推进土地、户籍、财税、人口迁移等关键领域改革，促进要素市场化配置，这将释放巨大改革红利，实现人口对经济健康发展的长期支撑。应引导人口区域合理分布，促进人口与经济、社会、资源、环境协调可持续发展。

（四）人口老龄化提速，加重养老金支出和医疗负担，建立完善老年健康服务体系刻不容缓

从“十四五”时期开始，人口老龄化加速使我国养老金支出压力骤增，老龄化带来的医疗负担也持续加重，需要前瞻性谋划应对。我国家庭规模趋于小型化和核心化，老年家庭多样化特征明显，老年家庭特别是独居老年家庭代际支持减弱，对满足巨大的老年健康服务需求带来巨大压力。根据“七普”数据，2020年回答“不健康，但生活能自理”“不健康，生活不能自理”的我国60岁及以上老人占老年人口总量的比重合计为12.75%，其中表示生活不能自理的老人规模达到620万人左右。预计快速老龄化背景下未来失能、半失能老年人规模仍将继续增长，对家庭及经济社会的影响日益显著。“健康老龄化”是应对人口老龄化成本最低、效益最好的手段和途径，迫切需要针对老年健康需求建立老年健康服务体系，迫切需要针对失能老人照护需求，按照广覆盖、有门槛、保基本、可

持续的原则，建立长期护理保险制度。

（五）人口安全总体可控，但局部性风险点不容忽视

当前和今后一个时期，我国人口发展领域局部性风险点增加，需要高度关注。一是婚姻家庭发展面临新形势和新问题。婚育观念变化、婚育推迟、家庭小型化、形态多样化的变化带来了家庭养老抚幼、情感慰藉和社会教化等方面功能的减弱，婚姻不稳定性增强，家庭作为社会治理的基础单位不断受到冲击。二是公共卫生引发新矛盾和新风险，非传统因素对人口安全的威胁凸显。长距离、大范围的人口流动迁移和交通便利化使得传染病防控难度更大；社会大众对隐私保护的诉求更迫切，对社会治理的效率要求更高。三是中等收入群体的壮大有赖进一步深化改革；巩固脱贫攻坚成果，构建社会兜底保障机制仍然任重道远；城镇相对贫困人口，老少病残等困难群体仍然需要长期帮扶；灵活就业和新就业形态群体快速增加，劳动者权益保护和社会保障政策亟待完善。

（六）科技进步快速发展，有助于实现人口自身发展与外部环境的动态平衡

当前，世界正处于第四次科技革命的前夜，人工智能、量子科技、生命科学、新能源、新材料等领域的重大突破，可能带来技术应用的集中爆发和生产力水平的跃迁，对人口发展产生深刻的影响。数字化正在改变着人们的生产生活方式。应充分发挥我国人口规模和质量在科技创新和应用中的优势，推动科学技术在人口发展领域的应用，抢占科技创新制高点。高度重视科技进步对人口长期均衡发展的影响，引导人口发展与经济社会发展的双向适应和动态均衡。

总体来看，在未来三十年全面建设社会主义现代化国家期间，我国人口众多的基本国情不会改变，中国式现代化是人口规模巨大的现代化，同时，人口发展深度转型，结构性挑战日益显现。特别是在第一阶段（2020—2035年），人口将进入负增长，传统人口红利减弱，但新增劳动力素质提升较快，人力资本积累迅速，抚养负担与发达国家相比仍有一定优势，人口流动迁移仍然活跃，与其他要素在空间上积聚，是形成人力资本新红利的战略机遇期，推动高质量发展的战略转折期，积极构建应对“少

子老龄化”社会政策制度、促进人的全面发展的战略攻坚期。

三、政策建议

“十四五”时期是我国人口发展战略导向重大调整的转折点，也是构建应对人口负增长条件下生育支持和家庭发展政策框架的关键节点，相关制度建设和政策供给是立足当前、着眼长远、奠定未来三十年人口与经济社会持续健康发展的重大“软基建”工程，必须在战略层面予以高度重视。

（一）优化生育政策，进一步改革完善计划生育服务管理

“十四五”期间，研究制订人口发展中长期规划，制订综合经济社会政策，推动实现适度生育水平，促进人口长期均衡发展。优化生育政策，支持家庭实现生育意愿。强化计划生育家庭扶助保障制度，加大对计划生育家庭的奖励扶助，保障计划生育家庭合法权益。充分发挥计生协等群团组织和社会工作者的作用，满足计划生育家庭的生活照料和精神慰藉需求。加强人口长期跟踪监测和形势研判，建立覆盖全人群、全生命周期的人口监测预警体系。继续推动人口生育、死亡、迁移等信息共建共享，加强重大改革和相关政策实施效果的跟踪评估。

赋予计划生育服务新的内涵，将计划生育作为基本公共服务拓展到全人群。健全妇幼健康计划生育服务网络，免费提供避孕节育、生殖健康、孕前优生健康检查等服务。不断推动辅助生殖技术的提升，助力群众生育意愿达成。提高无痛分娩的使用率，优化育龄群众分娩体验。建立从学前教育到高等教育完整的生殖健康教育体系，重点做好青少年、未婚人群的生殖健康宣传教育。向生殖健康风险暴露人群提供安全、有效、适宜的性与生殖健康服务，提高服务的公平性和可及性，支持生育需求，保护生育力。

（二）构建生育支持政策框架，创建家庭友好社会氛围

积极构建以生育保险为基础的生育支持基本制度。巩固生育保险制度在我国社会保障体系中的支柱地位，将生育保险中的各项生育医疗服务费

用剥离出来，纳入基本医疗保险。将生育津贴部分独立出来，发展成为保障城镇职工、城乡居民产假和育儿假期间薪酬、育儿津贴的家庭育儿支持基本制度。扩大生育保险覆盖范围，规范整合独生子女费、奶补、托补、儿童节补助、分娩补助、陪产补助等生育津贴，为生育子女家庭提供基本经济支持。

鼓励和支持普惠型托育服务，将 3 岁以下婴幼儿照护服务纳入基本公共服务，对儿童照料、养育及教育进行战略性投入。加大对家庭婴幼儿照护的支持和指导，落实家庭育儿健康服务。鼓励家庭育儿的代际支持，探索对祖辈隔代照料的支持政策。加大对贫困地区儿童早期发展的支持，将育儿指导、学前教育纳入乡村振兴和脱贫攻坚的整体安排。

持续推进多领域社会性别平等，全面落实产假为主，陪产假、哺乳假为辅的婴幼儿照护假期，探索建立我国父母共享的育儿假制度，推进弹性休假或移动办公制度，促进男女平等分担婴幼儿照料责任。探索建立工作—家庭平衡机制，倡导创建“家庭友好型机构”，提升女性劳动参与率，降低女性受生育影响中断职业的风险。建立政府、用人单位、个人生育成本分担机制和税收优惠。打造家庭友好型社会环境，形成代际和谐、性别平等、责任共担的新型家庭人口文化。弘扬中华民族家庭美德，促进传统家庭价值观念与现代文化理念相融合。

（三）深化体制机制改革，挖掘人口支撑经济社会发展潜能

积极落实劳动力、人口数据等要素市场化配置体制机制改革，促进劳动力和人才自主流动，支撑经济高质量发展。推行高中阶段义务教育，规划老年人力资源和人力资本开发利用。发挥人口规模巨大的优势，挖掘 14 亿人口的生产和消费潜能，促进依靠国内消费拉动经济增长。关注跨境人口迁移态势，研究制订适应我国经济产业高质量发展、科技创新的国际人才迁移政策。

启动行政区划改革试点，逐步推进省管县，提高行政权限与区域经济能力、人口承载力的匹配程度。大力推进以人为核心的城镇化，加快土地、财税、户籍、社会保障等关键领域制度改革。完善以城市群为主体形态的人口空间布局，引导人口有序流动和合理分布。继续推进流动人口教育、医疗等基本公共服务均等化，保障流动人口住房，促进特大城市、大

城市的未落户常住人口逐步享有与户籍人口同等的城镇基本公共服务。

（四）努力化解人口发展风险，完善老年健康服务体系

完善低收入群体社会保障体系，在保障家庭基本生活的同时兼顾就业激励目标，提高保障效率，有效帮扶困难群众和高风险人群。实行弹性退休制，提高养老、医疗等社会保障水平及其可持续性。统筹运用人口发展、产业发展、基础设施建设、财政支持、公共服务和社会管理等政策，促使边境地区和民族地区人民扩大就业和增加收入，让边境各族人民群众安居乐业，促进不同民族之间的均衡发展。探索建立符合国情的扶贫济困政策，更加注重建立健康、教育、产业发展等扶贫长效工作机制，逐步实现全体人民共同富裕。

积极实施健康老龄化工程，以社区卫生服务机构、村卫生室、养老机构为依托，建立健全保健—预防—治疗—康复—护理—安宁疗护的综合连续的老年健康管理服务体系。推动居家社区机构相协调、医养康养相结合的养老服务体系建设，支持护理型养老机构发展，促进健康养老机构专业化服务向社区和居家老人延伸。建立符合国情的、全国统一的长期护理保险制度，优先面向失能老年人和高龄老人。依托卫生计生人口、健康等基础信息库建立老年健康信息管理平台，支撑老年健康服务信息化管理。扩大职业院校康复护理、健康管理等专业的养老护理人才培养规模。加强老年标准、老年人生理心理等老龄科学研究，健全老年医疗和康复护理学科体系。以家庭、社区为主阵地，开展老龄国情教育、健康老龄化教育、生命教育。

（五）加强人口与发展领域国际合作，服务国家内政外交大局

人口与发展是国际社会关注的重大议题，是实现可持续发展目标的重要领域。我国作为发展中的人口大国，兼具发展中国家和发达国家的人口特点，在人口发展方面与很多国家具有共同的利益诉求。改革开放以来，我国创造了经济快速增长、社会长期稳定的“两个奇迹”，人口发展取得举世瞩目的成就，成为在国际社会发声、提升影响力的重要领域。

应积极落实2030年可持续发展议程及其可持续发展目标。加快启动南南合作援助基金项目，加大对人口发展项目的支持。加强与“一带一路”

国家人口发展和社会文化交流与合作，促进经贸合作，形成新的地缘政治经济中心。充分发挥我国作为联合国人口与发展委员会、联合国人口基金、世界卫生组织等联合国机构成员国，以及人口与发展南南合作伙伴组织主席国的作用，促进人口与发展领域的多边合作，积极参与规则制定和议题设置，维护国家根本利益。加强人员培训，鼓励和支持优秀人才进入国际相关组织机构工作。以更加开放的姿态，促进多层次交流，学习借鉴各国应对人口老龄化、低生育率，以及青年和妇女发展等领域的先进经验和理念。

（执笔人：贺丹、张许颖、李月、刘厚莲）

主报告二　人口负增长的内在逻辑、趋势特征及对策

一、我国人口负增长的起始条件

2022 年我国全年出生人口 956 万人，年末总人口比上年减少了 85 万人，年度净增人口首次出现了负增长现象。中国人口与发展研究中心人口与发展决策大数据实验室依据第七次人口普查等数据，基于人口队列要素、人口概率预测等多情景模拟测算的数据显示，人口负增长将是我国人口变迁过程中的重大趋势性变化。“十四五”时期我国年度出生人口会有所波动，预计在“十五五”时期进入稳定的人口负增长阶段。人口负增长将对我国的经济社会发展带来长期影响。回顾我国近代以来的发展历史，除去大规模的战争、饥荒等特殊时期，人口基本处于增长状态。过去我国人口政策的制定过程也主要是基于人口增长模式的探索和实践。面对人口长期负增长，迫切需要研判我国人口负增长的起始条件、内在逻辑与趋势特征，对我国的人口发展战略和政策措施作出重大调整，减少负面影响，抓住人口数量压力减少等有利时机，主动适应并积极应对人口负增长。

1 我国人口负增长的起始条件是规模大、老龄少子化、素质提升、劳动参与率高，呈现短期温和、逐步加速的变化趋势。人口负增长短期会减轻人口数量压力，长期会增加结构性挑战，对经济社会高质量发展产生深远影响。积极应对人口负增长，需要改变以人口总量判断经济社会发展前景的惯性思维；完善人口监测预警制度；破解年轻一代生育挤压难题，提振生育意愿和生育水平；利用人口资源禀赋优势，持续提高人口竞争力；加强和完善中国特色人口治理体系，使其成为实现中国式现代化的重要组成部分。

（一）我国人口负增长的基础人口条件

1962年以来，我国经历了60年的人口正增长，2017年人口突破14亿人，2020年为141212万人，2022年为141175万人，2023年为140967万人。未来，人口总量将相继经历零增长区间、负增长区间，总人口在2035年前将保持在13.8亿人以上，2050年将降至12.98亿人（详见主报告一图1）。

（二）我国人口负增长的基础经济条件

改革开放以来，我国创造了“经济奇迹”，人均国内生产总值从1978年的385元增加至2023年的89358元（图1），按照人民币兑美元年平均汇率初步测算，2023年达12681美元，已连续三年超过1.2万美元，接近高收入国家门槛。

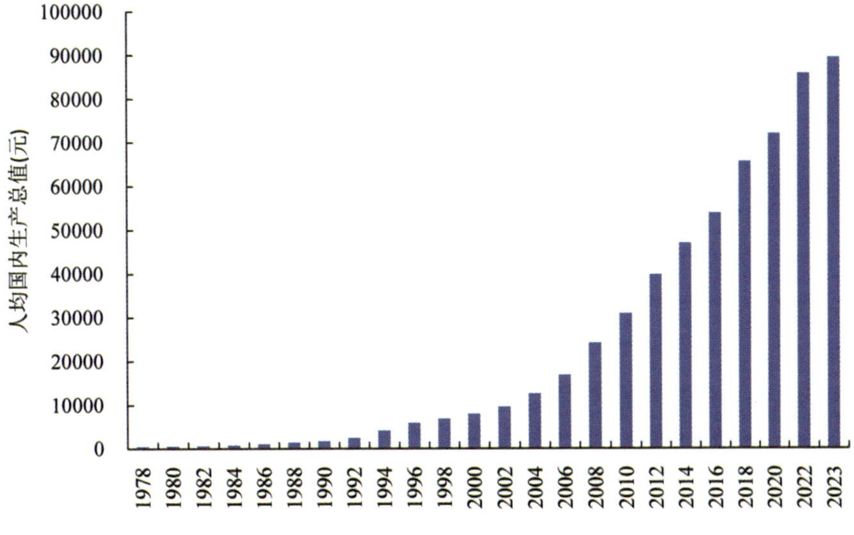

图1　改革开放以来中国人均国内生产总值变动

数据来源：历年中国统计年鉴，其中2023年数据根据国家统计局《中华人民共和国2023年国民经济和社会发展统计公报》计算。

（三）我国人口负增长面临的长期结构性挑战

1. 老龄化加速

受20世纪60年代出生高峰期人口进入老年阶段的影响，从2022年开始，我国60岁及以上老年人口加速增长，2022—2030年期间年均增加达1300万人以上，远高于“十三五”时期年均740万人的增幅，2025年达到3.21亿人，2032年突破4亿人，2048年突破5亿人。我国60岁及以上老年人口占比，2020年为18.6%，2023年超过20%，由此迈入中度老龄化社会，2033年达到30.31%，迈入重度老龄化社会，2050年将接近40%，我国将进入超老龄社会（详见主报告一图7）。国务院印发的《“十四五”国家老龄事业发展和养老服务体系规划》指出，“人口老龄化是人类社会发展的客观趋势”。我国建设现代化的过程伴随着人口老龄化，从这个意义上讲人口老龄化也是经济社会发展的成就，需要树立健康、参与和保障的积极老龄观，不断提升老年人健康水平，延长健康工作时间，实现高质量发展。

65岁及以上老年人口规模和占比，将在“十五五”时期进入快速增长期。65岁及以上老年人口在“十四五”时期的年均增幅将保持在526万人，总规模在2025年达到2.22亿人；2027—2035年期间年度增幅大致在1000万人以上，总规模在2030年达到2.72亿人，2033年突破3亿人，2050年达到4.00亿人。65岁及以上老年人口的占比，将分别在2035年、2050年上升到23.88%、30.82%。

按照中位值预测结果，我国男性平均预期寿命将于2035年提高至78.80岁、2050年提高至82.10岁；女性平均预期寿命将于2035年提高至83.20岁、2050年提高至85.30岁，人口发展步入长寿时代。80岁及以上高龄老年人口规模在2020年为3570万人，到2035年规模将增至8054万人，在总人口中的比重将从2020年的2.5%增至2035年的5.8%。2050年高龄老年人口规模将达到14900万人，在总人口中所占的比重将达到11.5%。

2. 少子化形势严峻

“七普”数据显示，2020年我国育龄妇女终生平均生育孩子数已经下降到1.6个。2021年国家卫生健康委人口和家庭监测调查数据显示，女性平均打算生育子女数已降至1.64个，其中一线城市育龄妇女平均打算生育子女数降到1.29个。我国已持续出现极低生育水平。使用存活率方法回推发现，生育政策的调整与完善释放了生育潜能，2014年与2016年的总和生育率向上波动到1.8。之后生育水平快速回落，2020年我国总和生育率为1.3，2021年跌至极低的1.15，2022年的总和生育率降至1.09，低于同期日本的1.29，略高于韩国的0.88，2023年进一步降至1.02，生育水平在世界上人口过亿的国家中位居最末。根据中位值预测结果，到2050年，我国每100个15-59岁劳动年龄人口将抚养107个老年和少儿人口，而0-14岁少儿人口占总人口的比重将从2022年的16.95%，迅速下降到2035年的10.45%，成为亚洲少子化最严重的国家之一。

（四）作为社会变革的低生育率问题

从国际经验和中国实践看，低生育率是经济发展和社会矛盾综合演进的时代映像，生育问题既是"家事"也是"国事"。出生人口的大幅度下降与其说是人口现象，不如说是经济社会快速发展所带来的婚姻、人口、家庭等各方面的社会变革。生育率的下降也是年轻一代理性选择的结果，因此优化生育政策、相关社会支持体系更需要关注、适应年轻人的诉求和行为。导致出生人口下降的具体原因包括如下五个方面。

1. 育龄妇女规模下降。育龄妇女规模变动是影响出生人口变动态势的基础性因素。"十三五"时期，20-34岁生育旺盛期妇女规模已出现下降（年均减少340万人）。中位值预测结果显示，"十四五"时期，生育旺盛期妇女规模开始加速下降，从2020年的1.39亿人降至2025年的1.12亿人，年均减少530万人，2050年将降至0.82亿人。处于生育旺盛期的育龄妇女减少是带动出生人口数量下降的重要因素。

2. 新生代婚育观念变化显著。根据《中国统计年鉴2023》，我国城镇化率从2010年的49.68%提高到2022年的65.22%；高等教育毛入学率从2010年的26.5%提高到2023年的60.2%，高等教育进入世界公认的普及化阶段。年轻一代接受教育的时间更长，90后、00后作为新的婚育主体，绝大部分成长和工作在城镇，受教育年限更长，面临的就业竞争压力更大，婚育推迟现象十分突出。女性更加注重经济独立和职业发展，尤其是大城市的高知女性选择独身的人群越来越多。国家卫生健康委人口和家庭监测调查数据显示，90后和00后中认同"有没有孩子无所谓"的比重高达20%，是70后与80后的近4倍；育龄妇女平均打算生育子女数2017年为1.76个，2019年为1.73个，2021年则降至1.64个。

3. "三育"成本影响生育意愿。伴随经济社会的发展，住房、教育、就业等生活成本也在大幅上升。年轻人有生育意愿，但在生育决策时受房价高昂、生育养育教育负担重、就业压力大等因素影响，往往选择推迟甚至放弃生育，国家卫生健康委人口和家庭监测调查数据显示，一线城市育龄妇女平均打算生育子女数于 2019 年降至 1.37 个，到 2021 年时已低于 1.3 个。我国生育支持政策体系不完善，时间、资金、服务等维度的支持措施存在碎片化问题，尚未形成合力，全社会投入水平低，特别是针对年轻人需求的政策措施少，使得不少年轻人在生育问题上犹豫不决。2021 年已婚育龄妇女不打算继续生育的原因中，综合排前三位的理由分别是“负担重”“养育孩子太费心”和“没人帮忙带孩子”，分别占 62.2%、43.3%和 34.4%。出台降低年轻一代生育、养育、教育等“三育”成本的切实措施（例如，提供足够的保障性租赁住房，稳定年轻人安居的预期；再如，取消北京新生育子女家庭购买机动车指标限制等），解决生育挤压问题，已经刻不容缓。为稳住出生人口失速下滑趋势，需要着力推动婚育文化转变与政策体系的综合改革，加大生育支持投入，并将改革行动持续贯彻落实。

4. 人工流产、不孕不育等削弱生育力。《中国卫生健康统计年鉴（2021）》数据显示，我国 2020 年人工流产量为 896 万例，接近 1000 万例，未婚流产、重复流产、年龄在 20 岁以内的流产比例增加。受环境污染、生活紧张、人工流产高发、婚育推迟等因素影响，我国不孕不育症的发生率逐渐升高，且呈现年轻化的趋势。研究认为，我国不孕不育症发生率在 10%以上，辅助生殖技术服务的需求旺盛，2020 年使用辅助生殖技术出生婴儿数已接近 40 万①。

5. 新冠疫情导致生育推迟。新冠疫情流行以来，一些群众因备孕产检不便、担心接种疫苗有影响，不断推迟生育。疫情不仅影响经济和就业形势，也对人们的婚姻和生育行为造成负面影响②。国家卫生健康委人口和家庭监测调查数据发现，在 2021 年打算继续生育的已婚育龄妇女中，32.6%认为新冠疫情对生育安排有一定影响，其中 74.6%考虑推迟

---

① Qiao J, Wang Y, Li X, et al., “A lancet commission on 70 years of women's reproductive, maternal, newborn, child, and adolescent health in china.” *The Lancet* 10293 (2021): 2497-2536.

② 张翠玲、李月、杨文庄、张许颖：《新冠肺炎疫情对中国出生人口变动的影响》，《人口研究》2021 年第 3 期。

生育。

应该看到，尽管2022年和2023年连续两年的出生人口跌至1000万人以下，但我国的生育潜力还在。如果实施更加积极的生育支持措施，预计中等收入群体未实现的生育意愿将得到释放。根据中位值预测结果，“十四五”至“十五五”时期，出生人口规模将在1000万人左右波动，2035年之后出生人口规模将稳定下降到1000万人以下（见主报告一图4）。

（五）人口资源禀赋优势

我国人口数量红利在不断减小，但是，我国劳动年龄人口规模巨大，按照国际15-64岁劳动年龄人口口径测算，从20世纪90年代到2033年左右，中国15-64岁劳动年龄人口对应的总抚养比始终低于50，人口抚养比处于有利于经济发展的人口红利期。同时，尽管我国女性劳动参与率不断下降，但在世界上始终处于较高水平，据世界银行数据，2021年我国为62%，显著高于同期美国（55%）、俄罗斯（54%）、德国（57%）、日本（53%）。印度2021年女性劳动参与率仅为19%，因此尽管印度总人口已超过中国，但其人口资源禀赋优势仍与我国差距巨大。

2023年，我国高等教育毛入学率达到60.2%，接受过高等教育的人口达到2.5亿人，新增劳动力的平均受教育年限达14.0年，劳动力素质结构发生了重大变化。中国人口与发展研究中心人口与发展决策大数据实验室使用教育多状态模型测算，从“十四五”时期到2050年，我国劳动年龄人口平均受教育年限将不断提高。15-59岁人口的平均受教育年限，将分别从2020年的男性10.96年、女性10.53年，提高到2035年的男性12.72年、女性12.66年，2050年将继续提升至男性13.99年、女性14.21年。虽然劳动年龄人口规模持续下降，但由于人均受教育水平的提高，我国人力资本存量在2035年前仍持续增加，在2020年、2025年、2035年分别为97.96亿人·年、99.46亿人·年、100.76亿人·年。

我国具备劳动年龄人口规模大、人口抚养比相对低、人口素质不断提升、劳动参与率高等人口资源禀赋优势。不断促进充分就业，促进人口资源禀赋优势与产业优化升级协同匹配、与数字经济发展深度融合，可以形成人力资本新红利，支持经济的高质量发展。

（六）未来的城镇化趋势

我国生活在城镇的人口在2020年为9.02亿人，2023年为9.33亿人。分城乡人口中位值预测结果显示，2035年城镇人口将增长到10.23亿人（详见主报告一图10）。这意味着城市和城市群将聚集更多的人口。因此，不断优化人口空间分布和资源配置，深入实施区域重大战略，促进区域协调发展，可以形成新的增长动力源和新的经济增长极。

（七）人口发展的区域差异

根据《中国统计年鉴2023》，2022年，全国31个省份中，有13个省份常住人口出现了负增长，有18个省份常住人口有所增加。预计各省份最早和最晚进入人口负增长的时间跨度将在10~20年。2021年，北京、上海、天津、浙江的平均预期寿命超过80岁，而西藏、云南、青海的平均预期寿命均在75岁以下①。2020年，北京、上海、天津的15岁及以上人口平均受教育年限均超过11年，青海、云南、贵州、西藏等省份则低于9年②。

目前，城乡老龄化程度倒置，农村的养老保障、老年健康、老年社会参与等方面的问题更多、矛盾更突出。欠发达、生态脆弱、相对贫困和部分边疆地区的主要人口发展指标与发达地区相比差距较大。2023年，全国农村地区5岁以下儿童死亡率为7.2‰，显著高于城市地区的3.9‰③；西藏、青海的孕产妇死亡率分别为47.9/10万、24.9/10万，显著高于9.4/10万的全国平均水平④。此外，深度贫困地区面临严重的婚姻挤压问题，偏远农村大龄青年未婚现象普遍，城镇流动儿童和农村留守儿童规模仍然庞大，困境儿童的早期发展问题突出。“十四五”时期需继续加强对这些重点人群的关注和支持力度。

① 数据来源于《中国卫生健康统计年鉴（2023）》。
② 由《中国人口普查年鉴-2020》相关数据表计算得到。
③ 数据来源于《2023年我国卫生健康事业发展统计公报》。
④ 数据来源于《中国卫生健康统计年鉴（2021）》。

二、人口负增长的内在逻辑

中位值预测结果显示，“十四五”时期我国年度出生人口会有所波动，预计在进入“十五五”时期后，我国将进入稳定的人口负增长时期。

（一）全球范围的人口负增长

《世界人口展望（2022）》数据显示，近几十年来，伴随第二次人口转变，人们的婚姻、生育观念发生变化，婚育推迟和低生育持续，许多国家的生育率明显下降。2022 年全球 2/3 的人口居住在终身生育率低于更替水平 2.1 的国家或地区，人口将长期处于零增长的水平。

由于生育率持续降低，预计在 2050 年前将有 61 个国家或地区人口下降 1%或更多。1950—2021 年，由“自然负增长”① 主导的国家有 20 个，包括欧洲 19 个国家和亚洲的日本②。1972 年，德国第一个步入人口自然负增长。人口过亿的国家中，日本在 2010 年后人口开始率先减少。随着生育水平走低，预计到 21 世纪末全球有将近 90 个国家和地区进入人口负增长行列。

（二）我国累积的人口负增长惯性

我国人口由于规模庞大，相应产生的正、负惯性也较大。1992 年，总和生育率降至更替水平以下，人口内在增长已经由正转负，人口变动主要是惯性增长推动的。30 多年来低生育水平不断累积所致的人口负增长惯性，是导致我国人口负增长长期趋势的重要因素。中国人口与发展研究中心人口与发展决策大数据实验室依据“七普”数据，经过模拟测算，发现即使现在把总和生育率提升至 2.1 并保持不变，受较大的累积负增长惯性影响，2044 年前后仍将出现人口负增长，并持续至 2090 年前后。

---

① 自然负增长主要由低生育率和老龄化所致，不包括由人口基数过小带来的波动性人口负增长、由迁出人口导致的机械负增长，以及由战争、饥荒等外部事件导致的外生性人口负增长。

② 陶涛、金光照、张现苓：《世界人口负增长：特征、趋势和应对》，《人口研究》2020 年第 4 期。

（三）出生人口下降与人口负增长

党的十八大以来，生育政策的调整和完善释放了生育潜能，我国的出生人口在2012年、2016年向上波动到1973万人、1883万人[①]。但是，在婚姻推迟、疫情等多重因素的影响下，2016—2023年的7年时间中，年度出生人口累计减少了981万人，下降幅度达到出人意料的49.2%，导致总人口负增长。根据中位值预测结果，2035年之后积极生育支持措施产生明显成效，在时期生育水平趋向终身生育水平后，死亡将是负增长的主因，2035年、2050年死亡人口将增长到1369万人、1721万人，会出现年度人口减少超过500万人的情况，2050年之后，甚至会出现年度人口减少1000万人的情景。

总体看，由于人口负增长惯性内在规律的作用，未来我国人口负增长趋势将是长期的。

三、人口负增长的趋势特征

（一）我国人口负增长的趋势

中国人口与发展研究中心人口与发展决策大数据实验室依据“七普”数据，使用概率人口预测方法[②]，经过多情景模拟测算，预计“十五五”时期人口年均减少230万人，2031—2040年人口年均减少370万人，2041—2050年人口年均减少620万人（图2）。

① 李月、张许颖：《婚姻推迟、婚内生育率对中国生育水平影响——基于对总和生育率分解的研究》，《人口学刊》2021年第4期。

② 盛亦男、顾大男：《概率人口预测方法及其应用——〈世界人口展望〉概率人口预测方法简介》，《人口学刊》2020年第5期。

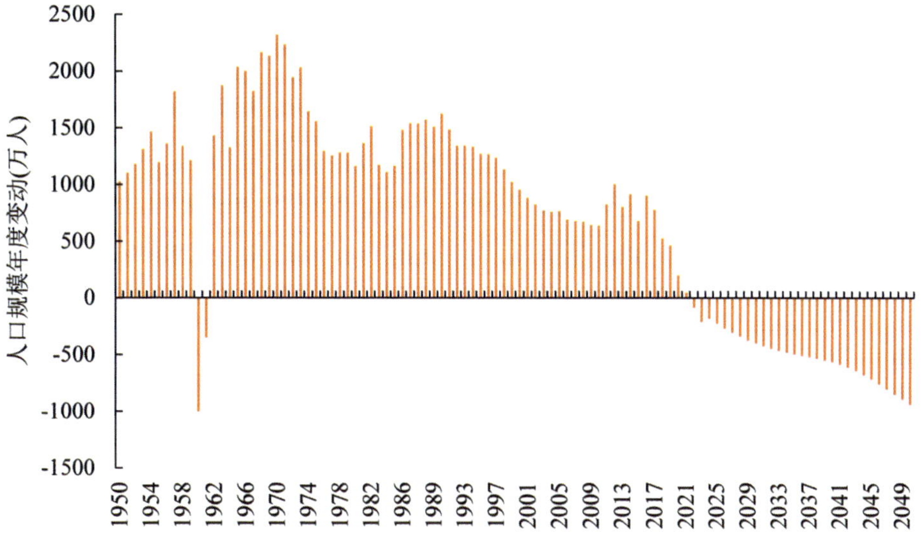

图 2　中国年度净增人口变动趋势

数据来源：中国人口与发展研究中心人口与发展决策大数据实验室。

相对 14 亿人口，2035 年之前我国人口缩减规模较小，减少态势平缓。但长期来看，人口负增长不断提速，预计 2050 年将减少 816 万人。

（二）人口负增长对人口结构的影响

中位值预测结果显示，“十四五”时期的人口负增长现象主要是出生人口快速下降所致，主要表现为少儿人口和劳动年龄人口规模的持续缩减与老年人口规模的持续攀升。预计到 2035 年，0-17 岁少儿人口存量将从 2020 年的 2.97 亿人大幅下降至 1.85 亿人，减少的存量将超过 1 亿人。同时，60 岁及以上老年人口将突破 4 亿人，占比突破 30%。这将对公共服务资源的优化配置带来机遇和挑战。

在人口负增长阶段，尽管老年人口压力将不断增大，但是，我们将迎来少儿人口压力减小的“轻装上阵”的机遇。实施“强势开端”国家行动，从生命早期开始，大幅度提高人口竞争力，仍可以为实现现代化提供良好的人口支撑。

（三）未来生育率的决定性作用

在死亡规律、迁移规律相对稳定的情况下，生育成为决定负增长态势的主因①。我国目前处在极低生育水平，生育水平和规模将决定未来我国人口负增长态势。中国人口与发展研究中心人口与发展决策大数据实验室开展的多情景模拟测算结果显示，如果总和生育率以 1.09 的极低生育水平持续，到 2035 年我国 0-14 岁少儿人口占比将迅速下降到 9.26%、60 岁及以上老年人口占比将上升到 32.01%，人口老龄化、少子化程度将超过日本现有水平。如果总和生育率逐步回升到国家人口发展战略规划预期的 1.8 附近并持续维持，那么 2035 年我国 0-14 岁少儿人口占比将下降到 12.55%、60 岁及以上老年人口占比将上升到 30.83%，人口老龄少子化问题将有效缓解（详见表 1）。

表 1　人口负增长下中国人口变动多情景预测

单位：万人，%

情景一　总和生育率稳定在 1.09

年份	总人口	各年龄组人口占比							
		0-3	0-14	0-17	15-59	15-64	60+	65+	80+
2025	140599	2.56	15.17	18.90	61.98	69.07	22.85	15.76	3.15
2030	138757	2.31	11.78	15.60	60.35	68.63	27.87	19.60	4.21
2035	136187	2.32	9.26	12.26	58.73	66.54	32.01	24.20	5.91
2050	124487	2.21	9.29	11.19	49.03	58.42	41.68	32.29	11.96

情景二　总和生育率从 1.09 波动增至 2050 年的 1.44

年份	总人口	各年龄组人口占比							
		0-3	0-14	0-17	15-59	15-64	60+	65+	80+
2025	140814	2.04	15.30	19.02	61.88	68.96	22.82	15.74	3.15
2030	139670	2.03	12.36	16.15	59.95	68.18	27.69	19.47	4.19
2035	137987	2.13	10.45	13.41	57.96	65.67	31.59	23.88	5.84
2050	129846	2.13	11.65	13.91	48.39	57.39	39.96	30.96	11.47

① 陆杰华：《人口负增长时代：特征、风险及其应对策略》，《社会发展研究》2019 年第 1 期。

情景三　总和生育率从 1.09 回升到“十五五”末期的 1.80 并保持

年份	总人口	各年龄组人口占比							
		0-3	0-14	0-17	15-59	15-64	60+	65+	80+
2025	141047	2. 87	15. 44	19. 16	61. 78	68. 85	22. 78	15. 71	3. 14
2030	141269	3. 53	13. 35	17. 10	59. 28	67. 40	27. 38	19. 25	4. 14
2035	141386	3. 76	12. 60	15. 49	56. 57	64. 10	30. 83	23. 31	5. 70
2050	137771	3. 48	14. 27	17. 17	48. 07	56. 55	37. 66	29. 18	10. 81

数据来源：中国人口与发展研究中心人口与发展决策大数据实验室。

（四）人口空间分布的马太效应

我国已有 48 座城市出现了不同程度的人口收缩①。人口负增长与人口空间分布变化叠加，将强化人口的“聚集”和“收缩”效应。预计珠三角、长三角、京津冀等区域和城市群的人口将持续增长，而在乡村地区、部分区域如东北等区域的部分城市，人口可能会加速收缩。同时，伴随人口负增长，家庭小型化、家庭结构多元化程度将不断加深，一人户、空巢、独居老人家庭占比将持续上升。

四、人口负增长的影响分析

世界上越来越多的国家认识到，长期人口负增长可能会引发复杂的经济社会问题。现有研究认为，人口负增长的短期影响是温和的，长期看其影响具有不确定性，快速且持续的人口负增长可能导致有效需求下降；储蓄和资本积累减少；投资萎缩；消费增速放缓；科技创新能力下降，进而带来产业收缩、就业机会减少，经济发展失去活力②。也有专家从资源、环境等角度分析，认为全球人口处于“超载”状态，人口负增长对全球可

① 戚伟、刘振、刘盛和等：《基于“城区常住人口”的 2010—2020 年中国收缩城市识别》，《地理研究》2023 年第 10 期。

② 刘厚莲、原新：《人口负增长时代还能实现经济持续增长吗?》，《人口研究》2020 年第 4 期；陶涛、金光照、郭亚隆：《两种人口负增长的比较：内涵界定、人口学意义和经济影响》，《人口研究》2021 年第 6 期。

持续发展具有正面效应①。

（一）人口负增长与经济增长

我国人口负增长的起始条件和特征与国际上进入负增长的国家有很大不同，人口负增长将与人口老龄化、少子化、家庭结构变化、人口空间分布变化、人口素质提升等构成多维复合的负增长发展态势，对经济社会的影响不是线性的，传导机制复杂多变。人口负增长并不必然都是消极的，仍然存在较多的发展潜力和优势。关键是转变经济发展方式，充分利用人口资源禀赋优势，形成人力资本新红利，实现高质量发展。

多维复合的人口负增长发展态势，既能带来负向效应，也会产生正向效应。从需求侧看，人口负增长会导致消费者总量的下降，如果消费倾向和消费结构保持不变，将会导致总消费需求的下降，产生负向效应。同时，消费升级、供给侧结构性改革、技术进步，也会带来新增的消费需求，对经济增长产生正向效应。从供给侧看，人口负增长会导致劳动力供给总量减少，若生产函数保持不变，会降低潜在经济增长率。另一方面，劳动力减少也会引发资本深化、技术进步、农村劳动力转移，加速人力资本的积累，带来经济发展方式的转变，进而对经济产出带来正向效应。目前，从理论上两者效应的大小难以确定；实践上也还有赖于更长期的实证数据加以验证。德国等国家50年前就出现过人口负增长现象，但是仍实现了较长期的经济增长，从这样的国际事实来看，未来的经济增长更加依靠劳动力质量提升、科技创新，以及要素配置效率的提升。但是，需要指出的是，世界上还没有人口大国是在人口负增长条件下实现现代化，并迈入高收入国家行列的先例。在人口负增长背景下，中国要实现人口众多的现代化，没有现成经验可以借鉴，必须走中国式现代化之路。

（二）人均产出增长

人口发展由于生物属性和人口年龄结构而产生惯性，在不考虑迁移的情况下，人口进入减少阶段后，会呈现先慢后快的变化趋势。中国人口与发展研究中心人口与发展决策大数据实验室初步测算，若经济增速保持在

① 原新：《全球人口负增长时间可能提前至2065年》，《人口与健康》2020年第11期。

5%，那么2035年的经济总量将比2020年翻一番；与此同时，如人口在2035年前分别以3‰、5‰的缓慢速度减少，那么人均GDP将分别增长2.04倍、2.09倍。提高人均GDP，可以增强发展潜力，为科技创新、资本投入创造条件。综合来看，短期内平稳的人口负增长对经济的影响可能是温和的，有利于提高人均产出水平，推动实现高质量发展。但是，对于长期而快速的人口负增长，需要尽早采取提高生育率、引进人才等措施平缓其波动幅度，推动人口长期均衡发展。

（三）资源环境压力有望改善

我国人口与资源环境处于紧平衡状态，人口规模在一定时期适度下降将会减缓资源环境的总体压力。随着区域发展战略和规划的实施，人口随着产业走，人口的“乡—城”“城—乡”“城—城”双向流动趋势都在增加。在人口负增长背景下，如果引导得当，将会减轻目前局部区域人口承载压力过大的情况，促进绿色发展。人口数量特别是少儿人口存量的减少有助于缓解“按照人头”的财政投入压力，有助于公共服务领域的“补、强、提”，有助于促进人口等要素在空间上的高效聚集，有助于形成新的经济增长极。应通过创新公共服务资源配置方式，优化配置结构，提高公共服务均等化水平，完善覆盖全生命周期的社会保障体系，更加重视家庭发展，推进公共服务随人走、随家庭走，促进共同富裕，促进人的全面发展。

五、积极应对人口负增长

人口概率预测结果表明，我国人口发展已经进入以“负增长、老龄化、少子化、预期寿命持续提高”为特征的长寿时代，人口负增长需要综合应对、系统应对、长期应对。

（一）人口是慢变量，数量和质量都对经济增长具有基础性、长期性作用

不以人口数量的多少简单判断经济社会发展前景，把握人口负增长的长周期性和人口质量不断提升所带来的发展机遇，创新基于人口负增长的

顶层制度和政策设计，完善生育支持政策体系，努力实现适度生育水平，稳定出生人口，平缓少儿人口占比下降趋势，促进人口长期均衡发展。

利用人口规模大的市场需求、产业升级等回旋空间，利用人口负增长带来的人均资源占有量提高的机遇，大力推进以人（家庭）为核心的城镇化，深化土地、社保、财税、户籍、教育等关键领域的制度改革，促进人口发展与经济社会发展的双向适应、良性互动。

（二）改革国家人口统计与监测预警制度

健全覆盖全人群、全生命周期的人口监测预警体系，进一步完善人口监测内容，完善人口监测网络，建立人口信息资源库，推动信息共建共享，推动人口数据的开发与应用。设立国家人口普查局，统筹人口统计和监测预警工作，建立人口预测预报机制，按季度统计出生人口和生育率，监测失业率等指标。设置年度出生人口 1000 万人的警戒指标①，采取更加积极的生育支持措施，稳住出生人口失速下滑的态势。将 2020 年第七次人口普查的终身生育水平 1.6 作为适度生育水平的目标，提高人口发展的稳定性和可预期性。

（三）完善中国特色人口治理体系

进入负增长阶段后，人口变动对发展的基础性作用在增强，人口再生产的外部性越来越显著，促进人口发展不仅涉及人口领域，更需要跨部门、跨领域的合作，所以亟待完善促进人的全面发展的人口治理体系。提高政治站位，增强国情、国策意识，加强党对人口工作的领导。以人民为中心，以均衡为主线，以改革为动力，以法治为保障，提高人口治理能力和水平。

建议以家庭作为社会的基本细胞，纳入国家治理大局，深化人口和家庭发展领域的体制改革，设立国家主管人口和家庭发展的专门机构，统筹人口发展、家庭福祉政策，赋予其协调统一老龄化与少子化的政府职能，制定、优化、实施人口发展的战略规划。

---

① 预测数据显示，总和生育率如果稳定在 1.3 左右，出生人口在 2035 年之前都将保持在 1000 万人以上。

（四）将推动实现适度生育水平作为社会领域改革的基础性工程

深刻认识低生育及其经济社会影响的严峻性和长期性。聚焦大城市、高学历等中等收入群体，提振生育意愿和生育水平，建立生育保险、婴幼儿照护、辅助生育三项基本家庭发展制度①。采取针对年轻群体的切实生育支持措施，破解年轻一代的生育挤压难题，稳住出生人口失速下滑的局面。促进人口的社会融入，使流动人口真正融入城镇，实现安居乐业，奠定婚姻和生育的社会基础。实施生殖辅助技术推广应用计划和生殖健康专项行动，有效减少非意愿妊娠导致的人工流产，保护生育力。

（五）塑造人力资本新红利

深化人力资源供给侧结构性改革。顺应知识获取方式信息化的趋势，深化教育改革，将学前教育、高中阶段纳入义务教育范围，适当缩减中学、大学甚至是硕士研究生阶段的学制，提高人力资本投资的产出和效率。统筹城乡各级教育资源配置，鼓励小学、初中、高中一体化办学。建立生育保障制度，实施帮助女性维持工作家庭平衡的政策，有效降低生育、养育、教育的成本对生育的挤出效应。加强劳动力技能培训，提高劳动力技能，稳定女性劳动参与率。

根据老年人的健康状态，动态调整老年人的划分标准，增强相关社会改革政策的灵活性，延长健康工作时间。完善老年群体的劳动就业、社会保障、权益维护等法律法规。实施健康中国行动，推进老年健康影响因素等重要问题的科学研究，使我国健康预期寿命的提高快于预期寿命的增长。

完善就业促进与新型城镇化、乡村振兴、区域发展等国家战略的协同机制，建立全国统一的劳动力市场，推进劳动力资源禀赋与区域发展、产业结构相协调，有效提高劳动力的配置效率。

---

① 贺丹、史毅：《生育支持政策的系统性重塑：挑战与应对》，《行政管理改革》2023年第2期。

（六）实施“强势开端国家行动”

婴幼儿阶段，实施专业化的照料、托育和早教，对人的智力、体质、习惯、行为、情感和社会性发展具有不可替代的重要作用。美国著名心理学家、芝加哥大学教授布鲁姆经过长达20年的追踪研究后得出结论：如果以17岁时所获得的智力作为100%的话，那么其50%是在4岁前获得，8岁时达到80%，剩下的20%是从8-17岁的9年中获得[①]。诺贝尔经济学奖得主詹姆斯·赫克曼对人力资本投入收益率的研究发现，教育投入回报率与受教育者年龄成反比关系：在人的整个生命周期中，对学龄前儿童教育投入的回报率最高，对学龄前儿童教育每投入1美元，其收益可达到7~12美元[②]。

2001年，经济合作与发展组织（Organisation for Economic Co-operation and Development，OECD）国家设立“强势开端计划”（Starting Strong），2021年已实施至第六期。追踪数据显示，能够获得强势开端计划服务的幼儿，15岁时的表现明显优于没有获得服务的学生[③]。可获得（availability）、可负担（affordability）和高质量（quality）是OECD国家强势开端计划的基本原则和主要目标。实践证明，强势开端计划（高质量的儿童照料、托育、早教等）不仅对儿童自身发展，也对儿童的父母乃至全社会的发展都带来深远的积极影响。具体来说，强势开端计划为儿童的终身学习提供了良好的基础，促进了儿童早期认知水平的提升和心理社会行为的发展；缓解了女性平衡家庭与工作的压力，稳定了女性劳动参与率；还有效地阻断了贫困的代际传递；从人生的开端、从根本上提升了新增人口及未来劳动力的质量和竞争力，为人口负增长下的世代更替、代际平衡起到了关键作用。2013年，OECD国家强势开端计划支出占GDP的比重已经达到0.8%[④]。

---

① 吴凤岗：《从布鲁姆的智力成熟百分比谈起——简论儿童早期智力发展与开发》，《幼儿教育》1983年第5期。

② 王俊、史毅、刘鸿雁：《经合组织国家托育公共支出和家庭支出比较》，《人口与健康》2023年第1期。

③ OECD，“Starting Strong 2017：Key OECD Indicators on Early Childhood Education and Care”（Parts：OECD Publishing，2017），p. 120.

④ 同上书，第111页。

1997 年，英国启动“确保开端计划”（Sure Start），践行“每个孩子都重要，为了孩子而改变”的理念，针对 0-3 岁儿童及其家庭，在医疗保健、儿童保育、早期教育和家庭教育等四个方面增加政府公共支出，提供持续支持。美国的“开端计划”（Head Start）可以追溯到 1965 年，为困境婴幼儿提供帮助，向低收入家庭的幼儿与身患残疾的幼儿免费提供学前教育、营养与健康服务及其他社会服务，促进这些儿童的社会性发展和认知发展，消除儿童间的不公平性，实现教育机会的平等化。尽管英国的“确保开端计划”、美国的“开端计划”都是从为困境婴幼儿提供公共服务开始的，但是发展至今，两国都已投入巨额资金，使其成为在婴幼儿照护、托育和早教方面最重要的国家行动，对提高人口质量起到了重要作用。

建议从“十四五”时期开始，逐步建立、实施具有中国特色的“强势开端国家行动”，促进人力资本投资从生命早期开始，提高人力资本投入—产出效益，持续提高人口竞争力。一是，将 0-5 岁婴幼儿照护、普惠托育、学前教育一体规划；二是，鉴于 2035 年 0-17 岁少儿人口存量将减少 1 亿人以上，应优化“按人头补助”的财政支出结构，大幅度提高 0-3 岁婴幼儿照护服务、托育、早期发展的财政投入，力争到 2035 年，全社会 0-5 岁婴幼儿及家庭福祉投入占 GDP 的比重超过 0.8%①，达到 1 万亿元以上，持续提高人口竞争力；三是，按照“儿童优先、起点优先、短板优先”的原则，制定 0-3 岁婴幼儿照护服务的标准规范，制定普惠托育标准，将托育服务、学前教育纳入基本公共服务范围，提升托育服务的质量；四是，建立托育员从业资格制度，加强从业人员培训，保障从事“强势开端国家行动”的从业人员待遇；五是，建立和完善“强势开端国家行动”的数据收集、监测、研究和评估、管理机制；六是，完善促进儿童优先发展的法律、法规，制定“强势开端国家行动”方略。

（七）培育新型家庭婚育文化并将其纳入社会主义核心价值观体系

制定新型婚育文化宣传方案，在多视角下对党的二十大提出的“中国式现代化是人口规模巨大的现代化”作出解读，增强国情、国策意识。实

① 此为 OECD 国家 2017 年平均水平。

施新型家庭文化建设工程，通过文学作品、优秀影视、视频等形式持续加强家庭重要作用的宣传，弘扬家庭观念，倡导适龄婚育、优生优育。开展家庭友好城市、社区、工作场所创建活动，鼓励家庭成员互助、支持家庭内部养老与育儿的代际支持。

（执笔人：张许颖、张翠玲、刘厚莲、李月、侯亚杰）

第一章　我国人口中长期变动多情景预测分析

人口是影响经济社会可持续发展的全局性、战略性、基础性因素。近年来，我国人口发展出现了一些显著变化，既面临人口众多的压力，又面临人口结构转变带来的挑战。2030年前我国将迎来人口总量下降、老龄化再次提速、人口抚养比攀升等重大变化。我国人口正处于从数量压力到结构挑战的重大战略转折期。把握我国未来人口发展的变动趋势，对于综合研判人口与经济社会发展的互动关系，积极构建适应人口负增长时代的人口发展政策，奠定人口与经济社会可持续发展的坚实基础，具有十分重要的意义。

本章内容是《中国人口展望（2024）》（China Population Prospects 2024，简称“CPP 2024”）的全国人口预测报告，详细介绍了预测基年人口数据准备、相关参数设置和主要预测结果。CPP 2024采用2023年我国分性别、分年龄人口数作为预测基年数据，利用联合国人口司开发的贝叶斯分层概率预测方法对我国总和生育率和平均预期寿命发展趋势进行概率预测，研判我国人口国际迁移变动趋势，利用国际通用人口预测软件PADIS-INT进行人口预测。CPP 2024考察了在多情景下我国人口的发展变动趋势，对当前到21世纪中叶我国主要的人口指标，包括总人口、出生人口、少儿人口、劳动年龄人口、老年人口等的变动趋势进行分析，并对不同预测情景下我国人口中长期发展变动趋势进行了对比分析。

一、我国人口预测分析方案

CPP 2024以国家统计局发布的第七次人口普查数据及多源人口数据为基础，得到预测基年分性别、分年龄人口数据，设置生育、死亡、迁移等预测参数，基于队列要素预测原理，采用PADIS-INT人口预测软件，对我国人口变动趋势进行预测。

（一）人口预测基数准备

本预测的预测基年为2023年。国家统计局发布的2020年第七次人口普查分性别、分年龄人口数据（以下简称“百岁表”）是得到预测基年数据的重要基础。首先对2020年的百岁表数据进行修正调整，然后考虑2021年至2023年的生育、死亡、迁移等因素推算得到2023年底的百岁表数据，同时结合国家统计局发布的2023年人口数据对推算结果进行修正调整，即可得到2023年底的百岁表数据（图1-1）。

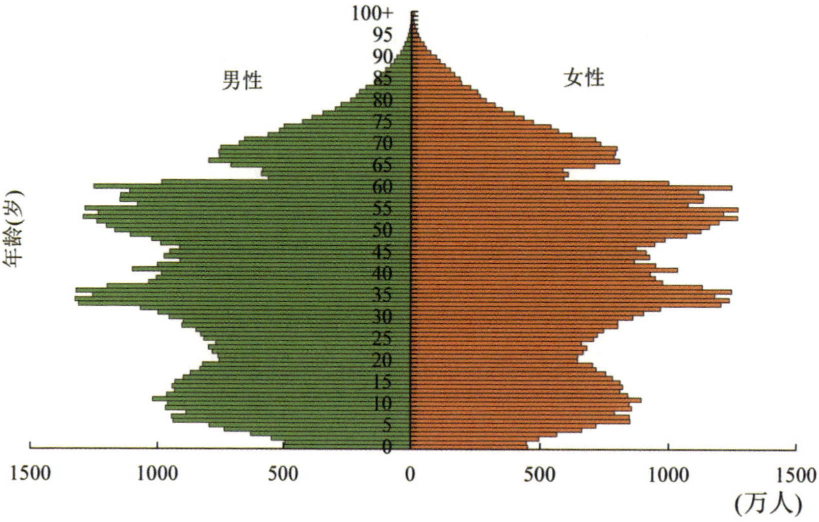

图1-1　中国人口年龄金字塔（2023年）

第七次人口普查数据显示，2020年11月1日零时，我国总人口为141178万人，其中男性7.23亿人，女性6.88亿人。本预测的起点为基年年底的人口数，由于第七次人口普查提供的百岁表为2020年11月1日普查标准时点数，因此需要先将其推算至2020年底。考虑从普查时点到年底的出生、死亡、迁移等情况，将普查时点数据推算至2020年底。2020年末，全国总人口为14.12亿人，其中男性7.237亿人，女性6.887亿人。以得到的2020年底百岁表数据为基础，考虑2021年至2023年的生育、死亡、迁移等因素，采用PADIS-INT预测软件得到2023年底的百岁表数据。将预测得到的2023年底数据与国家统计局发布2023年底数据进行比对，结果显示二者差异很小，总人口差异在 0.005 以内，0-14 岁、15-59 岁、60 岁及以上三个主要年龄段人口规模的差异在 0.01%至 0.1%之间。根据国家统计局公布的 2023 年底主要年龄段数据对推算得到的年底百岁表数据进行微调，即得到 2023 年底百岁表数据。

（二）生育参数设置

1. 总和生育率

受人口惯性的影响，人口发展变动有很强的规律性，未来的人口特征已隐含在人口现状中，因此若不发生重大的突发事件，能够基于我国现有的人口信息较好地把握未来的人口发展态势。虽然未来生育水平的变动具有很大不确定性，但根据已有的经验与规律，依然能够较好地把握其变动范围。本章采用联合国人口司开发的贝叶斯分层概率预测方法对总和生育率的变动趋势进行预测。其基本思路是基于世界各国生育水平的历史变动趋势，对总和生育率的变化趋势建立先验概率分布，之后结合每一个国家的历史数据构建后验分布，以此获得未来总和生育率的预测结果。

联合国人口司对生育水平的预测主要基于生育转变理论。虽然不同国家的生育率下降过程有所差异，但能够从这些国家的历史数据观察到相似的生育转变模式。根据人口转变理论，生育的转变可分为三大阶段：第一阶段代表生育转变的初期，表现为稳定的高生育率，总和生育率约在 6 以上波动；第二阶段是生育转变时期，此时一国的总和生育率从 5.5 左右逐渐下降至更替水平 2.1 以下；第三阶段是后生育转变时期，此时总和生育率从 2.1 以下回升至 2.1 左右。目前世界上各国均已进入生育转变的第二或第三阶段①。

本预测采用由华盛顿大学与联合国合作开发的 bayesTFR R 包对总和生育率进行概率预测。R 包提供默认的运行参数和历史数据，同时，也支持用户自定义运行参数和历史数据。模型使用了每个国家从 1950—1955 年至 2015—2020 年每 5 年的 TFR 估计值作为历史数据。每个国家的历史数据都被划分进三个阶段再分别建模。在预测过程中，输入 1950 年以来我国生育水平变动历史数据，结合世界各国的总和生育率变动历史数据构建模型，对我国

① 盛亦男、顾大男：《概率人口预测方法及其应用——〈世界人口展望〉概率人口预测方法简介》，《人口与经济》2021 年第 5 期。

总和生育率未来变动趋势进行预测。预测结果如图 1-2 和图 1-3 所示。

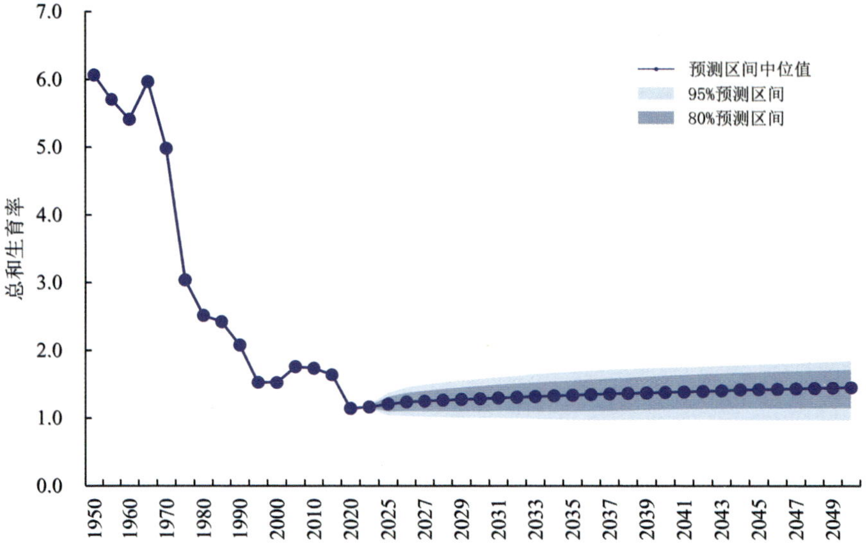

图 1-2　中国总和生育率概率预测结果

概率预测结果显示，从 2024 年到 2050 年，在预测区间中位值情景下，我国总和生育率将呈现平缓小幅上升的趋势，到 2050 年上升至 1.44。2050 年时，总和生育率在 80%的预测区间内将达到 1.14~1.71，总和生育率在 95%的预测区间内将达到 0.96~1.84。

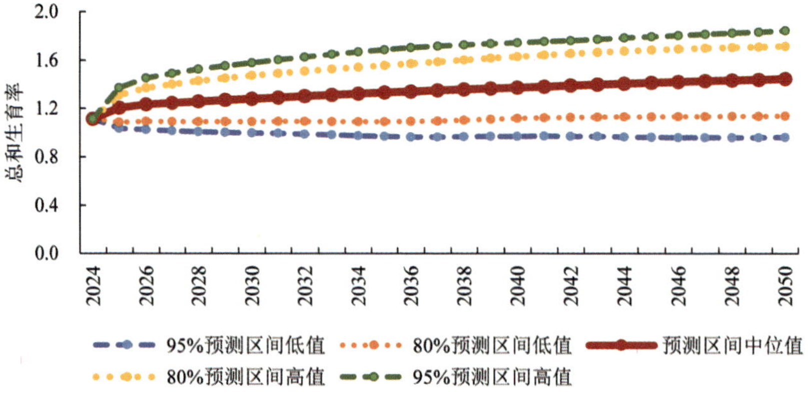

图 1-3　中国总和生育率概率预测结果

2. 年龄别生育模式

近年来，我国社会的婚姻和生育行为发生众多显著变化。适龄人群婚育推迟现象愈加普遍，女性初婚年龄从1990年的22岁左右持续提高到2020年的26岁左右，初婚年龄推迟还带动生育年龄的推迟，年龄别生育率的峰值年龄也在不断延迟。如图1-4所示，2000年以来我国生育模式发生了巨大变化，2000年我国生育峰值年龄为24岁，且年龄别生育率集中在20岁至30岁这一区间，该年龄段生育量占总量的86%。然而此后低龄生育占比不断降低、大龄生育的比例占比不断提高，2010年生育峰值年龄仍然为24岁，但生育模式的峰值高度由0.12降至0.08、宽度显著加宽，20岁至30岁生育量占总量的比例降至70%。2020年生育模式进一步延后，生育峰值年龄提高至27岁，大龄生育的比例进一步提高。监测显示，年轻队列的婚育推迟现象显著，随着90后、00后逐渐成为婚育主体，我国生育模式很可能进一步延后。

本预测2050年生育模式借鉴了联合国人口司的预测结果，中间年份采用曲线平滑的方法得到。根据联合国人口司发布的《世界人口展望（2017）》，2050年我国生育峰值年龄仍为27岁，但峰值年龄生育比例显著下降，大龄生育比例继续提高，在40岁前后由于生育推迟导致生育比例出现回升。平均生育年龄从2020年的29岁推迟至2050年的31岁。

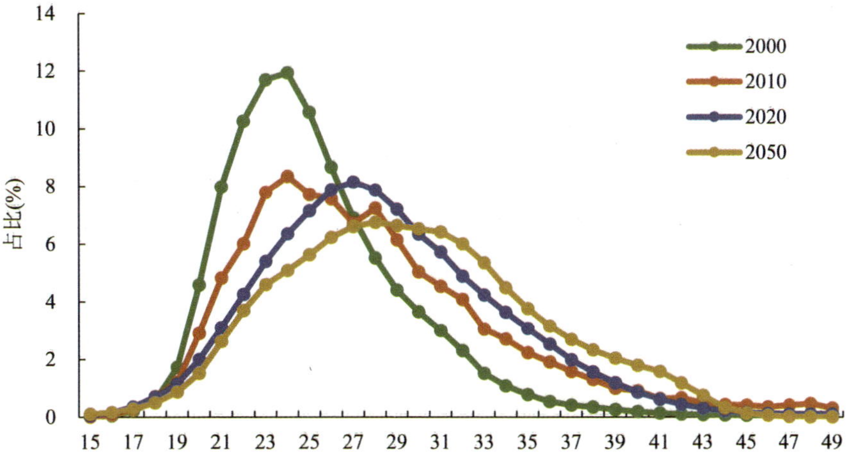

图1-4　中国育龄妇女生育模式变动情况

数据来源：2000年、2010年、2020年数据来自国家统计局；2050年数据来自联合国人口司发布的《世界人口展望（2017）》。

3. 出生人口性别比

近年来我国出生人口性别比呈现波动下降的趋势，随着我国生育支持政策体系持续完善、群众婚育观念不断变化，预计这一指标在未来会逐步趋向正常，即不断下降并于2030年达到107，之后在107的正常值水平保持稳定。

（三）死亡参数设置

1. 平均预期寿命

长期以来，我国死亡数据相对缺乏，平均预期寿命数据主要来自历次人口普查和1%人口抽样调查。如图1-5所示，自20世纪70年代以来，得益于我国卫生健康水平的持续改善和医疗技术的不断提高，我国平均预期寿命呈持续增长的态势。1981年以来，平均预期寿命提高了10岁左右，平均每年提高约0.25岁。

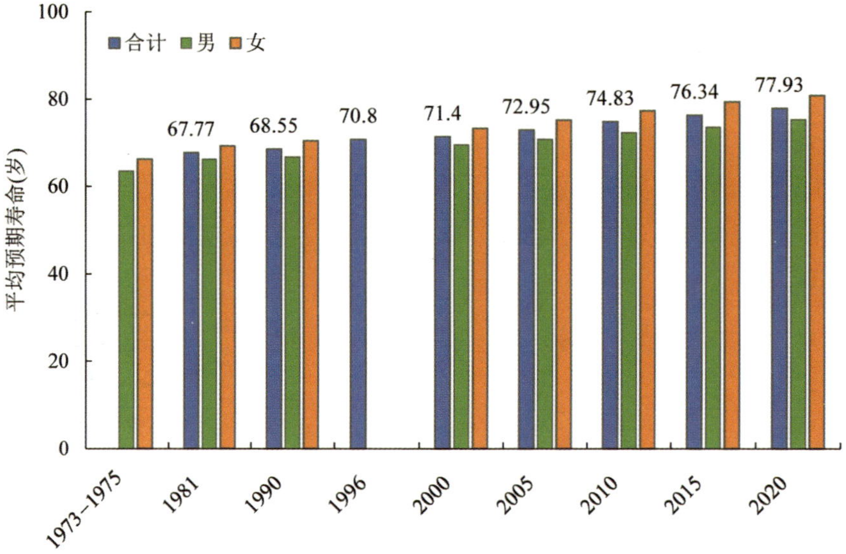

图1-5　中国平均预期寿命变动情况

数据来源：1973—1975年数据来自《中国卫生和计划生育统计年鉴》；1981年、1990年、1996年、2000年、2005年、2010年、2015年数据来自《中国统计年鉴》，2020年数据来自《中国人口和就业统计年鉴》。

同样基于贝叶斯分层概率预测方法对预期寿命进行预测，采用华盛顿大学与联合国合作开发的bayesLife R包，输入我国平均预期寿命的历史数据，即图1-5所展示的历史数据，得到的概率预测结果如图1-6所示。根据预测结果，我国男性平均预期寿命到 2035 年将提高至 78. 80 岁、2050 年提高至 82. 10 岁，女性平均预期寿命到 2035 年将提高至 83. 20 岁、2050 年将提高至 85. 30 岁。

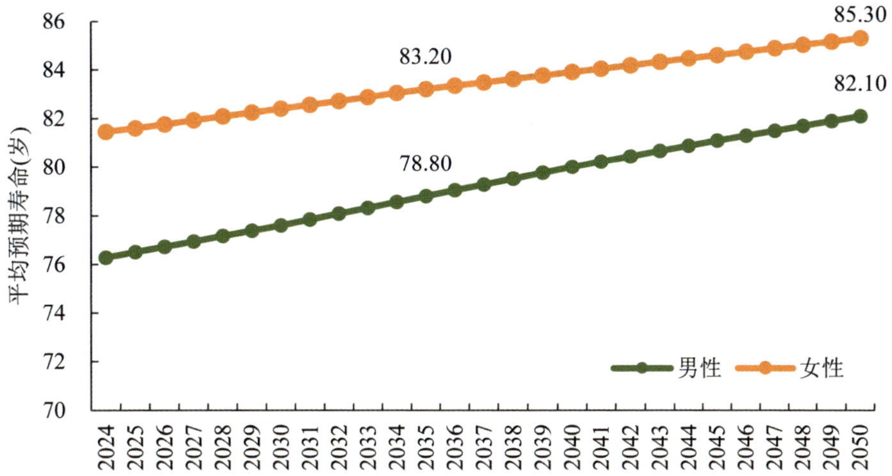

图 1-6　中国平均预期寿命随机预测结果

2. 年龄别死亡模式

预测期间的死亡模式采用寇尔-德曼模型生命表的西区模式。死亡研究是人口学领域重要的基础性研究，然而，由于当前我国还未建立起较为完备的生命登记系统，死亡登记还不完善，因此我国死亡相关数据还十分缺乏，尤其是关于模型生命表的研究还较为滞后，因此在进行人口预测的过程中，中国学者往往采用模型生命表来对我国人口发展趋势进行预测。寇尔-德曼模型生命表是由美国人口学家 A. J. 科尔和 P. 德曼合作编制的。作为这套模型生命表基础的 192 张实际生命表，是从 326 张生命表中选出的，且大部分取自欧美国家。这套模型生命表分为东、西、南、北 4 个区，每个区代表一种典型的分年龄组死亡率模式。其中，东区表主要根据中欧国家的生命表编制，南区表对应南欧国家，北区表对应北欧国家，西区表由余下的实际生命表编制，所代表的死亡率模式较接近世界一般情况。在进行我国人口预测时，学者一般均选择西区模式①。

① 杜鹏、李龙：《新时代中国人口老龄化长期趋势预测》，《中国人民大学学报》2021 年第 1 期；张现苓、翟振武、陶涛：《中国人口负增长：现状、未来与特征》，《人口研究》2020 年第 3 期。

（四）迁移参数设置

第七次人口普查数据显示，2020 年我国国内流动人口规模达到 3.76 亿人，“迁徙中国”特征业已形成。相对于超大规模的国内迁移，我国国际净迁移长期保持在低位，根据联合国人口司发布的《世界人口展望（2022）》数据，1950 年至 2021 年期间我国平均每年国际净流出 24 万人，仅占全国总人口的 0.02%，最高为 1992 年的年度净流出 87 万人，最低为 1980 年前后的年度净流出 1 万人。联合国移民存量数据显示，2017 年，中国大陆地区国际迁出累积存量为 996.2 万人，占当前我国总人口的 0.7%。总体而言，我国国际净迁移人口规模相对于庞大的总量人口而言处于很小的比例，对未来我国人口变动趋势影响较小，故设置我国净迁移水平在预测期间始终为零。

三、人口预测工具简介

人口变动趋势预测使用由中国人口与发展研究中心、神州数码公司共同研发的国际通用人口预测软件 PADIS-INT。该软件采用队列分要素预测法，支持用户输入单岁组或 5 岁组基期人口年龄结构数据，支持高、中、低等多方案、多人群/区域人口预测，并支持超长期人口预测。PADIS-INT 1.70 集成了联合国人口司发布的《世界人口展望（2015）》中全球所有国家的人口实际数据和预测数据，方便用户使用。2015 年 10 月，PADIS-INT 软件通过了联合国人口基金驻华代表处组织的国际评审，国际专家认为“PADIS-INT 软件达到了国际主流人口预测软件所应具有的预测水准，且预测准确程度较高”，通过对比分析，“PADIS-INT 软件具有功能设置更加丰富、参数导入更加灵活、结果呈现更加细致的优势，它目前更加适用于具有应用性质的详细人口预测”。

PADIS-INT 所采用的队列要素预测法是最常用的人口预测方法，这一方法是在给定基年分性别、分年龄人口数据的基础上，在队列生育、死亡和迁移风险的作用下，估计出未来的分性别、分年龄人口，其所经历人口事件的风险都因年龄和性别而异。用户输入人口参数数据后（包括起始人口、预期寿命、死亡模式、总和生育率、年龄别生育率、出生性别比、迁移水平、年龄别迁移模式等），软件可分别按队列估计出生、死亡和迁移随时间变化的递进结果，进行未来人口的预测。

四、我国人口中长期变动趋势预测分析

CPP 2024 设置了五种预测情景，包括 95%预测区间低值、80%预测区间低值、预测区间中位值、80%预测区间高值、95%预测区间高值。以下将主要基于总和生育率概率中位值预测情景（以下简称“中方案情景”），对我国人口中长期发展变动趋势进行预测分析。需要说明的是，由于本节重点关注“七普”之后我国人口形势的变化，因此在结果分析部分选取 2021 年为起始年份与后期作比较。

（一）总人口进入长期负增长时期，峰值人口规模为 14.13 亿人

新中国成立时，我国总人口为 5.42 亿人，经过 32 年的快速增长，于 1981 年超过 10 亿人，2000 年达到 12.67 亿人，2020 年达到 14.12 亿人，2021 年小幅增至 14.126 亿人，2023 年降至 14.0967 亿人。近年来，我国生育水平快速变动，总和生育率从全面两孩政策实施后的高值 1.8 左右快速跌至 2020 年的 1.3、2021 年的 1.15、2023 年的 1.02，此后将可能保持在极低水平。在多情景预测结果下，我国总人口都将维持负增长，生育水平越低负增长速度将越快。在中位值情景下，年度减少人口规模不断增加，2025 年总人口相比 2024 年将减少 135 万人，2035 年比 2034 年将减少 351 万人，2050 年比 2049 年将减少 816 万人，为 12.98 亿人；在 95%预测区间低值情景下，2025 年总人口相比 2024 年将减少 273 万人，2035 年比 2034 年将减少 634 万人，2050 年比 2049 年减少 1136 万人，为 12.26 亿人；在 95%概率预测区间高值情景下，2025 年总人口相比 2024 年将减少 2 万人，2035 年比 2034 年将减少 99 万人，2050 年比 2049 年将减少 534 万人，为 13.65 亿人。至 2050 年，在 95%预测区间情景下，我国总人口规模将在 12.26 亿人至 13.65 亿人之间（图 1-7）。

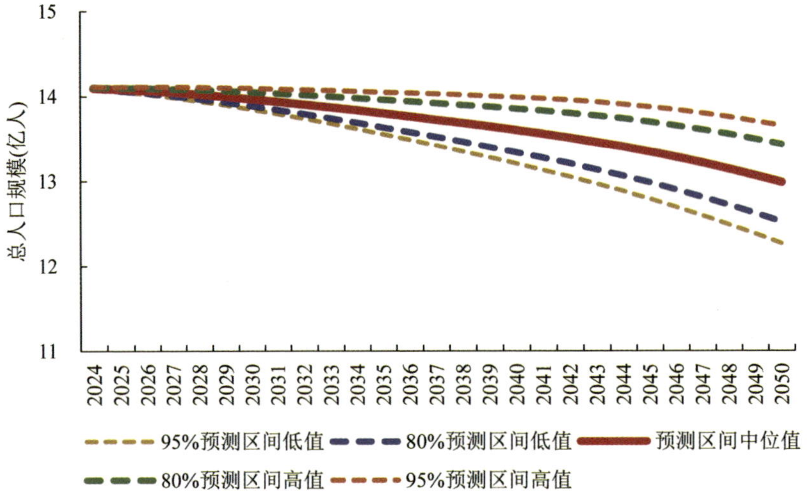

图 1-7 多情景下中国人口总规模变动情况预测

从人口自然增长率看，我国从 1949 年到 2000 年之前人口快速增长，人口自然增长率在 8‰以上，每年新增人口均在 1000 万人以上，其中 1963 年至 1975 年每年新增人口接近 2000 万人、1986 年至 1990 年每年新增人口 1500 万人以上。从 2000 年至 2010 年，人口自然增长率降至 6‰左右，年度新增人口从 2000 年的 957 万人降至 2010 年的 641 万人。2010 年以来，伴随着生育政策逐步调整，加之生肖偏好等因素影响，人口自然增长率波动较大，其中 2012 年增长率达到近年来的高值 7.44‰，2016 年受全面两孩政策影响也达到 6.71‰，2016 年之后生育水平持续下降，带动人口自然增长率不断走低，2020 年降至 1.21‰，2022 年首次出现负增长，2023 年降至-1.48‰。根据中方案情景，在 2024 年到 2050 年期间，我国人口自然增长率持续下降，2035 年降至-2.61‰，2050 年降至-6.26‰。

（二）我国人口年龄金字塔顶部增长、底部收窄，呈现持续老化的特征

人口年龄金字塔是反映人口年龄、性别结构最为直观的表现方式。根据预测区间中位值情景，我国 2035 年、2050 年的人口年龄金字塔如图 1-8 所示。预测结果显示，从当前到 2050 年，持续的低生育水平使我国人口年龄金字塔的底部不断收窄，低龄人口规模和占比不断下降。与此同时，20 世纪 60 年代生育高峰形成了 2020 年人口年龄金字塔中部的峰值，此后这

一峰值不断上移，由此带来金字塔顶部的不断增长，人口老龄化持续发展。到2050年时，20世纪80年代出生高峰期的人口年龄将超过60岁，20世纪60年代生育高峰期的人口年龄将超过80岁，我国将进入人口老龄化、高龄化、少子化程度最高的时期。

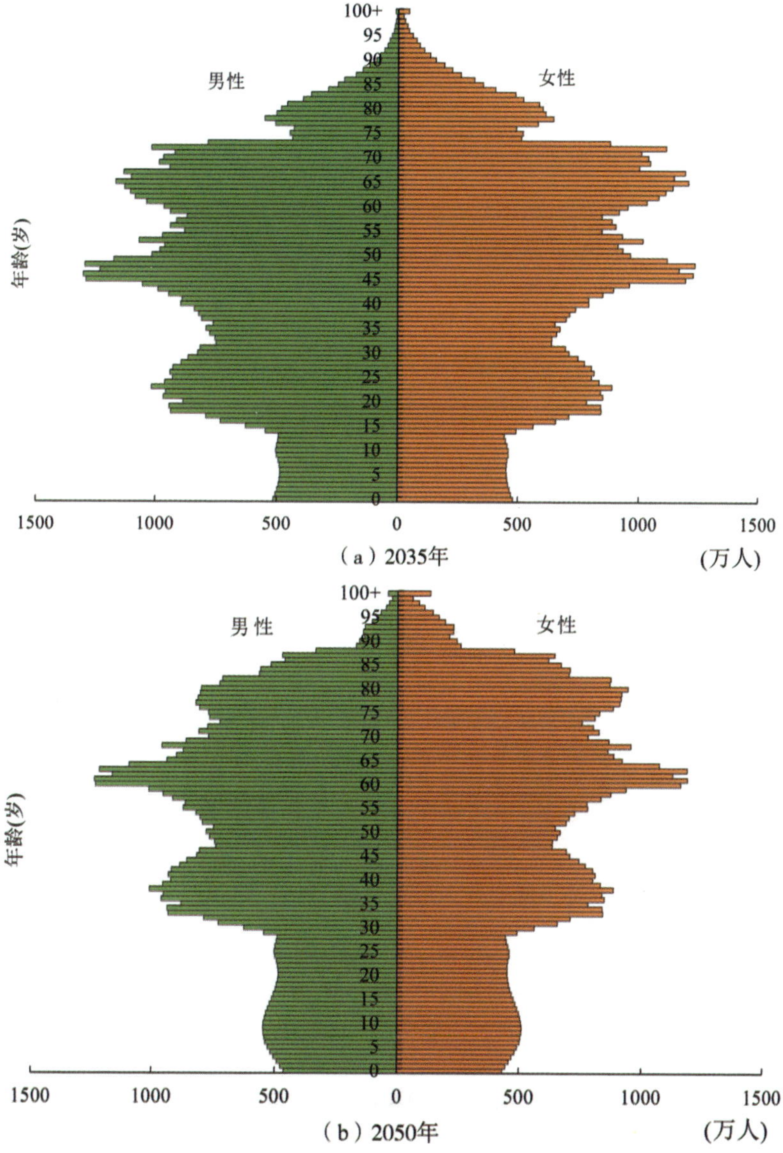

图1-8　中国人口年龄金字塔变动情况预测

（三）生育旺盛期育龄妇女将在2030年前持续减少，出生人口在1000万人左右波动

从当前至2035年期间，出生人口规模将在1000万人左右波动。2025年为986万人，2030年为958万人，2035年为1008万人。此后出生人口规模小幅上升，2040年为1072万人，此后继续下降，预计2050年为905万人（图1-9）。出生人口规模变动与生育旺盛期育龄妇女（20-34岁）规模变动直接相关，生育旺盛期育龄妇女在“十四五”时期减少最为快速，年均将减少540万人，2026年至2028年期间年均将减少130万人，其规模从2021年的1.34亿人降至2028年的1.08亿人，2029年至2038年有所增加，2038年为1.20亿人，此后继续下降，于2050年降至0.82亿人左右。

若根据总和生育率95%概率预测区间低值，出生人口规模可能会快速下降，到2030年降至744万人，2050年降至581万人；若根据总和生育率95%概率预测区间高值，出生人口规模可能会有所增加，2030年为1180万人，2050年为1191万人。

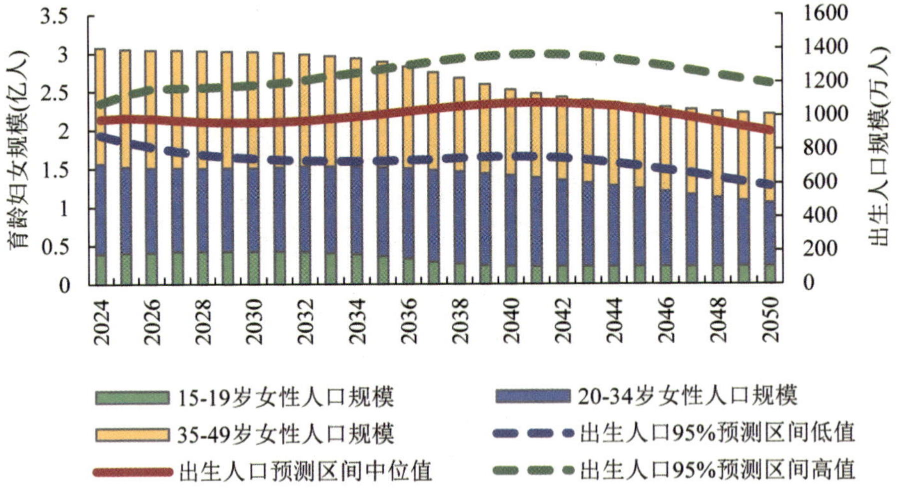

图1-9　中国出生人口规模和育龄妇女规模变动情况预测

（四）少儿人口规模和占比在 2035 年前持续快速下降，此后保持平稳

我国 0-14 岁少儿人口规模将持续减少，从 2021 年的 2.47 亿人降至 2025 年的 2.15 亿人、2035 年的 1.44 亿人（图 1-10）。2021—2035 年期间，少儿人口平均每年减少规模为 730 万人。此后至 2050 年，少儿人口规模保持在 1.5 亿人左右。少儿人口占总人口比重在 2021—2035 年快速下降，从 2021 年的 17.47%降至 2025 年的 15.30%、2035 年的 10.45%，此后保持在 11%左右。

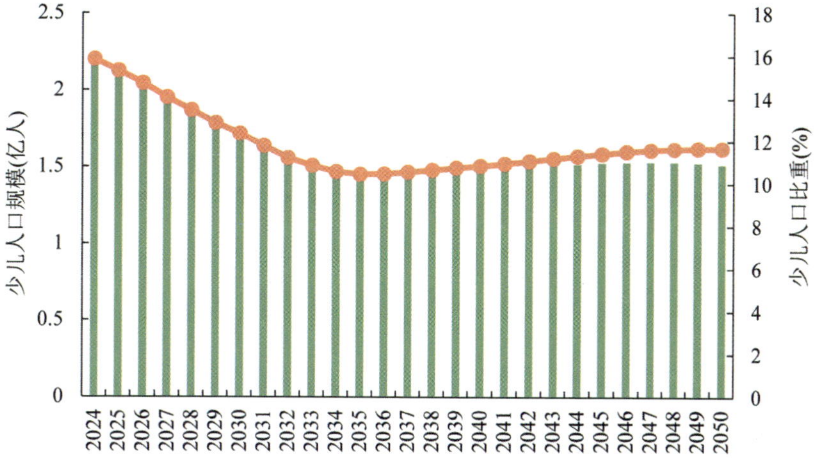

图 1-10 中国少儿人口（0-14 岁）规模及其占比变动情况预测

（五）各阶段教育适龄人口规模呈现缩减态势，至 2050 年将减少 38%

近年来，我国出生人口规模呈现快速波动态势，自 2011 年“双独二孩”政策以来，随着生育政策逐步调整优化，带来我国出生人口规模在短期内显著提升，2016 年达到近年来的高点 1883 万人，此后受累积生育潜能快速释放、新冠疫情冲击等多重因素影响，出生人口快速走低。出生人口随着年龄增长逐步进入各个教育适龄阶段，将渐次对各阶段教育适龄人口规模产生影响。

托育（0-2 岁）适龄人口规模在 2021—2024 年期间显著减少，从 3640 万人降至 2851 万人，此后至 2050 年将在 2700 万人至 3200 万人之间波动。学前教育（3-5 岁）适龄人口规模在 2021 年至 2027 年期间持续下降，从 5091 万人降至 2843 万人，此后在 2800 万人至 3600 万人之间波动。义务教育适龄人口（6-14 岁）在 2021 年至 2023 年期间有所增长，从 15947 万人增至 16057 万人，此后进入快速下降阶段，至 2036 年到达 8537 万人的谷底，年均下降 582 万人。高中教育适龄人口（15-17 岁）规模在 2021 年至 2029 年期间有所增加，从 4695 万人增至 5535 万人，此后开始下降，至 2039 年降至 2837 万人，2030 年至 2039 年期间平均每年减少 270 万人。2040—2050 年期间，高中教育适龄人口基本稳定在 2800 万人左右。高等教育适龄人口（18-21 岁）规模在 2032 年前呈增加态势，从 2021 年的 5729 万人增至 2032 年的 7331 万人，年均增加 146 万人，此后开始下降，2043 年降至 3799 万人，2033 年至 2043 年期间年均减少 320 万人，此后至 2050 年继续波动下降但降幅收窄，2050 年为 3769 万人（图 1-11）。0-21 岁教育适龄人口规模总量将从 2021 年时的 35102 万人降至 2050 年的 21824 万人，降幅达 38%。

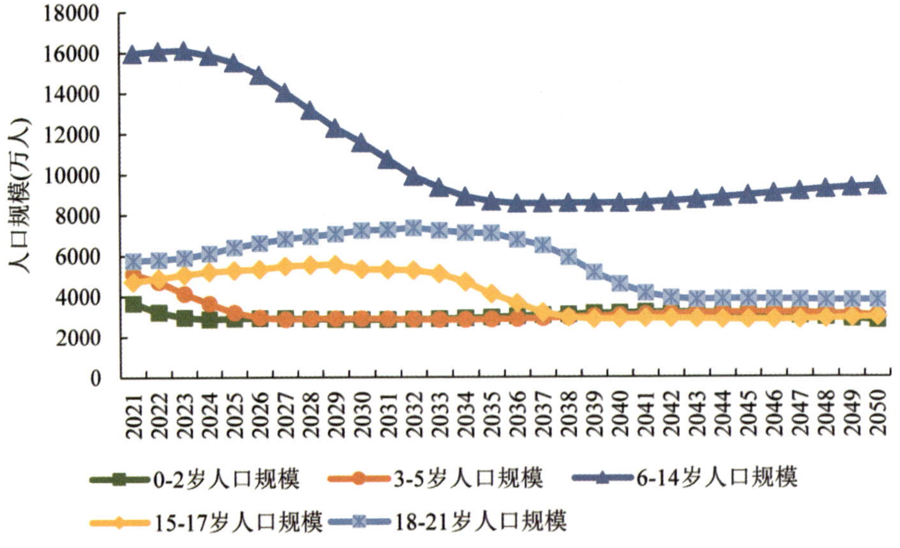

图 1-11 我国各阶段教育适龄人口规模变动预测

（六）劳动年龄人口规模和比重持续下降，2035 年之后劳动年龄人口老化严重

21 世纪上半叶，我国 15-59 岁劳动年龄人口规模持续下降，从 2021 年的 8.98 亿人降至 2035 年的 8.00 亿人、2050 年的 6.28 亿人，仅为 2021 年的 69.93%。劳动年龄人口规模下降速度将不断加快，2021 至 2025 年期间年均减少 500 万人，2026 至 2030 年期间年均减少 680 万人，2031 至 2040 年期间年均减少 830 万人、2041 至 2050 年期间年均减少 1260 万人。15-59 岁人口占总人口的比重，从 2021 年的 63.60%降至 2035 年的 57.96%、2050 年的 48.39%。劳动年龄人口中 45-59 岁人口占比在 2021 至 2034 年期间保持在 37%上下波动，此后上升至 40%左右的平台期，2045 年后又有所回落，2050 年为 37.28%（图 1-12）。

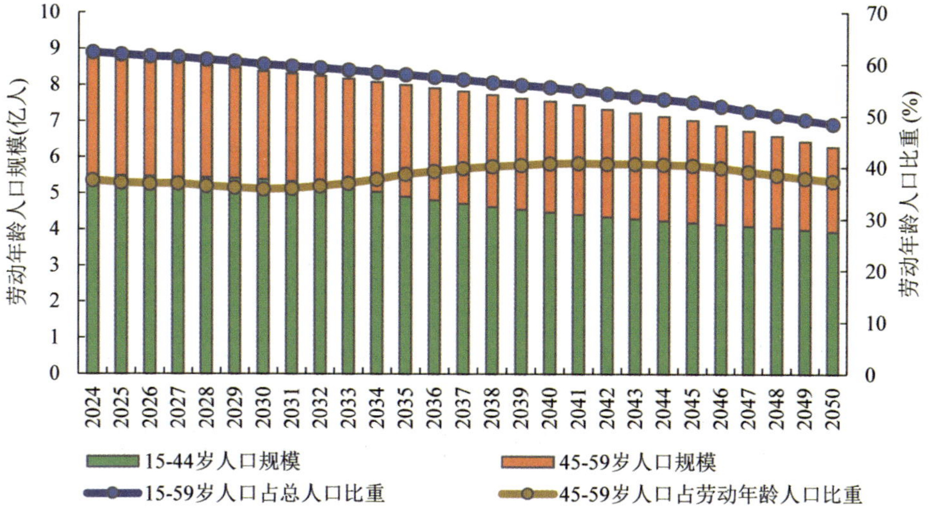

图 1-12　中国劳动年龄人口规模及其占比变动情况预测

15-64 岁劳动年龄人口规模，2021 年为 9.65 亿人，2026 年增至 9.75 亿人，此后进入持续下降阶段，2035 年减少到 9.06 亿人，2050 年降至 7.45 亿人。2021—2026 年期间，平均每年增加 200 万人，2027—2032 年期间，年均减少 560 万人，2033—2040 年期间下降速度最快，平均每年减少 1250 万人，此后至 2050 年降幅有所收窄，平均每年减少 970 万人。15-

64 岁劳动年龄人口占总人口的比重在 2030 年之前保持在 68%以上，此后开始持续下降，2035 年降至 65.67%、2050 年降至 57.39%。45-64 岁人口占 15-64 岁人口的比重在 2021 至 2045 年期间呈现上升的态势，从 2021 年的 42.61%增至 2035 年的 45.88%、2045 年的 47.12%。

（七）老年人口规模快速增加，自“十四五”时期人口老龄化开始加速

受 20 世纪 60 年代出生高峰期人口进入老年阶段的影响，我国 60 岁及以上老年人口将迎来快速增长期。2021—2030 年期间年均增加 1300 万人以上，大大高于 2015—2020 年时期年均 740 万人的增速。老年人口规模从 2021 年的 2.67 亿人增至 2030 年的 3.87 亿人，2032 年突破 4 亿人，2040 年为 4.58 亿人，2050 年达到 5.19 亿人。2021 年老年人口占总人口比重为 18.93%，2023 年达到 20.92%，标志着我国将进入中度老龄化社会；2033 年达到 30.31%，标志着我国将进入重度老龄化社会；2050 年将达到 39.96%（图 1-13）。

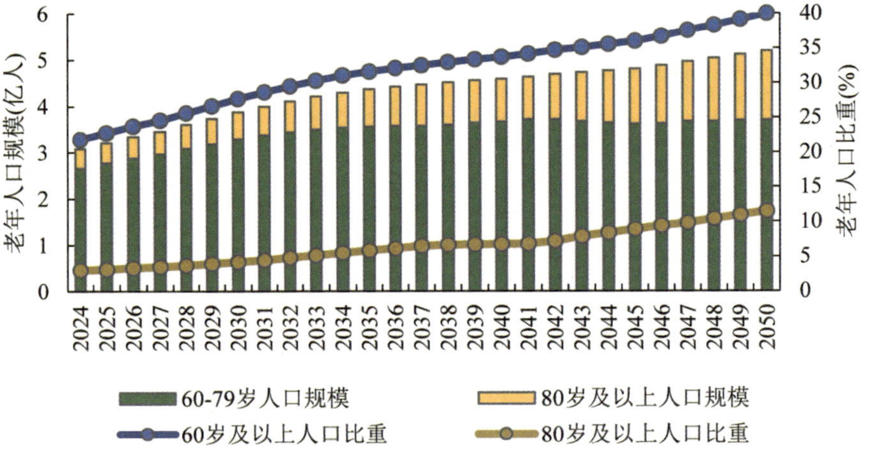

图 1-13　中国老年人口规模及其占比变动情况预测

65 岁及以上老年人口规模和占比将从 2027 年开始进入快速增长期。“十四五”时期，65 岁及以上老年人年均将增加 526 万人左右，从 2021 年的 2.01 亿人增至 2025 年的 2.22 亿人；2027 至 2035 年期间，大多年份增幅在 1000 万人以上，2030 年达到 2.72 亿人，2033 年

突破 3 亿人，2040 年为 3.71 亿人，2050 年为 4.02 亿人。2021 年、2025 年、2030 年、2050 年 65 岁及以上老年人口占总人口比重分别为 14.20%、15.74%、19.47%、30.96%。

2035 年后，人口的高龄化开始凸显。80 岁及以上高龄老年人口规模在 2021 年为 4253 万人，到 2035 年将翻一番，规模增至 8054 万人，在总人口中的比重将从 2024 年的 3.02%增加到 2035 年的 5.84%。2050 年的高龄老年人口规模相比 2035 年将再翻一番，达到 1.49 亿人，占总人口比重达到 11.47%（图 1-14）。

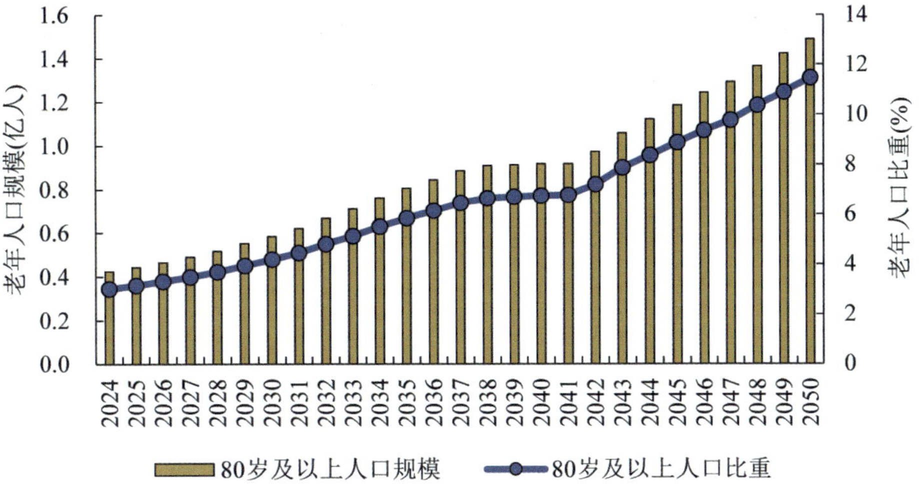

图 1-14　中国高龄老年人口规模及其占比变动情况预测

（八）少儿抚养比保持平稳，老年抚养比带动总抚养比快速上升

在 21 世纪中叶前，我国少儿抚养比将经历小幅下降后保持平稳的变动趋势，从 2024 年的 25 降至 2035 年的 18，此后小幅回升，2050 年为 24。由于劳动年龄人口规模不断减少和老年人口规模持续上升，老年抚养比快速增加，从 2024 年的 35 增至 2035 年的 55、2050 年的 83。老年抚养比的增加带动总抚养比快速上升，从 2024 年的 61 增至 2035 年的 73、2050 年的 107（图 1-15）。

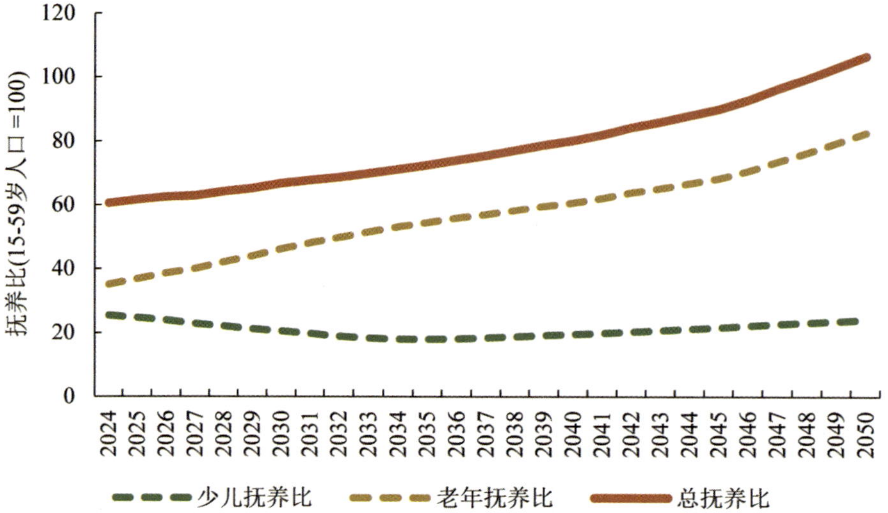

图 1-15　中国人口抚养比变动情况预测

（九）年龄中位数持续提高，2050 年我国 50 岁及以上人口将超过一半

2021 年，我国人口年龄中位数为 38.93 岁，此后将持续快速增加，2021 至 2040 年期间年龄中位数的增速较快，平均每年将增加 0.52 岁，2025 年为 40.99 岁，2030 年为 43.47 岁，2040 年为 48.76 岁；2040 年后增速有所减缓，平均每年将增加 0.25 岁，2050 年时达到 51.22 岁，届时我国 50 岁及以上人口将超过一半（图 1-16）。

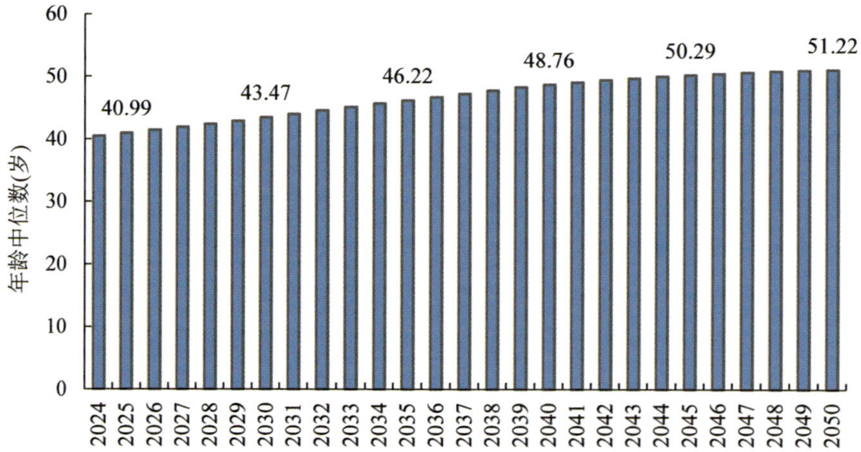

图 1-16　中国人口年龄中位数变动情况预测

（十）死亡人口规模持续快速上升，2050年死亡人口规模相比当前增加六成

从现阶段至2050年，我国年度死亡人口规模呈持续快速上升态势，2030年为1244万人、2035年为1369万人、2050年为1721万人（图1-17）。2050年我国死亡人口规模将达到2023年的1.56倍。2021年至2050年死亡人口年度增量比较平稳，平均每年增加24万人。

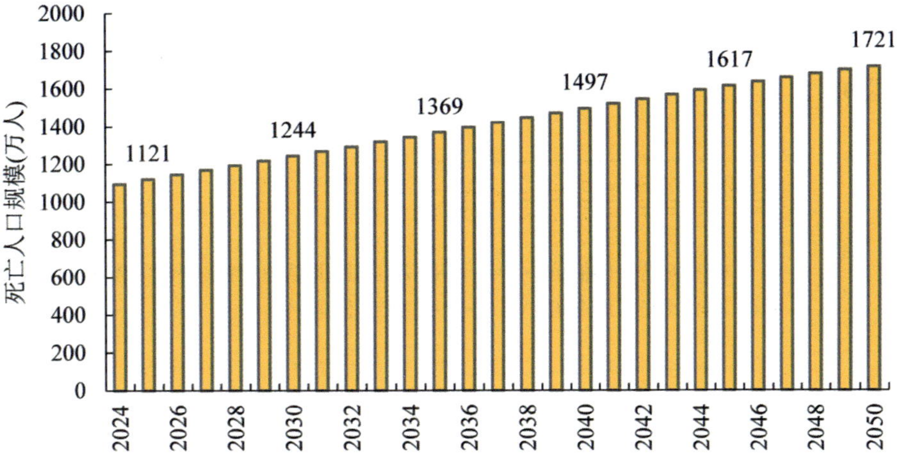

图1-17　中国死亡人口规模变动情况预测

五、不同人口预测方案的结果比较分析

基于概率预测方法得到我国总和生育率变动的五种不同情景，这些情景设置基本涵盖了我国总和生育率在未来几十年可能达到的最高和最低水平。这些方案下的人口预测结果也基本能够涵盖未来我国人口发展可能达到的状态。通过对不同方案人口预测结果的比较，我们能够更好地把握未来我国人口发展可能达到的边界值。

（一）少儿人口预测结果比较分析

在五种不同的情景下，我国0-14岁少儿人口规模均从2021年起开始下降，2021年至2035年期间快速下降，此后至2050年变动速度有所放缓。在五种情

景下，到2035年，我国少儿人口规模从低到高分别为1.20亿人、1.28亿人、1.44亿人、1.60亿人、1.69亿人；到2050年，我国少儿人口规模分别为1.04亿人、1.21亿人、1.51亿人、1.80亿人、1.93亿人（图1-18）。

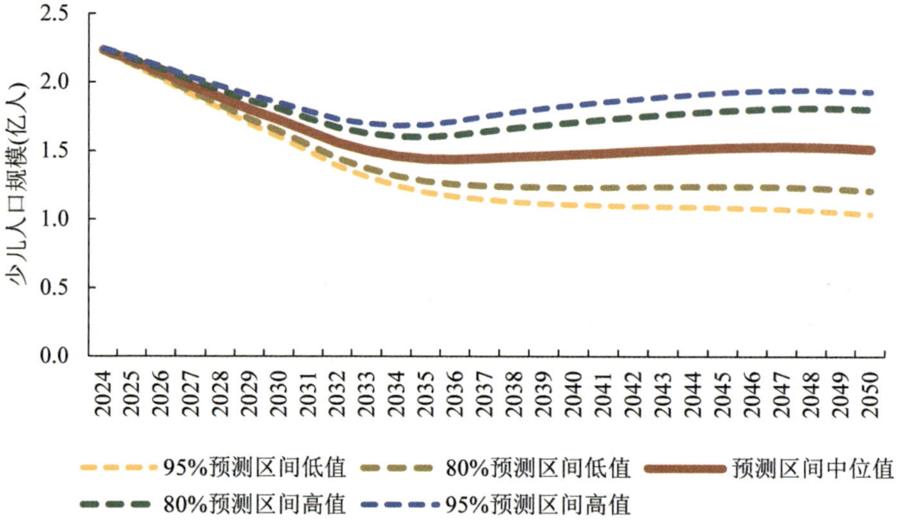

图1-18　多情景下中国少儿人口规模（0-14岁）变动情况预测

与不同情景下少儿人口规模的变动特征类似，在不同情景下少儿人口占比自2021年均开始持续下降。在五种情景下，到2035年，少儿人口占比从低到高分别为8.82%、9.37%、10.45%、11.47%、12.03%；到2050年，少儿人口占比分别为8.46%、9.67%、11.65%、13.41%、14.15%（图1-19）。

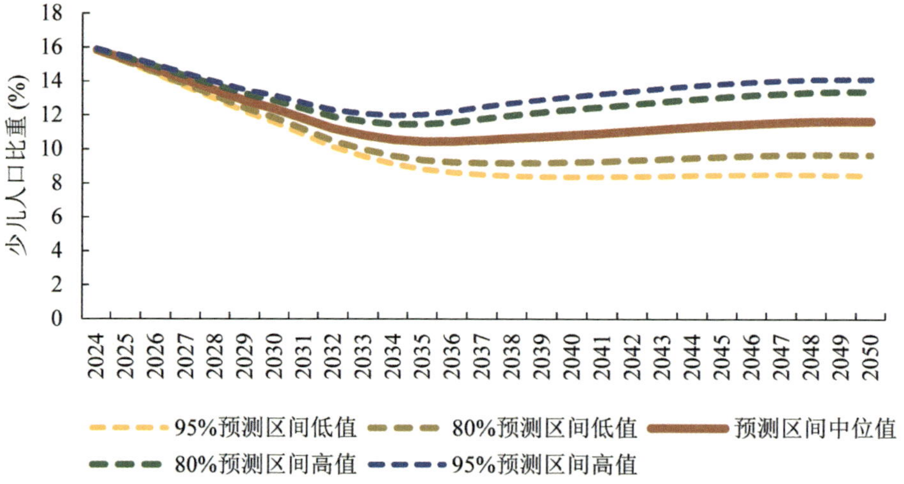

图1-19　多情景下中国少儿人口（0-14岁）占比变动情况预测

（二）劳动年龄人口预测结果比较分析

由于出生人口在 15 年之后才开始进入劳动年龄阶段（15-59 岁），不同情景下的劳动年龄人口规模在 2037 年才开始出现差异。在五种不同情景下，2020 至 2036 年我国劳动年龄人口规模都将从 8.98 亿人降至 7.91 亿人；到 2050 年劳动年龄人口规模从低到高分别为 6.04 亿人、6.12 亿人、6.28 亿人、6.44 亿人、6.53 亿人，即 2050 年我国劳动年龄人口规模将在 6.04 亿人至 6.53 亿人的范围内。

在五种不同情景下，劳动年龄人口占比有一定差异，且随着时间推移不同情景下差异有所增大，但均呈持续下降的态势。到 2035 年，五种情景下劳动年龄人口占比分别为 59.01%、58.66%、57.96%、57.30%、56.93%。到 2050 年，五种情景下劳动年龄人口占比在 47.85%至 49.24%的范围内（图 1-20）。15-64 岁劳动年龄人口规模和占比的变化特征基本相似。

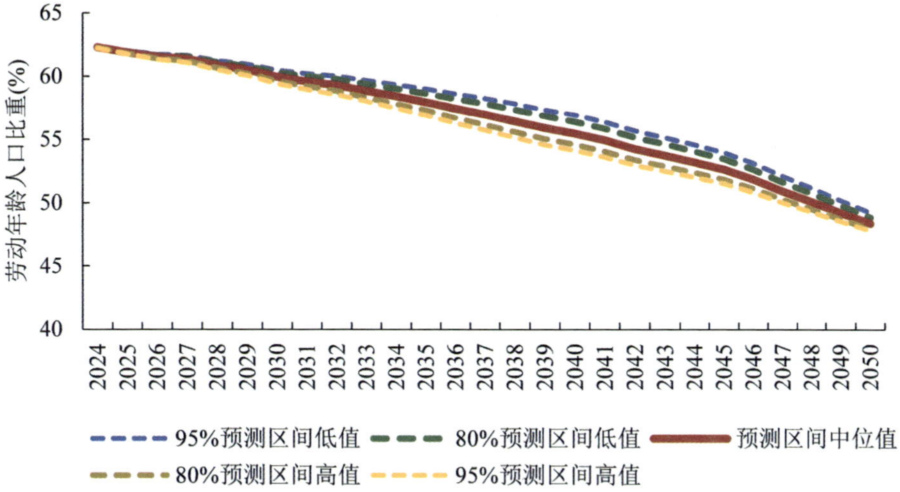

图 1-20　多情景下中国劳动年龄人口（15-59 岁）占比变动情况预测

（三）老年人口规模预测结果比较分析

由于出生人口在 60 年后才开始进入老年人口阶段（60 岁及以上），因此在 2050 年之前，不同预测情景下老年人口规模将始终保持一致。我国老年人口规模将从 2021 年的 2.67 亿人增至 2035 年的 4.36 亿人、2050 年的 5.19 亿人。

由于不同预测情景下出生人口规模存在差异，因此不同情景下我国老年人口占比存在一定差异。到 2035 年，五种情景下老年人口占比在 31.03%至 32.17%之间。到 2050 年，五种情景下老年人口占比分别为 42.31%、41.45%、39.96%、38.63%、38.01%（图 1-21）。

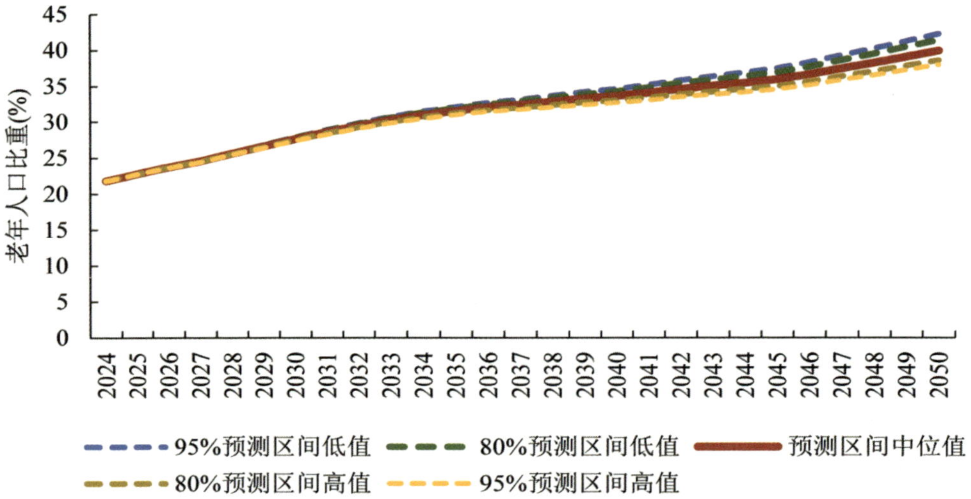

图 1-21　多情景下中国老年人口（60 岁及以上）占比变动情况预测

六、结论与政策建议

CPP 2024 使用最新的人口统计数据，采用贝叶斯分层概率预测方法对总和生育率和平均预期寿命的未来变动趋势进行了预测，基于国际通用人口预测软件 PADIS-INT 对我国人口中长期发展态势进行了测算，对主要发现总结如下。

（一）结论

1. 根据预测的预测区间中位值情景，未来我国人口发展态势主要呈现以下特点：

（1）我国总人口规模进入长期负增长时期，我国总人口在 2022 年开始下降，人口峰值为 2021 年的 14.13 亿人，预计 2050 年我国总人口规模达 12.98 亿人。

（2）我国人口年龄金字塔底部不断收窄，少儿人口规模缩减、老年人口规模快速增加，2050 年时，我国人口结构将呈现老龄化、高龄化、少子化的特征。

（3）我国出生人口规模在 1000 万人波动，生育旺盛期育龄妇女（20-34 岁）规模将在 2030 年前持续减少，成为影响出生人口变动的重要因素。

（4）我国少儿人口规模在 2035 年之前快速减少，从 2021 年的 2.47 亿人降至 2035 年的 1.44 亿人，此后稳定在 1.5 亿人左右。少儿人口占比从 2021 年的 17.47%快速降至 2035 年的 10.45%，此后保持在 11%左右。

（5）我国各阶段教育适龄人口规模总体呈现缩减的态势，托育、学前教育适龄人口在经历短暂的增长后均将保持在 3000 万人左右波动；义务教育阶段适龄人口在 2023 至 2036 年期间下降近一半，此后有小幅回升；高中教育阶段适龄人口和高等教育阶段适龄人口均呈现先增长后下降、再稳定的变动趋势。总体来看，2050 年时，我国各阶段教育适龄人口总量将降至当前的 60%。

（6）我国 15-59 岁劳动年龄人口规模在 2050 年前持续加速下降，2050 年时劳动年龄人口规模将降至 2021 年 69.93%。15-59 岁劳动年龄人口占总人口的比重从 2021 年的 63.60%降至 2050 年的 48.39%。2035 年后劳动年龄人口老化严重，45-59 岁人口占 15-59 岁劳动年龄人口的比重将上升至 40%左右的平台期。15-64 岁劳动年龄人口在 2021 至 2026 年期间有所增长，此后进入持续下降阶段，规模从 2026 年的 9.75 亿人降至 2050 年的 7.45 亿人，占总人口的比重在 2030 年之前保持在 68%以上，此后持续下降，2050 年已降至 57.39%。

（7）我国 60 岁及以上老年人口将迎来快速增长期，2021 年至 2030 年期间年均增加 1300 万人以上，此后增长速度有所放缓，60 岁及以上老年人口规模将从 2021 年的 2.67 亿人增至 2050 年的 5.19 亿人，占总人口比重将从 18.93%增至 39.96%。65 岁及以上老年人口规模和占比将从 2027 年开始进入快速增长期，规模将从 2021 年的 2.01 亿人增至 2050 年的 4.02 亿人，占比将从 14.20%增至 30.96%。2035 年后，人口高龄化开始凸显，2035 年 80 岁及以上高龄老年人口规模和占比都将比 2021 年翻一番，2050 年相比 2035 年将再翻一番。

（8）从当前至 21 世纪中叶，我国少儿抚养比将经历小幅下降后保持平稳的变动趋势，从2021年的27降至2035年的18，后逐步回升至2050年的24。老年抚养比快速增长，带动总抚养比快速上升，2035年和2050年总抚养比将分别达到73、107。

（9）我国年龄中位数持续提高，2021至2040年期间增速较快，后有所放缓。2025年年龄中位数为40.99岁，2030年为43.47岁，2040年为48.76岁，2050年时达到51.22岁，届时我国50岁及以上人口将超过一半。

（10）我国年度死亡人口规模持续快速增加，2030年为1244万人、2035年为1369万人、2050年为1721万人。2021年至2050年死亡人口年度增量比较平稳，平均每年增加24万人。

2. 根据对五种情景下人口预测结果的比较分析，主要得到以下发现：

（1）我国0-14岁少儿人口规模在五种预测情景下均下降，2021至2035年期间快速下降，此后至2050年变动速度有所放缓。到2050年，我国少儿人口规模在1.04亿人至1.93亿人之间。少儿人口占总人口比重也呈现类似的变动态势，2050年，各情景下的少儿人口占比在8.46%至14.15%之间。

（2）我国15-59岁劳动年龄人口规模在五种预测情景下都将进入长期负增长阶段，2050年劳动年龄人口规模将在6.04亿人至6.53亿人的范围内。五种情景下15-59岁劳动年龄人口占总人口比重均将呈现持续下降态势，2050年劳动年龄人口占比在47.85%至49.24%的范围内。

（3）在2050年之前，不同情景下老年人口规模将始终保持一致。老年人口规模将从2021年的2.67亿人增至2035年的4.36亿人、2050年的5.19亿人。到2035年，五种情境下我国老年人口占比在31.03%至32.17%之间，2050年老年人口占比将在38.01%至42.31%的范围内。

（二）政策建议

我国人口规模进入长期负增长阶段，人口结构性矛盾将日益突出，低生育率风险渐行渐近，少儿人口占比不断下降，人口老龄化和高龄化加速发展。此外，当前我国还面临着人口素质与经济社会发展水平不匹配、人口区域发展不均衡等问题。基于此，提出如下政策建议。

第一，要加快构建生育友好型社会建设。当前生育养育压力大、孩子没人带、托育服务短缺、女性职业发展受限等因素是制约群众生育行为的主要因素，严重制约了我国生育水平的提升。未来，我国要从建立健全生育保险制度、大力推进托育公共服务、加强女性平等就业权利保护、加强生殖健康服务供给等方面入手，加快构建生育友好型社会，促进生育水平提升。

第二，促进人力资本提升。改革开放以来，我国巨大的人口红利促进了经济的快速发展，但随着我国人口负增长的来临，劳动力供给数量将持续下降，劳动力素质提升、创新能力的提升将成为促进经济发展的重要因素。当前，我国的人口受教育程度仍处于较低水平、创新活力仍然不足。未来，促进人口素质提升、激发创新活力、促进要素自由流动、加快我国经济转型升级是适应我国人口转变的重要措施。

第三，积极构建养老服务体系。在2050年前，我国将迎来人口老龄化和高龄化的快速发展，与此同时，受家庭小型化、人口流动、城镇化等诸多因素共同影响，我国传统的养老方式面临严峻挑战。养老问题是我国社会和谐稳定发展的重要挑战。应未雨绸缪，加快构建养老服务体系，提高社会养老保障能力。

第四，推动经济社会高质量发展。我国人口城乡差异、地区差异巨大，不同地区人口发展阶段存在很大差异，在人口转变的过程中，需要注重缩小地区差异、释放经济社会发展潜力。加强公共服务资源的均衡化，促进资源合理优化配置，实现人口与经济社会的双向适应，推动经济社会的高质量发展。

（执笔人：李月、张许颖、王英安）

第二章　我国分城乡人口发展趋势预测分析

我国人口发展表现出显著的城乡差异性。本章在分析城乡人口变动状况的基础上，利用第七次全国人口普查资料，以2020年为预测基期，对我国2020—2035年城镇、乡村人口发展趋势进行预测和分析。

一、我国城乡人口变动状况

利用人口普查、统计年鉴等资料数据，对新中国成立以来尤其是改革开放以来的城乡人口发展历程和变动状况进行分析，为开展分城乡人口预测奠定基础。

（一）城乡人口规模变动

纵观新中国成立以来70余年的发展，我国城乡人口格局发生了巨大变化，通过分别考察城镇、乡村的常住人口，发现二者呈现出截然不同的变化趋势（见图2-1）。

1. 城镇常住人口规模先缓慢增长后快速增长

20世纪90年代中期以前，城镇人口规模基本处于缓慢增长中。1949年，我国总人口为5.4亿人，其中城镇人口约为5765万人，城乡人口分布极不平衡，而且城镇人口主要集中在我国东南地区，表现出显著的城乡二元结构。伴随着社会主义改造取得巨大胜利，工农业得到快速的发展，促使一大批新兴工业城市不断壮大，如武汉、西安、包头、兰州、太原等，同时大量乡村人口转移至城镇就业，城镇人口规模快速增加至1957年的9949万人。我国城镇人口经历了20世纪60年代至70年代的波动缓慢发展，之后随着农村家庭联产承包责任制的改革，全国经济再度繁荣发展，百业兴旺，城镇也得到快速发展，人口流动的限制逐渐放宽，城镇人口快速回升，1984 年城镇人口规模达到 2.4 亿人。20 世纪 80 年代以后，我国探索并确立了社会主义市场经济体制，加快了经济建设的步伐，农民非农就业逐渐摆脱了“离土不离乡”的模式，开始大规模地涌向了大城市，1995 年城镇人口规模达到 3.5 亿人。

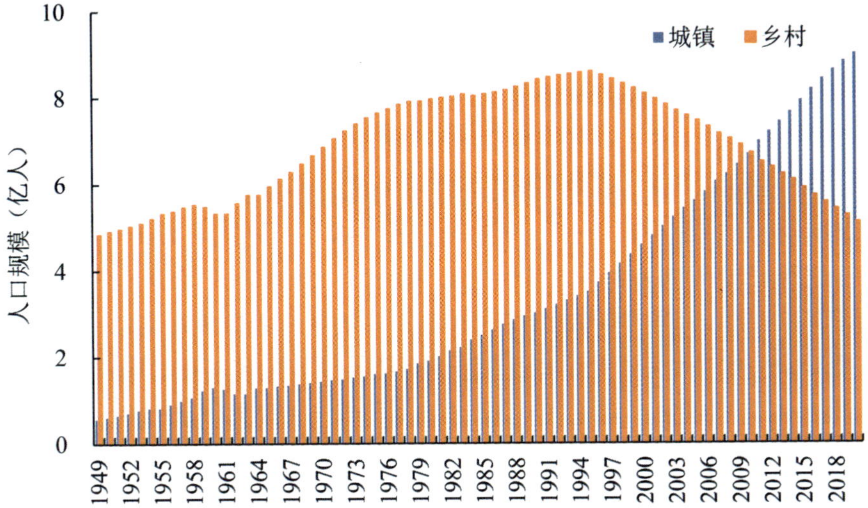

图 2-1　中国城乡人口规模变动情况（1949—2020 年）

数据来源：历年中国统计年鉴。

20 世纪 90 年代中期以后，城镇常住人口规模快速增长。随着社会主义市场经济建设的不断推进，经济开发区、城市基础设施、房地产发展提速，促进人口加速流入城镇地区，外来务工人员的规模日益壮大。进入 21 世纪以来，中央提出在着重发展小城镇的同时，积极发展中小城市，走出了一条符合我国国情，大中小城市和小城镇协调发展的城镇化道路。在 21 世纪之初，我国城镇人口规模快速增长，几乎每三四年时间就增长 1 亿人，2002 年，我国城镇人口规模突破 5 亿人。城乡发展由此进入统筹发展的新阶段，随着户籍制度的改革和经济的高速发展，2011 年，城镇常住人口超过乡村人口，并接近 7 亿人。2011—2020 年，伴随着新型城镇化发展，我国城镇人口规模依然快速增长，2020 年超过 9 亿人，约 5 年时间增长 1 亿人。

2. 乡村常住人口规模呈现倒 U 形变动特征

20 世纪 90 年代中期以前，乡村常住人口规模呈“时快时慢”式增长。1949 年，我国是一个传统的农业大国，乡村人口规模约为 4.8 亿人，占全国总人口的近90%。当时人们深受传统观念的影响，生育意愿较为强烈，尤其是计划生育服务还不能满足乡村人口发展需要，乡村妇女普遍生育6个以上的孩子。20世纪50年代中后期，以及20世纪60年代、70年代，乡村人口经历了爆炸性的增长，并于20世纪80年代初达到了8亿人。1995年，我国乡村人口规模达到峰值的8.6亿人，相比于1949年增长了3.8亿人。

20世纪90年代中期后，乡村人口规模持续下降，且下降速度较快，进入持续负增长阶段。伴随着乡村人口生育水平持续下降并维持在较低水平，以及城镇化发展进入中期加速阶段，大规模乡村劳动力向东南沿海、中西部核心城市集聚，乡村人口规模开启了负增长的进程。近年来，伴随流动人口老化和产业转型升级，以及乡村经济社会发展，部分人口返乡创业发展。统计数据显示，截至2023年底，全国返乡入乡创业人员数量累计（自2012年起）达到1320万人。乡村人口规模经历了长达20余年的持续下降，2020年下降到5.1亿人，25年间减少了3.5亿人。从乡村人口规模变动历程来看，乡村人口规模变动深受生育水平显著下降和人口大规模迁移的影响，尤其是20世纪90年代以来，大规模人口流出直接导致乡村人口的持续缩减。

（二）城镇化水平变动

总体来看，我国城镇化历程符合经典的“诺瑟姆曲线”理论，经历了慢速发展、快速发展的阶段，目前处于城镇化中后期发展阶段（见图2-2）。

第一阶段为1949—1996年的慢速发展时期。1949年，我国城镇化率约为10.6%。经历了20世纪50年代短暂的健康发展、60至70年代的波动停滞发展，我国城镇化水平于1978年达到17.92%。20世纪80年代以后，我国经济发展不断向好，人口迁移流动壁垒制度持续突破，人口迁移流动开始活跃起来，城镇化稳步发展，城镇化水平于1996年达到30%，进入加速发展阶段。

第二阶段为1996—2020年的快速发展时期。随着社会主义市场经济建设的加快发展，东部沿海地区外资流入、产业发展，促使京津地区、东南沿海地区城镇人口进一步集聚，城镇人口加速增长。2000年，我国城镇化水平达到36.22%。伴随着大规模的铁路、公路等基础项目建设，我国保持了经济高速增长的态势，城镇化也得到大幅提升，2010年城镇化率接近50%，2000—2010年间城镇化率增长超过13个百分点。2011年，我国城镇化水平突破50%，全国一半的人口居住在城镇地区。伴随着脱贫攻坚、新型城镇化等改革措施，生产力得到解放和发展。2020年，我国城镇人口占比为63.9%，这意味着我国进入中后期城镇化发展阶段，城镇化向更加成熟的阶段迈进。

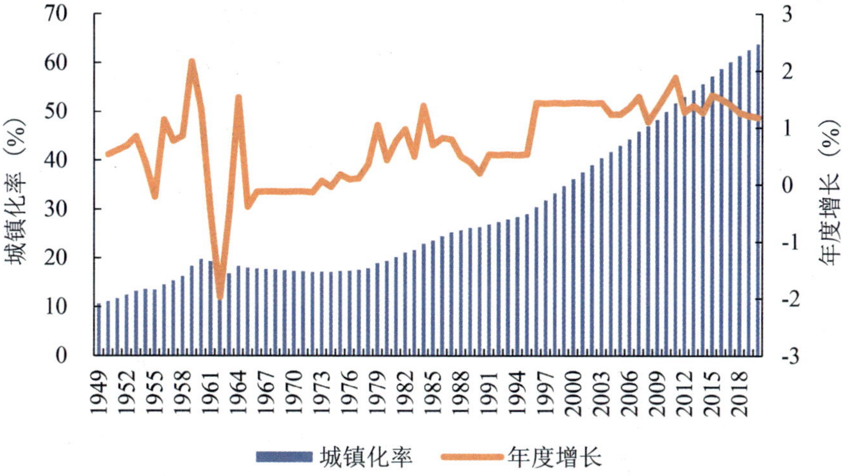

图2-2　中国城镇化水平变动（1949—2020年）

从乡村人口占全国总人口的比重来看，我国乡村人口占比经历了20世纪50年代的下降、60年代至70年代的稳定发展，以及80年代以来持续下降的过程。改革开放初期，我国乡村人口占比约为80%，到了20世纪90年代中期，下降至70%左右。经过了20余年的快速发展，农村剩余劳动力持续转移，以人口城镇分布为主的城乡发展格局更加清晰。2020年，全国仅有36.1%的人口分布在乡村。总体来看，20世纪90年代中期以来，我国乡村人口占比呈现明显减少的态势。

（三）城乡人口年龄结构

年龄结构是人口发展的重要自然特征之一，通过考察城乡人口年龄结构变动状况，发现城镇、乡村人口均不断老化，但人口老化程度不同。

1. 城镇人口处于轻度老龄化阶段

通过对1990—2020年期间四次人口普查数据的分析，发现城镇人口的年龄结构发生了较大变化，人口年龄金字塔逐渐从塔状向柱状转变，表明城镇人口年龄结构不断老化（见图2-3）。

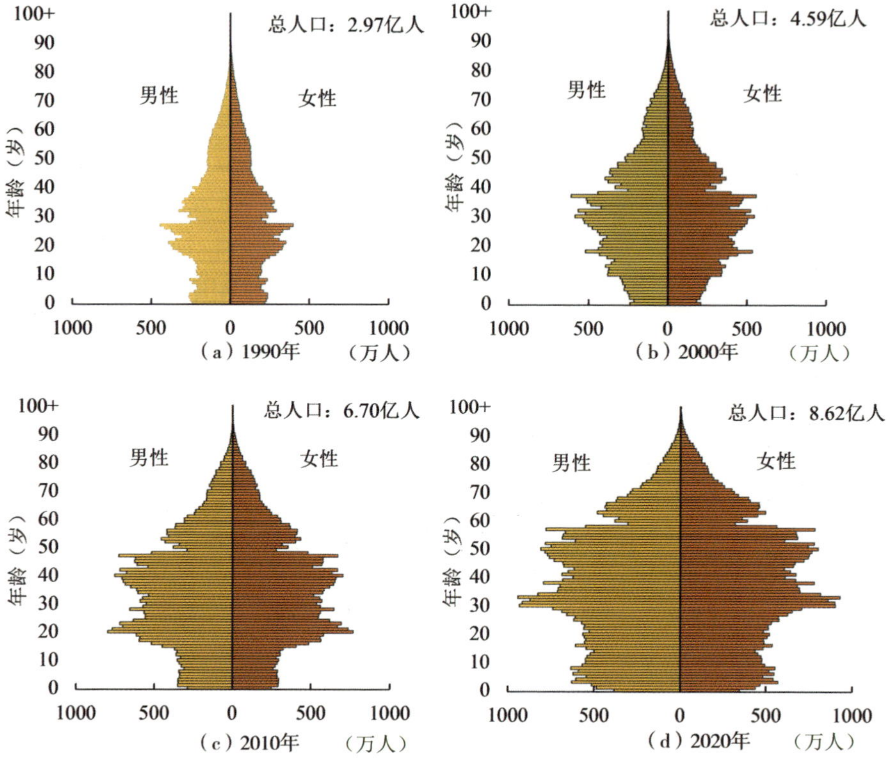

图 2-3　中国城镇人口年龄金字塔变化

从各个阶段人口的年龄结构来看（见表 2-1、图 2-4），2020 年，我国城镇 0-14 岁少儿人口规模为 1.55 亿人，占城镇人口的比重为 17.24%；15-59 岁劳动年龄人口规模为 6.02 亿人，占比为 66.91%；60 岁及以上老年人口规模为 1.43 亿人，占比为 15.85%，其中 65 岁及以上老年人口规模为 1.00 亿人，占比为 11.14%，处于轻度老龄化社会。

表 2-1　中国城镇人口年龄结构变动

单位：万人

年龄组（岁）	1990 年	2000 年	2010 年	2020 年
0-14	6611.76	8451.00	9430.97	15515.80
15-59	20589.56	32985.12	49740.47	60217.13
60+	2413.20	4440.98	7829.11	14266.19
65+	1511.53	2946.52	5225.42	10021.91

通过对过去几次人口普查数据的分析对比，城镇地区各个年龄段人口规模均在不断增长。比如，1990—2020 年，0-14 岁少儿人口规模增长接近 9000 万人，65 岁及以上老年人口规模增长接近 8500 万人。若从各个年龄段人口比重来看，不同年龄段人口比重呈差异化的变动态势。比如，15-59 岁劳动年龄人口比重从 1990 年的 69.53%提高至 2010 年的 74.24%，而后下降至 2020 年的 66.91%。60 岁及以上老年人口比重从 1990 年的 8.15%，提高至 2000 年、2010 年的 9.68%、11.69%，进入老龄化社会，2020 年又进一步提高至 15.85%，老龄化程度持续加深。

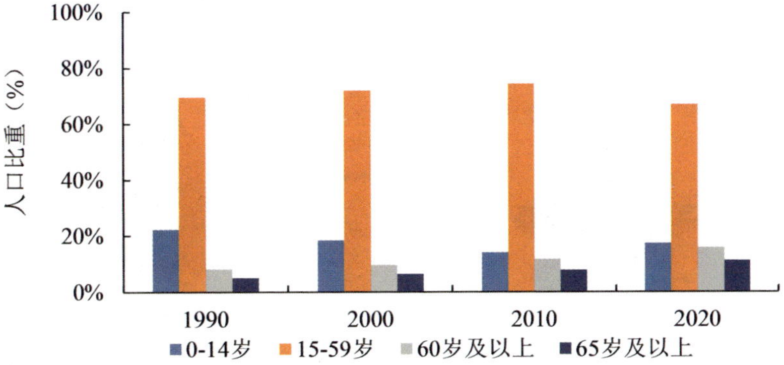

图 2-4 中国城镇人口年龄结构变动

2. 乡村人口处于中度老龄化阶段

通过对 1990—2020 年期间四次人口普查数据的分析，发现乡村人口的年龄结构发生了较大变化，人口年龄金字塔逐渐从塔状向柱状转变，表明乡村人口年龄结构不断老化（见图 2-5）。乡村人口年龄金字塔表现出更加不规则的特征，主要是由于以劳动年龄人口为主的人口流动，导致不规则的“锯齿”特征。

从各个年龄段人口来看（见表 2-2、图 2-6），2020 年，我国乡村 0-14 岁少儿人口规模为 9822.60 万人，占乡村人口的比重为 19.27%；15-59 岁劳动年龄人口规模为 2.90 亿人，占比为 56.93%；60 岁及以上老年人口规模为 1.21 亿人，占比为 23.81%，其中 65 岁及以上老年人口规模为 9035.29 万人，占比为 17.72%，处于中度老龄化社会。

相比过去几次人口普查，乡村地区少儿人口、劳动年龄人口规模均不断下降，而老年人口规模持续增长。比如，1990—2020 年，0-14 岁少儿人口规模减小超过 1.48 亿人，65 岁及以上老年人口规模增长 4247.48 万人。

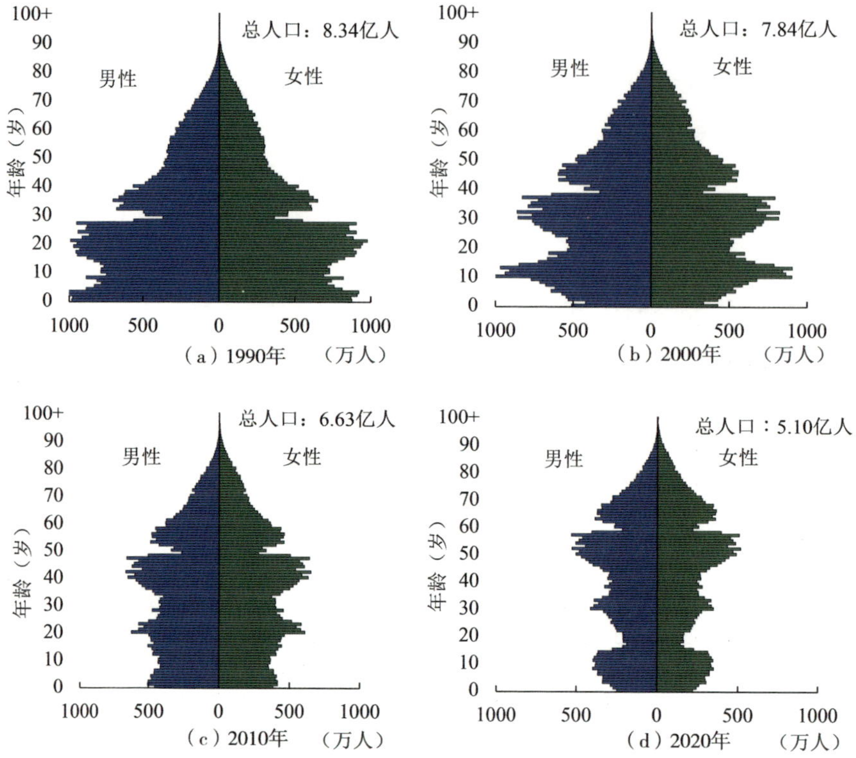

图 2-5 中国乡村人口年龄金字塔变化

若从各个年龄段人口比重来看，不同年龄段人口比重表现出差异化的变动态势。比如，15-59 岁劳动年龄人口比重从 1990 年的 61.68%提高至 2010 年的 65.85%，而后下降至 2020 年的 56.93%。60 岁及以上老年人口比重从 1990 年的 8.73%，提高至 2000 年、2010 年的 10.92%、14.98%，并由此进入了老龄化社会；2020 年继续提高至 23.81%，老龄化程度持续加深。

表 2-2 中国乡村人口年龄结构变动

单位：万人

年龄组（岁）	1990 年	2000 年	2010 年	2020 年
0-14	24688.43	20001.76	12701.30	9822.60
15-59	51464.36	49825.55	43648.91	29020.53
60+	7283.76	8556.81	9930.33	12135.63
65+	4787.81	5880.88	6667.29	9035.29

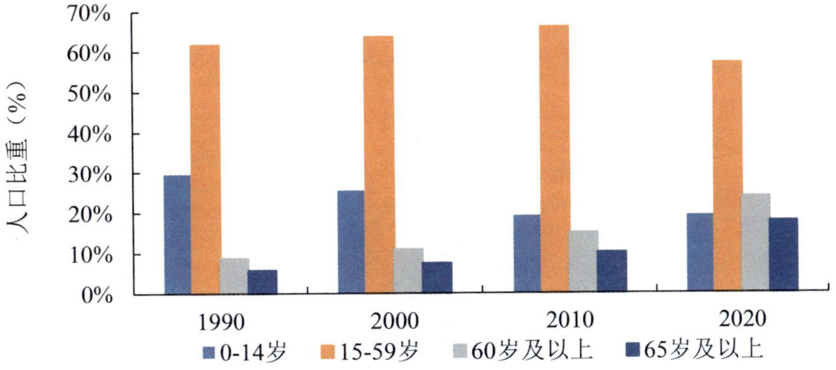

图 2-6 中国乡村人口年龄结构变动

通过比较城乡人口年龄结构，研究发现乡村人口年龄结构明显比城镇人口老化，其中突出地表现为老龄化程度更高，老龄化速度更快，这主要是乡村劳动年龄人口持续流向城镇地区所致。城镇老年人口规模在 1990 年、2000 年、2010 年还比乡村小，增长至 2020 年，已超过乡村。2020 年，城镇地区 60 岁及以上老年人口规模比乡村多 2130.56 万人，65 岁及以上老年人口比乡村多 986.62 万人。

二、我国城镇常住人口预测

基于经典的队列要素人口预测方法，设置生育、死亡、流动的预测参数，使用 PADIS-INT 人口预测软件，对我国 2020—2035 年城镇人口变动趋势进行预测分析。我国在人口普查年份的调查对象为全体人口，从而能够得到分城乡更为细致准确的年龄别人口数据，而非普查和小普查年份为1‰人口变动抽样调查，样本量远小于普查年份，数据代表性会显著下降，尤其对分城乡单岁组人口数据的代表性不足，此外，非普查年份提供的分城乡总和生育率和平均预期寿命数据也比较缺乏。基于这一考虑，本章选取分城乡人口预测的起始年份为 2020 年。

（一）预测基年数据准备

由于第七次人口普查资料数据为 2020 年 11 月 1 日的时点数，在考虑出生、死亡的前提下，需要将其推算至 2020 年年底。根据《中国统计年鉴 2021》和第七次人口普查资料数据，推算到 2020 年年底我国城镇人口性别年龄结构数据。数据显示，我国 2020 年城镇常住人口规模为 90220 万人，其中男性 45896. 20 万人，女性 44323. 80 万人（见表 2-3、图 2-7）。

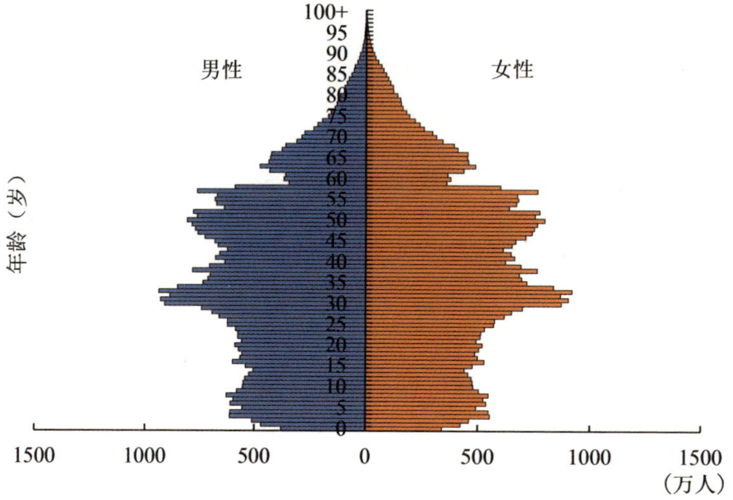

图 2-7　中国城镇常住人口年龄金字塔（2020 年）

表 2-3　中国城镇年龄别人口（2020 年）

单位：万人

年龄组（岁）	男　性	女　性
0-4	2582. 32	2326. 42
5-9	2969. 04	2602. 08
10-14	2675. 89	2323. 32
15-19	2832. 84	2492. 87
20-24	2882. 65	2564. 62
25-29	3343. 85	3107. 49
30-34	4512. 43	4396. 41
35-39	3642. 40	3549. 75
40-44	3269. 20	3190. 97
45-49	3726. 93	3634. 33
50-54	3666. 72	3631. 39
55-59	3052. 06	3077. 15
60-64	2072. 24	2122. 89
65-69	1904. 28	2051. 29
70-74	1216. 54	1327. 47

续表

年龄组（岁）	男　性	女　性
75-79	732.17	848.26
80-84	477.79	595.05
85-89	240.98	334.06
90-94	78.40	116.81
95-99	15.89	28.21
100+	1.58	2.96
合计	45896.20	44323.80

（二）预测参数假设

根据队列要素人口预测方法，需要基于人口变动的规律和特征，结合经济社会发展形势变化，对生育、死亡、流动的预测参数分别进行假设。需要说明的是，分城乡人口预测重点结合全国人口预测中方案情景，故而开展的是单方案情景的城乡人口预测。

1. 生育参数

生育参数包括生育水平、生育模式和出生人口性别比。

生育水平。总和生育率变动受到群众生育意愿和婚育行为、生育政策调整及外部环境等因素的共同影响。根据1990—2020年人口普查资料数据，我国城镇常住人口生育水平呈波动变化的趋势，城镇常住人口总和生育率从1990年的1.55跌至2000年的0.94，又于2010年、2020年分别回升至0.98和1.20（见图2-8）。

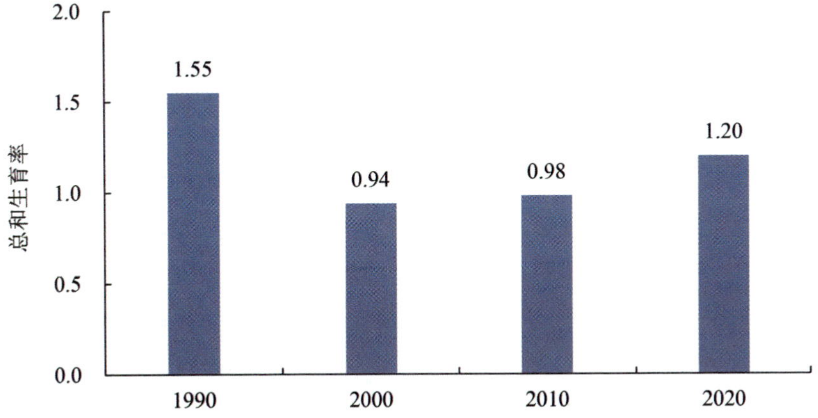

图2-8　中国城镇总和生育率变化

近年来，我国相继出台了一系列积极生育支持措施，持续完善生育配套政策，努力减轻群众生育、养育、教育成本。未来在生育配套支持政策的作用下，群众面临的生育养育教育压力将有所缓解，城镇地区的群众生育意愿有望更好地转化。另外，随着新冠疫情宣告结束，因疫情导致的婚姻推迟和生育推迟也将得到补偿。结合全国的生育形势预测分析，未来城镇地区群众生育水平将缓慢回升（见图 2-9）。

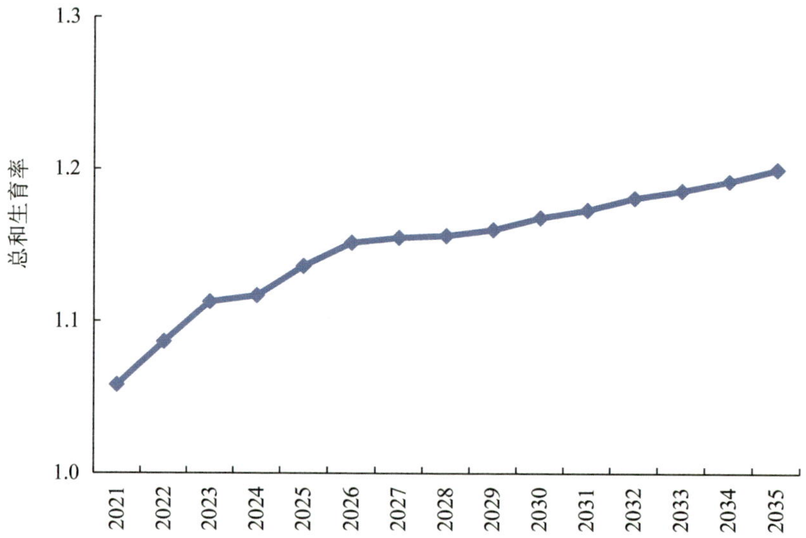

图 2-9　中国城镇总和生育率预测变动（2021—2035 年）

生育模式。我国城镇适龄人群婚育推迟现象愈加普遍，生育模式也发生巨大变化。从图 2-10 可以发现，1990 年生育峰值年龄在 24 岁，年龄别生育率集中在 20 岁至 30 岁这一区间，而 2020 年时，生育峰值年龄推迟到 29 岁，30 岁及以上育龄妇女生育明显增多。回顾过去 30 年的生育模式变动，发现生育模式向右推移，生育峰值年龄不断延后，年轻队列的婚育推迟现象显著，大龄生育的比例进一步提高。

根据欧洲发达国家、日韩生育推迟历程来看，经济快速发展过程中，年轻队列的婚育推迟现象显著。相比于 70 后、80 后，当 90 后、00 后逐渐成为婚育主体后，年轻代际的婚育意愿有所下降，我国城镇生育模式很可能进一步延后。2020 年我国城镇育龄妇女平均生育年龄为 29. 5 岁，预计 2035 年将推迟到 29. 8 岁，生育峰值年龄生育水平有所下降（见图 2-11），中间年份生育模式采用平滑的方法得到。

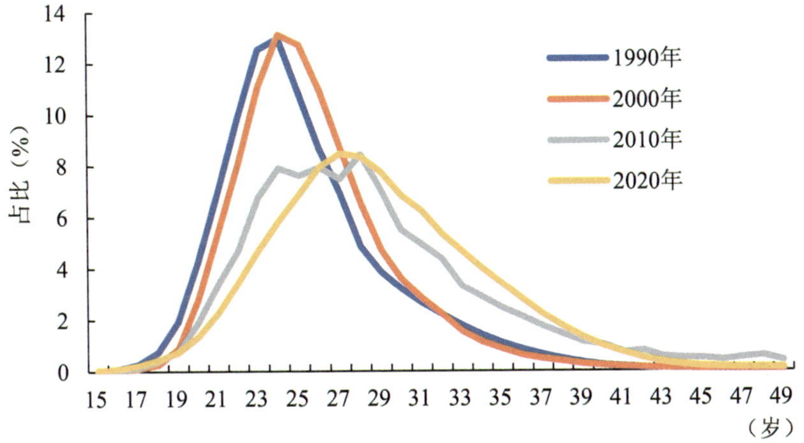

图 2-10　中国城镇育龄妇女生育模式变化

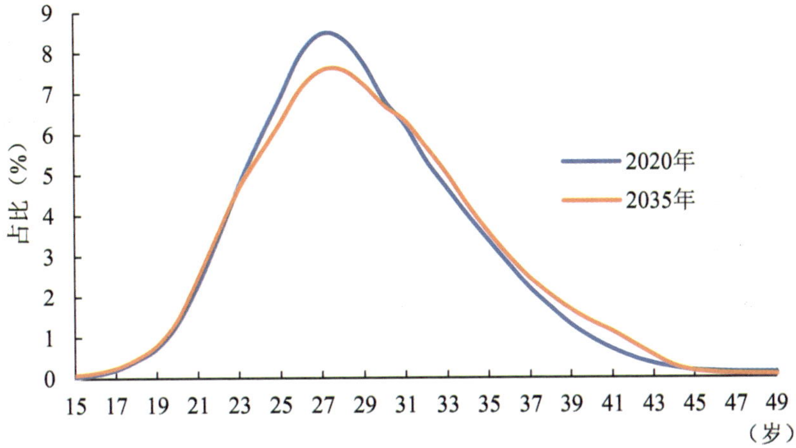

图 2-11　中国城镇育龄妇女生育模式变化预测

出生人口性别比。近年来，我国出生人口性别比呈现波动下降态势，2020 年第七次人口普查数据显示，城镇出生人口性别比为 111.1。伴随着生育政策逐步调整优化，性别偏好进一步弱化，生男生女一样好，预计城镇出生人口性别比将不断趋于正常。结合全国预测，设置预测期间内，城镇出生人口性别比从当前的 111.1 逐步降至 2030 年的 107，此后在 107 的水平保持稳定。

2. 死亡参数

死亡参数包括平均预期寿命和死亡模式。

平均预期寿命。根据2000年以来历次人口普查资料，推算城镇分性别人口平均预期寿命变化态势，发现过去20年城镇地区人口平均预期寿命明显增长（见图2-12）。数据显示，城镇人口平均预期寿命由2000年的75.21岁，增长到2020年的79.69岁，增加4.48岁；城镇男性平均预期寿命由2000年的72.95岁，增长到2020年的77.25岁，增加4.30岁；城镇女性平均预期寿命由2000年的77.30岁，增长到2020年的82.43岁，增加5.13岁。

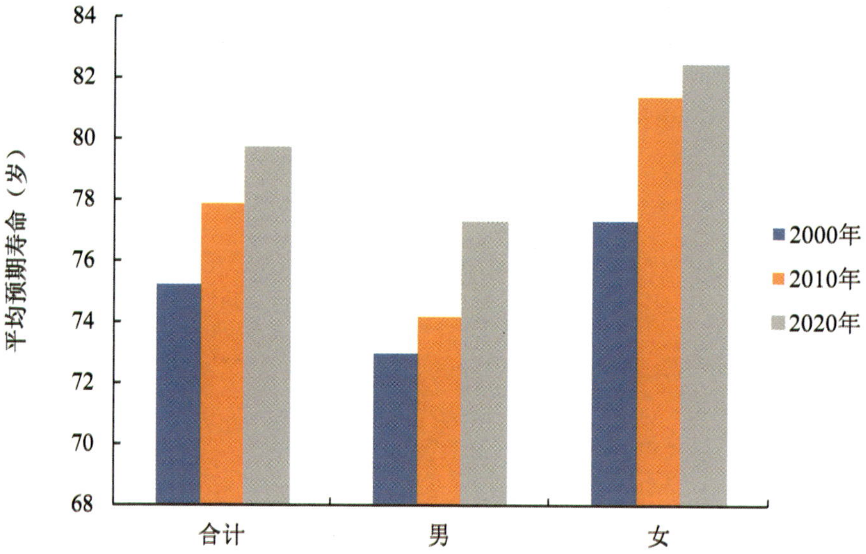

图2-12　中国城镇分性别平均预期寿命变化

研究采用联合国人口司开发的双重逻辑斯蒂函数模型预测城镇平均预期寿命。联合国人口司基于1950—2000年全球各个国家每五年出生预期寿命增加的实际数据，将预期寿命增加的步伐生成了五大类别：极慢、慢、中等、快、极快。根据目前全国人口平均预期寿命增长状况，以及未来在健康中国、积极应对人口老龄化国家战略下，预计未来预期寿命增长步伐为中等速度。2035年城镇男性的平均预期寿命为78.83岁，增加1.58岁；城镇女性的平均预期寿命为83.91岁，相较于2021年增加1.48岁（见图2-13）。

死亡模式。与全国人口预测相同，预测期间城镇人口死亡模式采用寇尔—德曼模型生命表的西区模式。

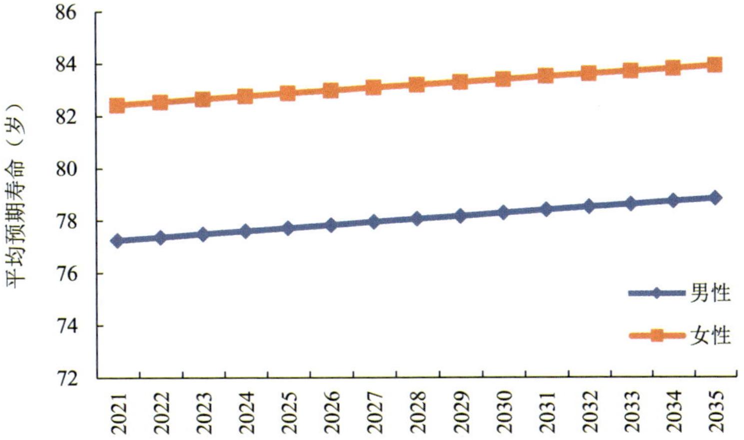

图 2-13 中国城镇分性别平均预期寿命变动预测（2021—2035 年）

3. 流动参数

流动参数包括流动水平和流动模式。

流动水平。过去 20 多年时间，我国正在经历人类史上规模最大的城镇化历程，大规模的乡村人口向城镇地区流动。利用 2000 年以来人口普查、1%人口抽样调查，估算得到由乡村向城镇流动的年度人口规模（见图 2-14）。数据显示，我国年度乡城净流动人口规模呈现明显变动特征。2000 年、2010 年、2020 年，普查年份的乡城净流动人口规模分别为 1796 万人、2075 万人、1527 万人，呈现先上升再下降的态势。

伴随着城镇化迈入中后期发展阶段，乡城流动人口规模有所减少。根据 2021 年城镇化率增长 0.83 个百分点，估算乡城净流动人口规模约 1000 万人。部分研究显示，我国城镇化仍然具有较大的发展空间和潜力，预计 2030 年达到 70%，2050 年达到 80%左右[①]。还有研究认为，在中水平预测情景下，2035 年城镇化水平达到 72%左右，2050 年达到 75%左右[②]。总体来看，未来我国人口城镇化趋势依然明显。考虑到我国城镇化已经进入到中后期发展阶段，城镇化将减速发展，参考现有研究，预计到 2035 年乡城净流动人口规模约 500 万人。中间年份数据平滑得到。

---

① 总报告课题组：《中国城市经济发展 70 年的成就、经验与展望——迈向高质量发展》，载潘家华、单菁菁主编《城市蓝皮书：中国城市发展报告（No. 12）》，社会科学文献出版社，2019，第 40 页。

② 王凯、林辰辉、吴乘月：《中国城镇化率 60%后的趋势与规划选择》，《城市规划》2020 年第 12 期。

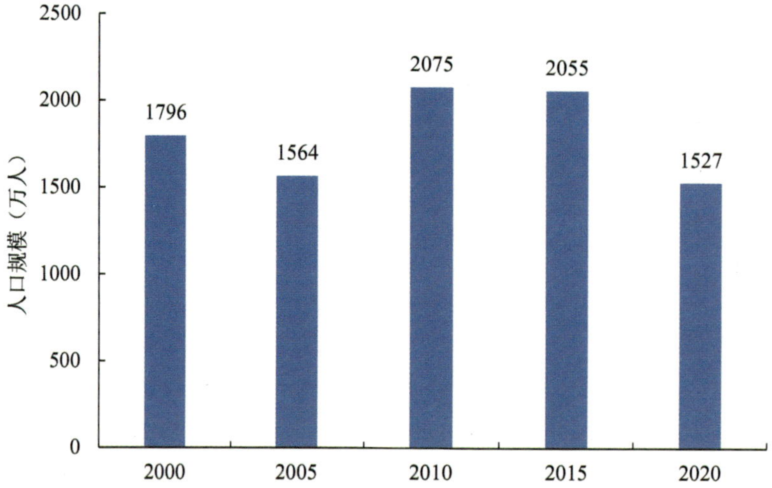

图 2-14　中国乡城净流动人口规模变动（2000—2020 年）

资料来源：根据人口普查、1%人口抽样调查资料数据估计而得。

流动模式。长期以来，我国乡城人口流动以劳动年龄人口为主，表现出进城获取更高的收入、更满意的生活。2020 年第七次人口普查资料数据显示（见图 2-15），我国乡村人口在 0-1 岁表现出明显的家庭流动特征，2-12 岁的流动比例相对明显更低，而 15 岁以后的流动比例明显增长，到城镇地区就业、就学，一直到 30 岁都处于较高的流动比例，随后流动比例

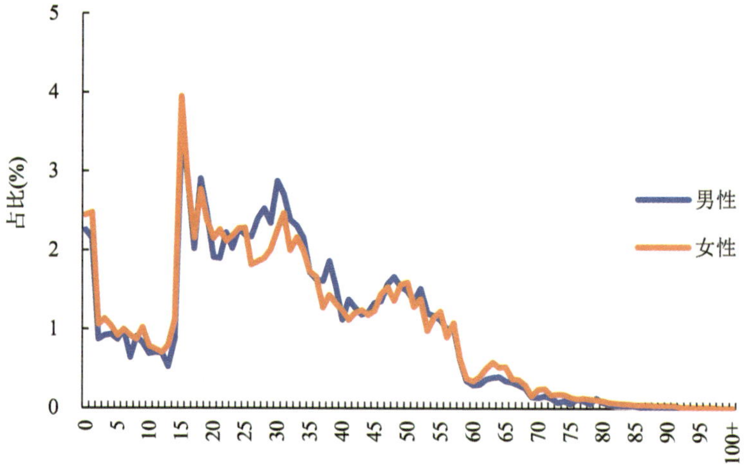

图 2-15　中国乡城人口流动年龄别模式（2020 年）

数据来源：国家统计局微观数据实验室对 2020 年第七次人口普查原始数据计算得到。

有所下降，50岁以后又有所增长，这主要是老人随家庭流动照顾孙子女、异地养老等。考虑到我国已经进入到城镇化中后期发展阶段，并即将迈入70%的成熟发展阶段，故假设预测期内基本遵循该模式。

（三）城镇常住人口预测结果分析

根据预测结果，我国2020—2035年城镇常住人口趋势有如下特点。

1. 城镇常住人口规模持续增长并突破10亿人

2020年，我国城镇常住人口规模为9.02亿人，随后持续增长，2025年为9.56亿人，2030年为9.97亿人，并于2031年突破10亿人，2035年达到10.22亿人。2020—2035年，我国城镇常住人口增长1.18亿人，年均增长801.33万人（见图2-16）。

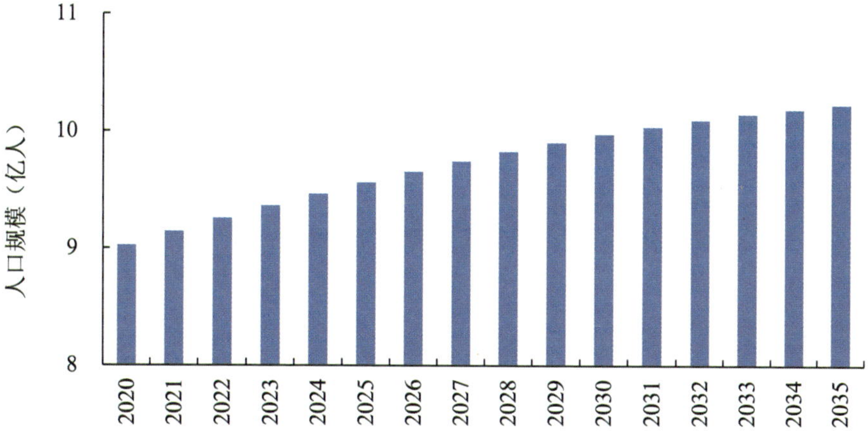

图2-16 中国城镇常住人口规模预测（2020—2035年）

2. 城镇出生人口在30万人的区间波动变化

2020年，我国城镇出生人口规模为730.33万人，之后增长至2023年的732.22万人，再降至2031年的703.60万人，随后回升至2035年的713.55万人（见图2-17）。纵观整个预测周期，发现城镇出生人口总体在30万人上下的区间波动变化。城镇出生人口规模在2023年之后出现下降主要是因为生育水平较低，而在2031年回升主要是城镇常住育龄妇女规模持续增长所致。

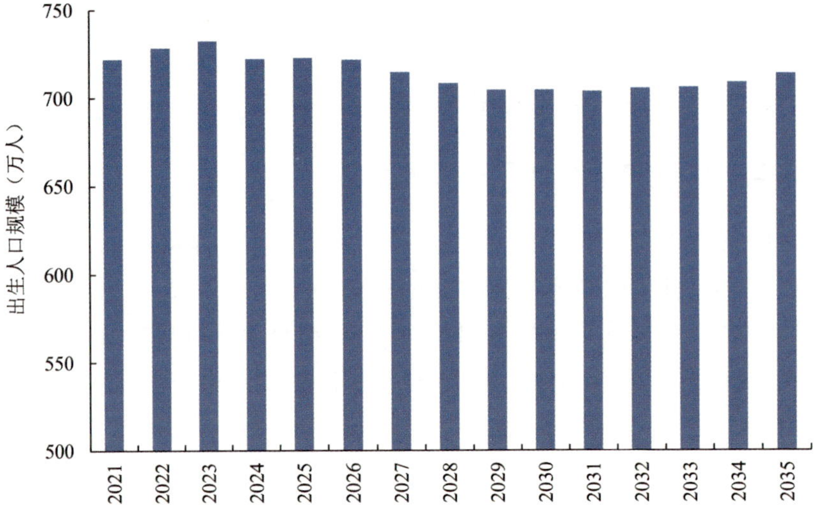

图 2-17　中国城镇出生人口规模预测（2020—2035 年）

3. 城镇死亡人口快速增长并突破 800 万人

伴随着城镇人口规模的增长，以及人口年龄结构的老化，预测期间内城镇死亡人口规模将持续稳步增长。2020 年，我国城镇死亡人口规模为 463.19 万人，之后稳步增长。2022 年突破 500 万人，2027 年突破 600 万人，2031 年突破 700 万人，2035 年达到 808.86 万人。2020—2035 年，我国城镇死亡人口增长 314.07 万人，年均增长 20.94 万人（见图 2-18）。

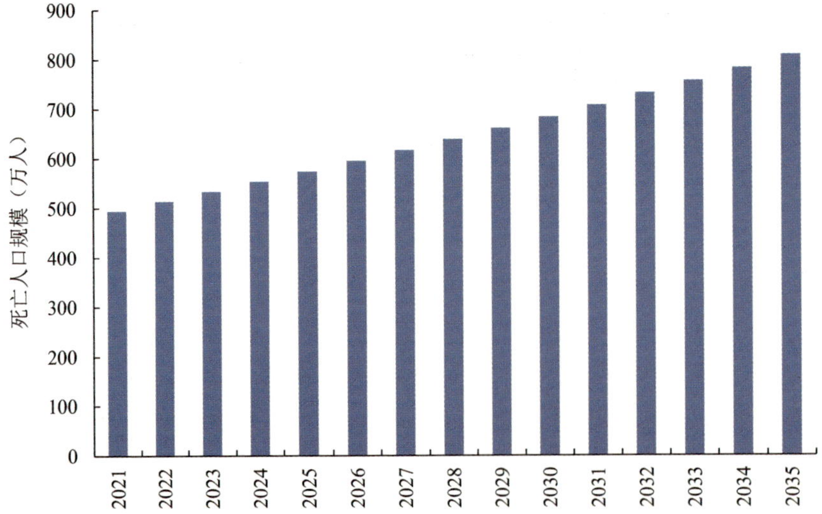

图 2-18　中国城镇死亡人口规模预测（2020—2035 年）

4. 城镇少儿人口规模和占比稳步下降

伴随着生育水平的长期偏低，城镇少儿人口规模将稳步下降。2020年，我国城镇0-14岁少儿人口规模为1.55亿人，随后持续稳步下降，2025年为1.47亿人，2030年为1.29亿人，2035年达到1.15亿人。2020—2035年，我国城镇0-14岁少儿人口规模下降3905.35万人，年均减少260.56万人（见图2-19）。

从0-14岁少儿人口占比来看，依然呈现稳步下降趋势。2020年，我国城镇0-14岁少儿人口占比为17.16%，2025年降至15.33%，2030年为12.96%，2035年为11.28%。2020—2035年，我国城镇0-14岁少儿人口占比下降5.88个百分点，年均下降0.39个百分点。

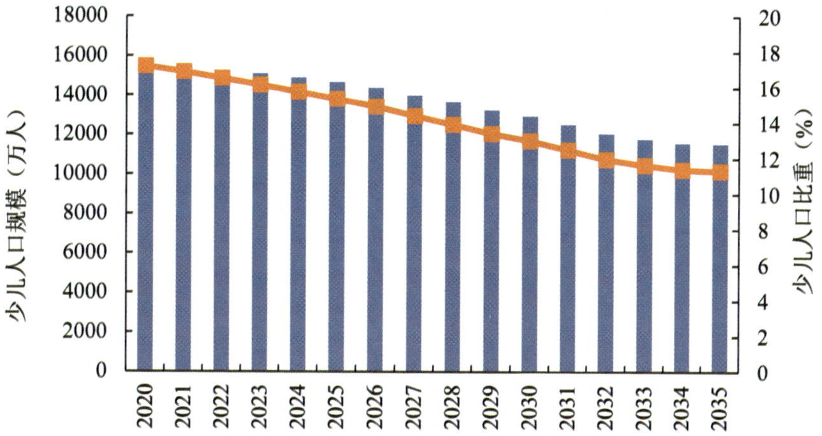

图2-19 中国城镇少儿人口规模与比重预测（2020—2035年）

5. 城镇劳动年龄人口规模先增后降

从劳动年龄人口规模来看（见图2-20），我国城镇15-59岁劳动年龄人口先增长，在2029年达到峰值后下降。2020年，城镇15-59岁劳动年龄人口规模为6.06亿人，2029年增长至6.36亿人，增长3000万人；随后下降至2035年的6.30亿人。从15-64岁劳动年龄人口来看，同样表现为先增长后下降，只是不同之处在于峰值年份。2020年，城镇15-64岁劳动年龄人口规模为6.48亿人，2032年增长至7.14亿人，增加约6600万人，达到峰值；随后下降至2035年的7.05亿人。

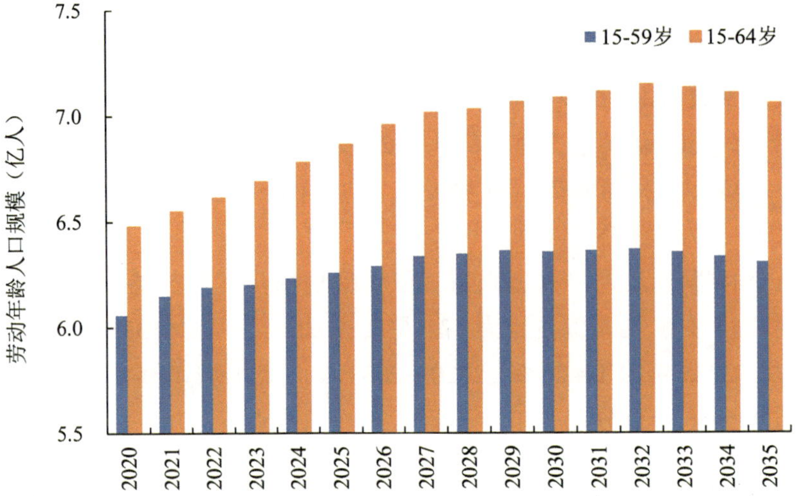

图 2-20　中国城镇劳动年龄人口规模预测（2020—2035 年）

从劳动年龄人口占比来看（见图 2-21），城镇 15-59 岁劳动年龄人口占比从 2020 年的 67. 14%持续下降至 2035 年的 61. 66%，下降 5. 48 个百分点，年均下降 0. 37 个百分点。城镇 15-64 岁劳动年龄人口占比从 2020 年的 71. 79%持续下降至 2035 年的 69. 00%，下降 2. 79 个百分点，年均下降 0. 19 个百分点。

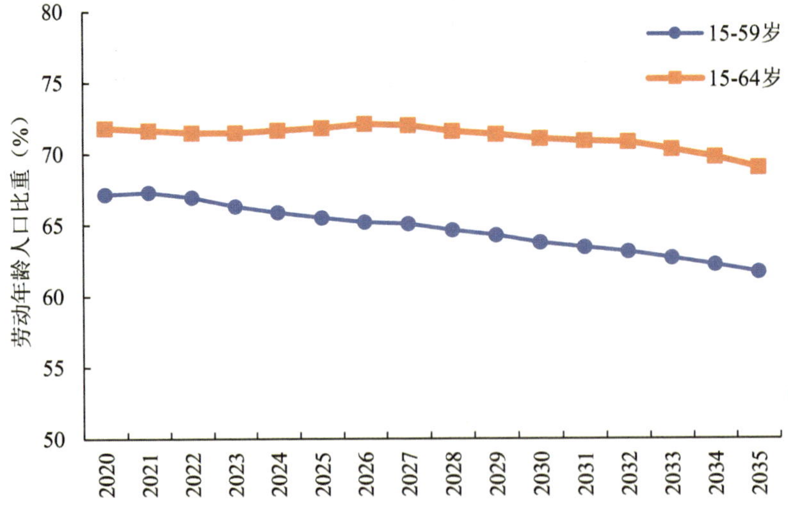

图 2-21　中国城镇劳动年龄人口比重预测（2020—2035 年）

6. 城镇将于2027年左右步入中度老龄化社会

从老年人口规模来看（见图2-22），我国城镇老年人口规模持续增长。2020年，城镇60岁及以上老年人口规模为1.42亿人，2025年增长至1.84亿人，2030年为2.32亿人，2035年为2.77亿人。2020—2035年，城镇60岁及以上老年人口规模增长1.35亿人，年均增长899.77万人。从65岁及以上老年人口来看，依然表现出持续增长态势。2020年，城镇65岁及以上老年人口规模为1.00亿人，2025年增长至1.23亿人，2030年为1.60亿人，2035年为2.02亿人。2020—2035年，城镇65岁及以上老年人口规模增长1.02亿人，年均增长679.26万人。

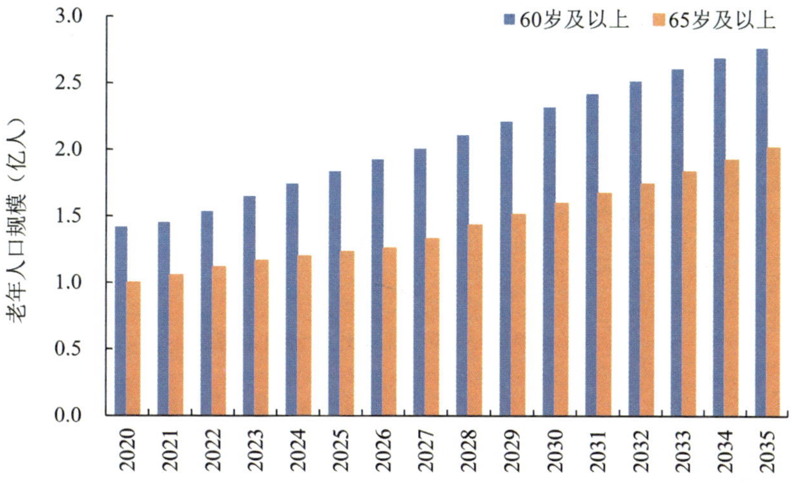

图2-22 中国城镇老年人口规模预测（2020—2035年）

从老年人口占比来看（见图2-23），我国城镇老年人口占比持续增长，并在2027年进入中度老龄化社会。城镇60岁及以上老年人口占比从2020年的15.70%持续增长至2027年的20.60%，2035年为27.06%，15年时间提高11.36个百分点，年均提高0.76个百分点。城镇65岁及以上老年人口占比从2020年的11.05%持续增长至2028年的14.58%，2035年为19.72%，15年时间提高8.67个百分点，年均提高0.58个百分点。

7. 城镇老年抚养比持续推动总抚养比稳步升高

按15-59岁口径计算的抚养比来看（见图2-24），我国城镇总抚养比、老年抚养比缓慢增长，少儿抚养比缓慢下降。2020年城镇总抚养比为49，

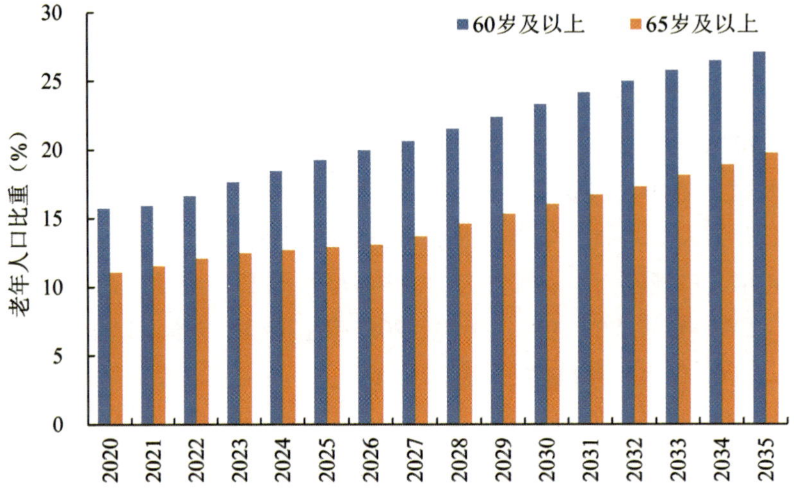

图 2-23　中国城镇老年人口比重预测（2020—2035 年）

2025 年为 53，2030 年为 57，2035 年提高至 62；2020 年老年抚养比为 23，2025 年为 29，2030 年为 37，2035 年提高至 44；2020 年少儿抚养比为 26，2025 年为 23，2030 年为 20，2035 年下降至 18。可见，总抚养比持续升高主要是老年抚养比大幅增长所致。

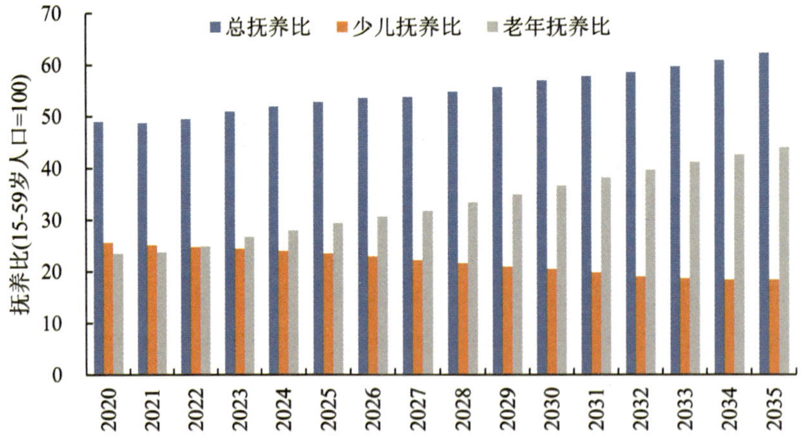

图 2-24　中国城镇人口抚养比预测（2020—2035 年，按 15-59 岁口径）

按 15-64 岁口径计算的抚养比来看（见图 2-25），我国城镇总抚养比在波动中总体升高，而老年抚养比依然缓慢增长，少儿抚养比依然缓慢下降。2020 年城镇总抚养比为 39，2035 年提高至 45；2020 年老年抚养比为

15，2035 年提高至 29；2020 年少儿人口抚养比为 24，2035 年下降至 16。可见，按 15-64 岁口径计算的总抚养比的持续升高也主要是老年抚养比大幅增长所致。

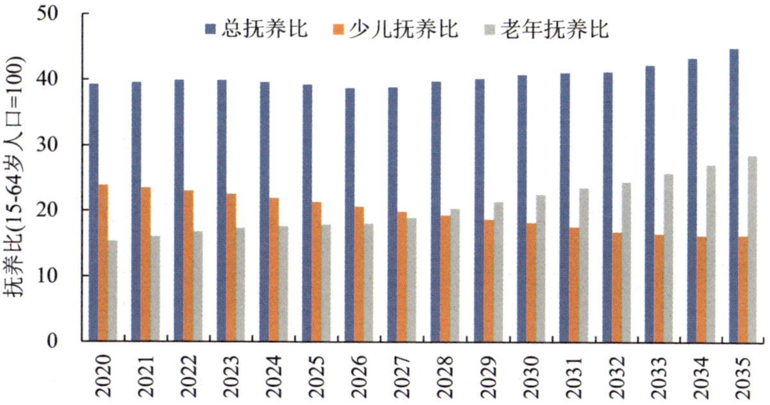

图 2-25　中国城镇人口抚养比预测（2020—2035 年，按 15-64 岁口径）

8. 城镇人口年龄金字塔“外展”趋势明显

2020 年，我国城镇人口的年龄中位数为 36.46 岁，2025 年为 38.83 岁，2030 年为 41.65 岁，2035 年提高至 44.46 岁，在 15 年时间里提高 8.00 岁，年均提高 0.53 岁（见图 2-26）。

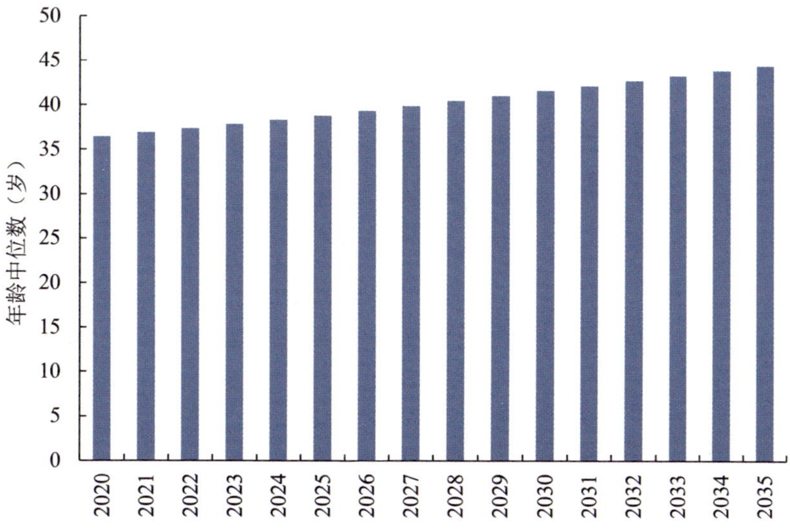

图 2-26　中国城镇人口年龄中位数预测（2020—2035 年）

比较2020年、2035年我国城镇人口年龄金字塔（见图2-27），城镇人口年龄金字塔呈现底部明显收缩、中部外展、顶部扩张的特征，这是生育水平持续低于更替水平，以及以劳动年龄人口为主的乡城流动迁移持续推进等因素共同作用所致。

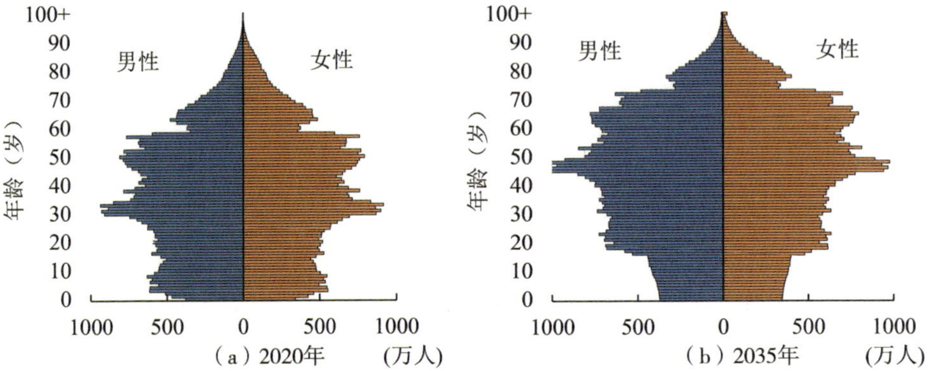

图2-27　中国城镇人口年龄金字塔变动趋势

三、我国乡村常住人口预测

与城镇人口预测类似，采用经典的队列要素人口预测方法，设置生育、死亡、流动的预测参数，使用PADIS-INT人口预测软件，以2020年为预测基年，对2020—2035年乡村人口变动趋势进行预测分析。

（一）预测基年数据准备

由于第七次人口普查资料数据为2020年11月1日的时点数，在考虑出生、死亡的前提下，需要将其推算至2020年底。根据《中国统计年鉴2021》和第七次人口普查资料数据，推算到2020年底我国农村人口性别年龄结构数据。数据显示，我国2020年乡村常住人口规模为50992万人，其中男性26462.86万人，女性24529.14万人（见表2-4、图2-28）。

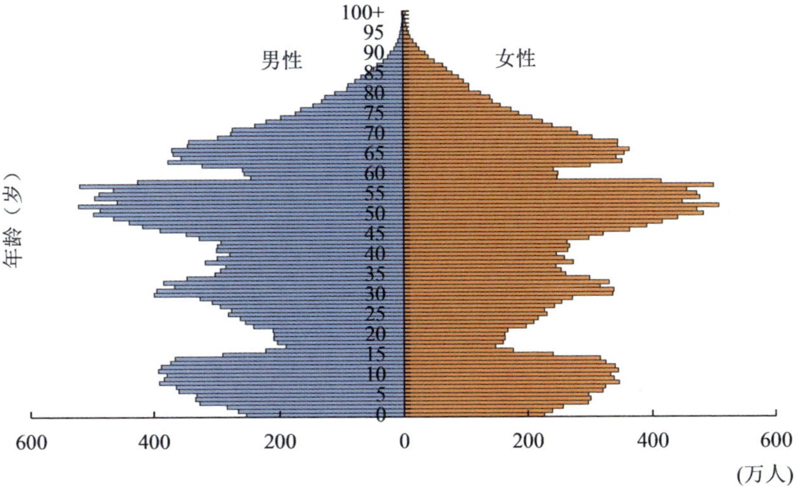

图 2-28　中国乡村常住人口年龄金字塔（2020 年）

表 2-4　中国乡村年龄别人口（2020 年）

单位：万人

年龄组	男　性	女　性
0-4	1464. 80	1320. 81
5-9	1832. 51	1624. 13
10-14	1900. 14	1655. 53
15-19	1114. 53	887. 56
20-24	1176. 91	954. 30
25-29	1485. 63	1228. 85
30-34	1891. 39	1617. 78
35-39	1498. 85	1294. 51
40-44	1497. 12	1340. 06
45-49	2057. 51	1933. 01
50-54	2456. 25	2385. 62
55-59	2140. 62	2088. 32
60-64	1566. 54	1486. 46
65-69	1724. 79	1712. 25
70-74	1204. 92	1225. 85

续表

年龄组	男　性	女　性
75-79	741. 39	800. 88
80-84	435. 14	524. 21
85-89	201. 72	306. 07
90-94	59. 02	111. 87
95-99	11. 49	26. 70
100+	1. 59	4. 37
合　计	26462. 86	24529. 14

（二）预测参数假设

利用人口普查资料，对乡村的生育、死亡和流动进行分析，并进行参数假定。

1. 生育参数

生育水平。总和生育率变动受到群众生育意愿和婚育行为、生育政策调整及外部环境等因素的共同影响。根据 1990—2020 年人口普查资料数据，我国乡村常住人口生育水平也呈波动变化的趋势，乡村常住人口总和生育率从 1990 年的 2. 54 跌至 2000 年的 1. 43，又于 2010 年、2020 年略有回升，分别为 1. 44 和 1. 54（见图 2-29）。

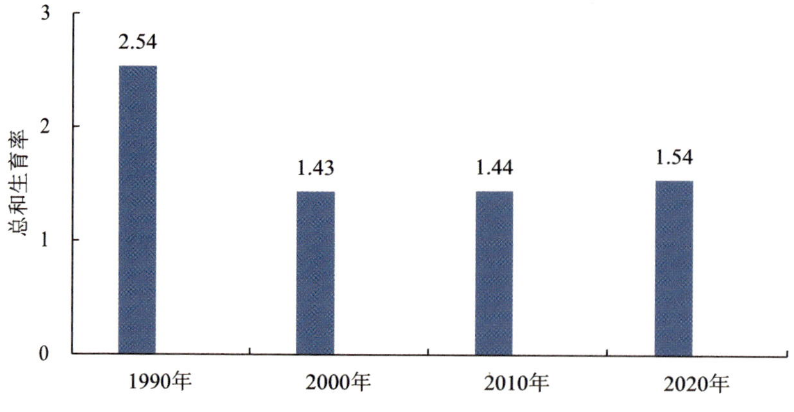

图 2-29　中国乡村总和生育率变化

随着乡村振兴持续推进，农村公路、互联网等公共基础设施快速发展，乡村人群获取外界信息与城镇基本同质化，乡村人群生育养育也面临较大压力，城乡青年婚育观念快速转变。虽然乡村生育水平降至已较低水平。但随着国家持续完善生育配套政策，出台一系列积极生育支持措施，乡村群众面临的生育养育教育压力将有所缓解，群众生育意愿有望更好地转化。结合全国和城镇地区的生育形势预测分析，预计未来乡村地区群众生育水平将缓慢回升（见图 2-30）。

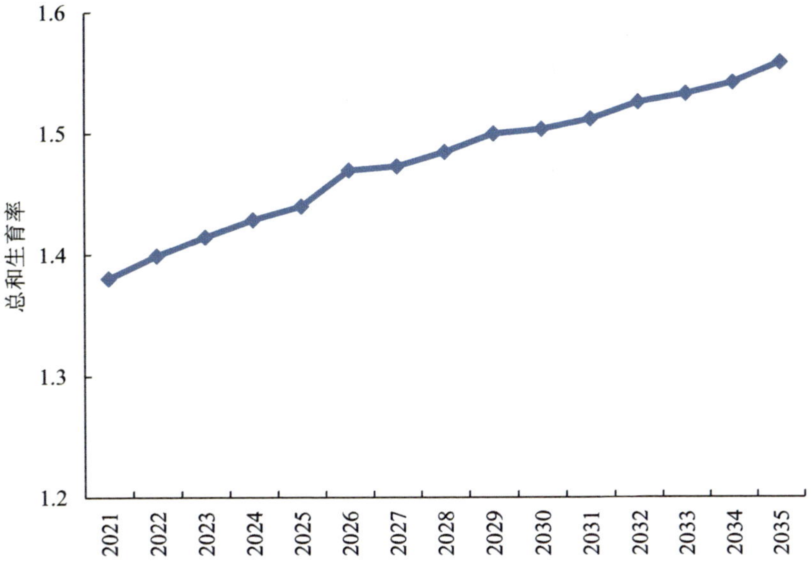

图 2-30　中国乡村总和生育率预测变动（2021—2035 年）

生育模式。纵观 1990 年以来乡村育龄妇女生育模式变动（见图 2-31）发现，1990—2010 年间，乡村育龄妇女生育模式更多地表现为生育峰值年龄的生育率明显降低，由此突出地表现为总和生育率的大幅下降；2010—2020 年间，乡村育龄妇女生育峰值年龄由 24 岁推迟到 26 岁，并且大龄育龄妇女生育明显增多。回顾过去 30 年的生育模式变动发现，近十年来生育模式向右推移，生育峰值年龄明显延后，年轻队列的婚育推迟现象显著，大龄生育的比例明显增加。

随着乡村振兴发展、乡村现代化进程的持续推进，乡村发展水平进一

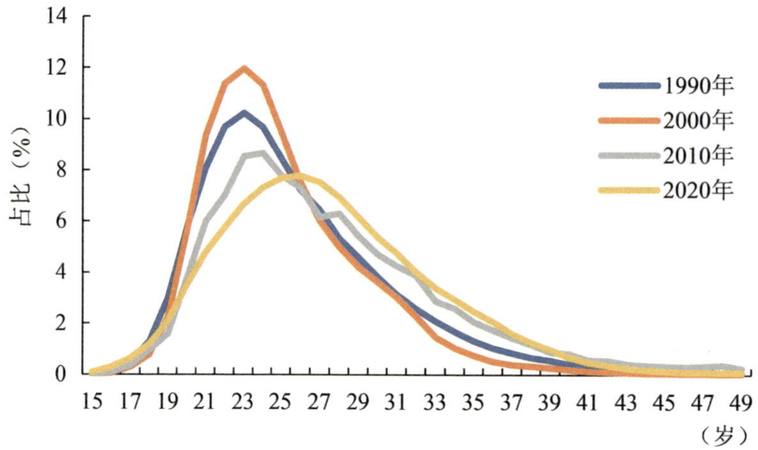

图 2-31　中国乡村育龄妇女生育模式变化

步提高，乡村生育观念和行为将更趋近于城镇地区。相比于 70 后、80 后，当 90 后、00 后逐渐成为婚育主体后，年轻代际的婚育意愿有所下降，乡村生育年龄可能进一步推迟。2020 年我国乡村育龄妇女平均生育年龄为 27.9 岁，预计 2035 年将推迟到 29.0 岁，生育峰值年龄生育水平有所下降（见图 2-32），中间年份生育模式采用平滑的方法得到。

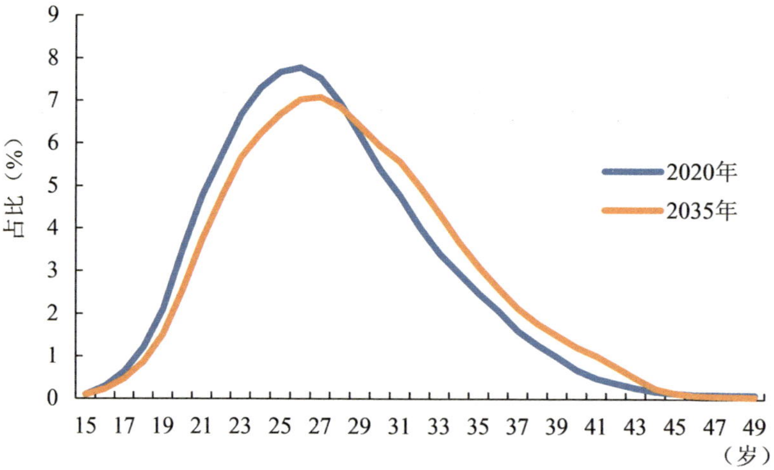

图 2-32　中国乡村育龄妇女生育模式变化预测

出生人口性别比。2020 年乡村出生人口性别比为 111.4。可以推测，伴随着生育政策逐步调整优化，性别偏好进一步弱化，生男生女一样好，预计乡村出生人口性别比将不断趋于正常。设置预测期间内，乡村出生人口性别比从当前的 111.4 逐步降至 2030 年的 107.0，此后在 107.0 的水平保持稳定。

2. 死亡参数

平均预期寿命。根据 2000 年以来历次人口普查资料，推算乡村分性别人口平均预期寿命变化态势，发现过去 20 年，乡村地区人口平均预期寿命明显增长（见图 2-33）。数据显示，乡村人口平均预期寿命由 2000 年的 69.55 岁，增长到 2020 年的 75.47 岁，增加 5.92 岁；乡村男性平均预期寿命由 2000 年的 68.00 岁，增长到 2020 年的 72.97 岁，增加 4.97 岁；乡村女性平均预期寿命由 2000 年的 71.4 岁，增长到 2020 年的 79.23 岁，增加 7.83 岁。

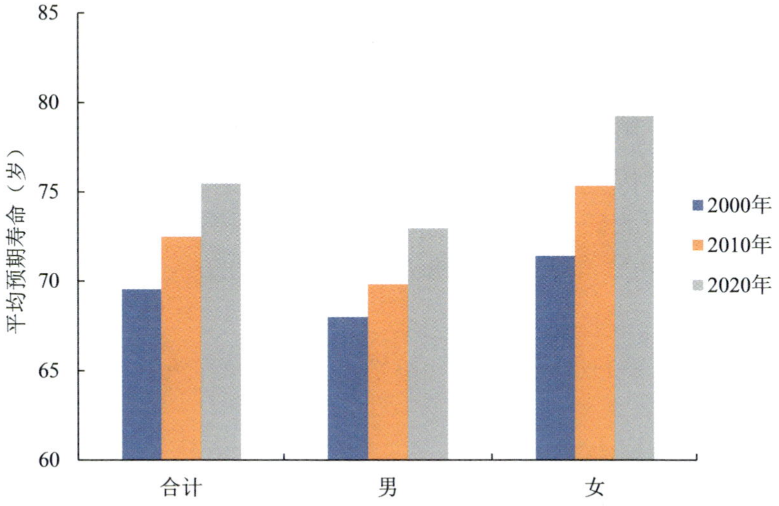

图 2-33　中国乡村分性别平均预期寿命变化

采用联合国人口司开发的双重逻辑斯蒂函数模型预测乡村平均预期寿命，预计未来预期寿命增长步伐为中等速度。预测得到 2035 年乡村男性的平均预期寿命为 75.16 岁，相比 2021 年增加 2.19 岁；乡村女性的平均预期寿命为 81.12 岁，相比 2021 年增加 1.89 岁（见图 2-34）。

死亡模式。与全国人口预测相同，预测期间乡村人口死亡模式采用寇尔—德曼模型生命表的西区模式。

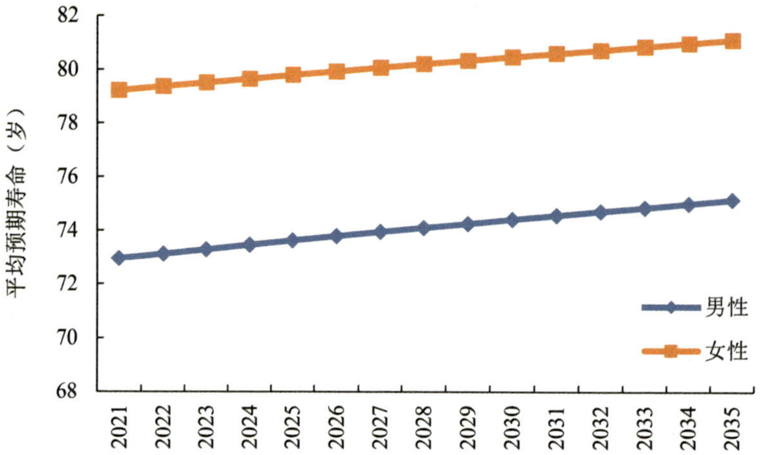

图 2-34　中国乡村分性别平均预期寿命变动预测（2021—2035 年）

3. 流动参数

流动水平。结合国际迁移为零的假设，认为全国为由城镇、乡村两个部门组成的封闭人口。那么，预测期间内乡村净流出人口规模也就是城镇净流入人口规模。因此，乡村净流出人口规模等于城镇净流入人口规模。预计到 2035 年乡村净流出人口规模为 500 万人，中间年份数据由平滑得到。

流动模式。乡村净流出人口年龄别模式与城镇净流入人口年龄别模式一致。

（三）乡村常住人口预测结果分析

根据预测结果，我国 2020—2035 年乡村常住人口趋势有如下特点。

1. 乡村常住人口规模持续缩减并降至 3.53 亿人

2020 年，我国乡村常住人口规模为 5.10 亿人，随后持续下降，2025 年为 4.53 亿人，2030 年跌破 4 亿人，为 3.99 亿人，2035 年进一步降至 3.53 亿人。2020—2035 年，我国乡村常住人口减少 1.57 亿人，年均减少 1049.33 万人（见图 2-35）。

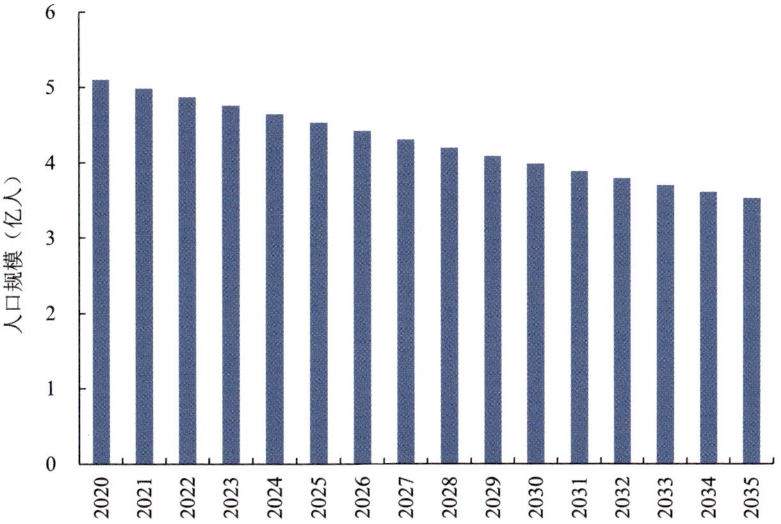

图 2-35　中国乡村常住人口规模预测（2020—2035 年）

2. 乡村出生人口先下降后基本稳定

2020 年，我国乡村出生人口规模为 470.14 万人，之后下降至 2025 年的 267.54 万人，2030 年的 234.47 万人，再小幅回升至 2035 年的 264.87 万人（见图 2-36）。纵观整个预测周期，发现城镇出生人口快速下降至有所回升，主要是乡村常住育龄妇女持续流出，规模不断减少，而 2030 年以后生育水平有所上升先后作用所致。

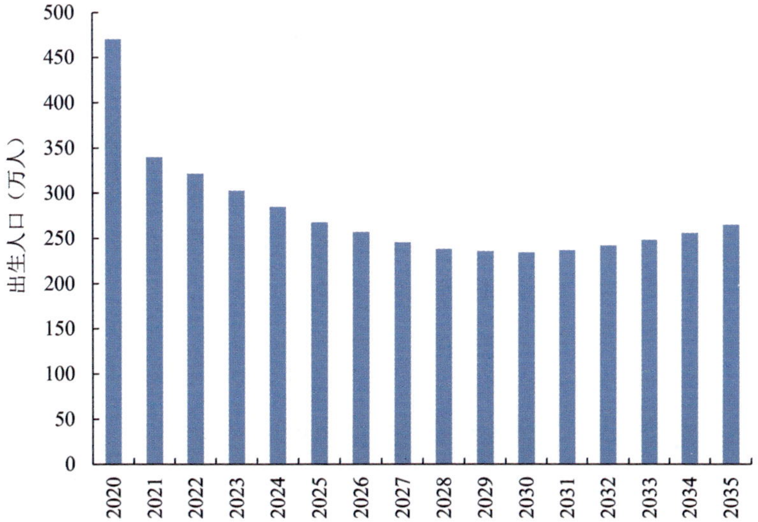

图 2-36　中国乡村出生人口规模预测（2020—2035 年）

3. 乡村死亡人口缓慢增长

伴随着乡村人口年龄结构快速老化，预测期间内乡村死亡人口规模稳步增长，但由于乡村常住人口持续缩减，死亡人口增速较慢。2020 年，我国乡村死亡人口规模为 531.86 万人，之后稳步增长，2031 年突破 600 万人，2035 年达到 623.53 万人。2020—2035 年，我国乡村常住死亡人口增长 80.66 万人，年均增长 5.38 万人（见图 2-37）。与城镇相比，乡村死亡人口规模明显不及城镇，增长明显慢于城镇。

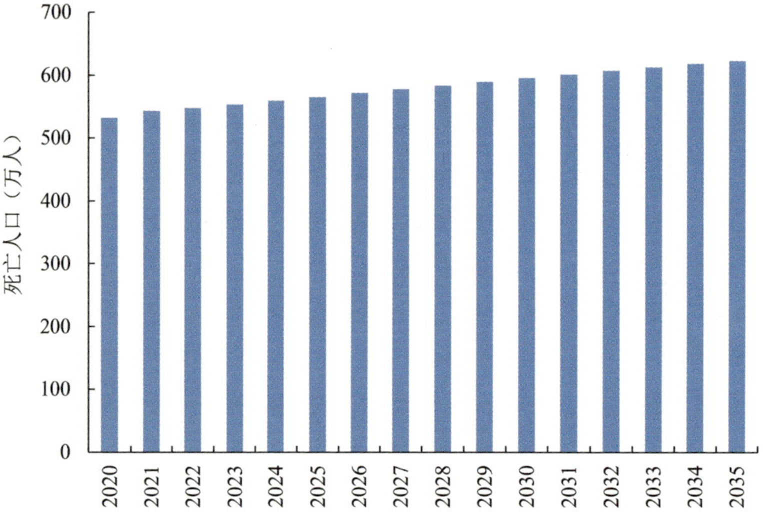

图 2-37　中国乡村死亡人口规模预测（2020—2035 年）

4. 乡村少儿人口规模和占比均大幅下降

伴随着生育水平的长期偏低及乡村人口迁移等原因，乡村少儿人口规模将大幅下降。2020 年，我国乡村 0-14 岁少儿人口规模为 9797.47 万人，随后持续稳步下降，2025 年为 7085.98 万人，2030 年为 4457.22 万人，2035 年降至 2872.01 万人。2020—2035 年，我国乡村 0-14 岁少儿人口规模下降 6733.92 万人，年均下降 448.93 万人（见图 2-38）。

从 0-14 岁少儿人口占比来看，依然呈现稳步下降趋势。2020 年，我国乡村 0-14 岁少儿人口占比为 19.21%，2025 年降至 15.64%，2030 年为 11.18%，2035 年为 8.15%，步入十分严重的少子化社会。2020—2035 年，我国乡村 0-14 岁少儿人口占比下降 10.73 个百分点，年均下降 0.72 个百分点。

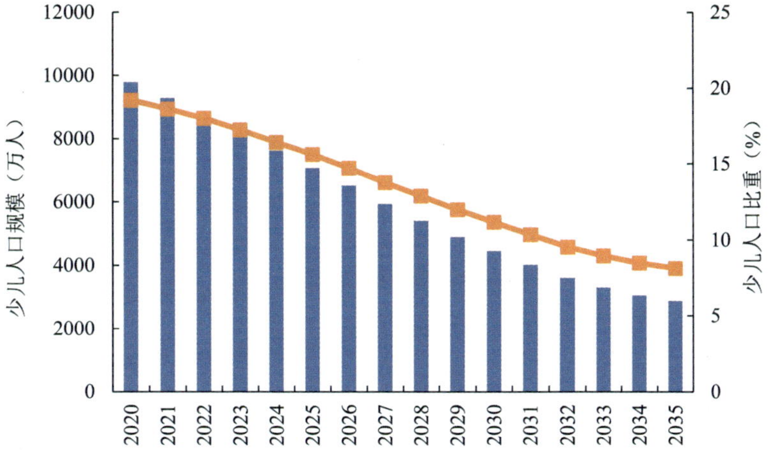

图 2-38　中国乡村少儿人口规模预测（2020—2035 年）

5. 乡村劳动年龄人口规模持续下降

从劳动年龄人口规模来看（见图 2-39），我国乡村 15-59 岁劳动年龄人口规模持续下降。2020 年，乡村 15-59 岁劳动年龄人口规模为 2.90 亿人，2025 年降至 2.46 亿人，2030 年为 2.02 亿人，2035 年仅为 1.70 亿人。2020—2035 年期间，乡村 15-59 岁劳动年龄人口减少 1.20 亿人，年均减少 769.07 万人。2020 年，乡村 15-64 岁劳动年龄人口规模为 3.21 亿人，2025 年降至 2.85 亿人，2030 年为 2.44 亿人，2035 年仅为 2.01 亿人。2020—2035 年期间，乡村 15-64 岁劳动年龄人口降幅达 1.10 亿人，年均下降 742.9 万人。

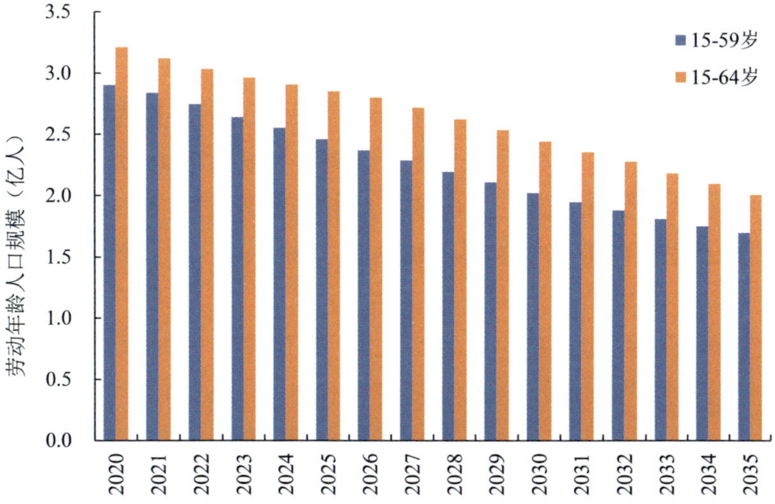

图 2-39　中国乡村劳动年龄人口规模预测（2020—2035 年）

从劳动年龄人口占比来看（见图 2-40），乡村 15-59 岁劳动年龄人口占比从 2020 年的 56.97%持续下降至 2035 年的 48.09%，下降 8.88 个百分点，年均下降 0.59 个百分点。乡村 15-64 岁劳动年龄人口占比从 2020 年的 62.95%持续下降至 2035 年的 56.93%，下降 6.02 个百分点，年均下降 0.40 个百分点。

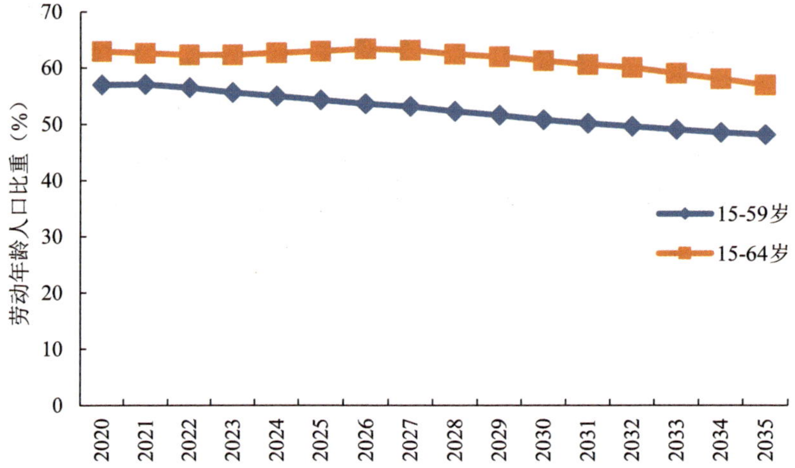

图 2-40　中国乡村劳动年龄人口比重预测（2020—2035 年）

6. 乡村将于“十四五”时期步入重度老龄化社会

从老年人口规模来看（见图 2-41），我国乡村老年人口规模持续增长。2020 年，乡村 60 岁及以上老年人口规模为 1.21 亿人，2025 年增长至 1.36 亿人，2030 年为 1.52 亿人，2033 年达到峰值 1.55 亿人，2035 年为 1.54 亿人。2020—2035 年，乡村 60 岁及以上老年人口规模增长 3388.68 万人，年均增长 225.91 万人。从 65 岁及以上老年人口来看，依然表现出持续增长态势。2020 年，乡村 65 岁及以上老年人口规模为 0.91 亿人，2025 年增长至 0.97 亿人，2030 年为 1.10 亿人，2035 年为 1.23 亿人。2020—2035 年，乡村 65 岁及以上老年人口规模增长 2985.59 万人，年均增长 199.04 万人。

从老年人口占比来看（见图 2-42），我国城镇老年人口占比持续增长，并于“十四五”期间进入重度老龄化社会。2020 年，乡村 60 岁及以上老年人口占比为 23.81%，2025 年突破 30%，2030 年达 38.10%，2035 年为 43.76%，15 年时间提高 19.95 个百分点，年均提高 1.33 个百

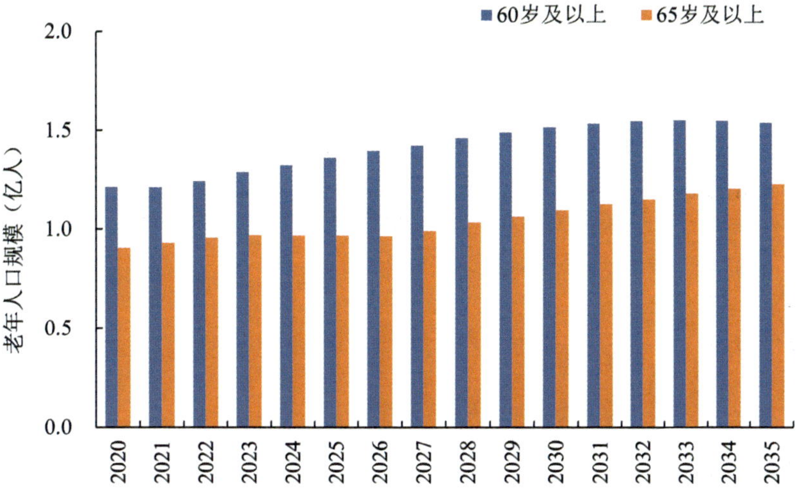

图 2-41 中国乡村老年人口规模预测（2020—2035 年）

分点。2020 年，乡村 65 岁及以上老年人口占比为 17.83%，2023 年突破 20%，2025 年达 21.41%，2030 年为 27.56%，2035 年为 34.92%，15 年时间提高 17.09 个百分点，年均提高 1.14 个百分点。综合 60 岁及以上老年人口比重、65 岁及以上老年人口比重，“十四五”时期我国乡村将步入重度老龄化社会。

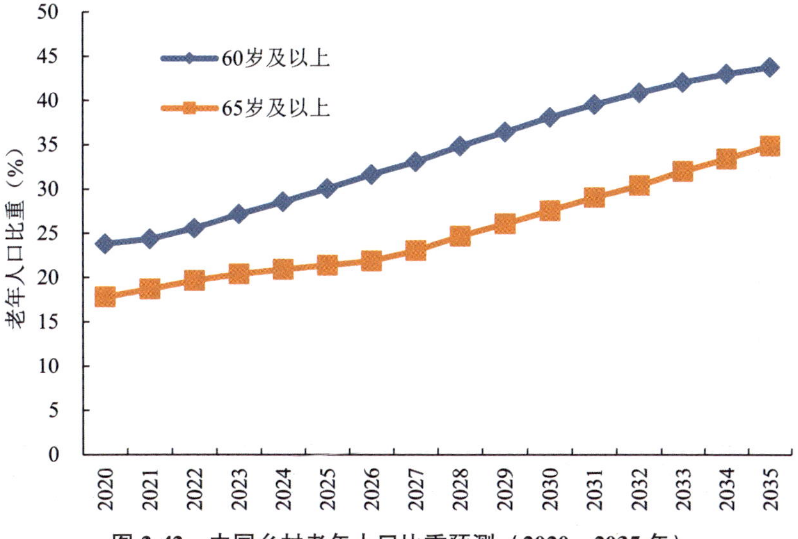

图 2-42 中国乡村老年人口比重预测（2020—2035 年）

7. 乡村老年抚养比持续提升，推动总抚养比稳步升高

按 15-59 岁口径计算的抚养比来看（见图 2-43），我国乡村总抚养比、老年抚养比快速增长，少儿抚养比快速下降。2020 年乡村总抚养比为 76，2025 年为 82，2030 年为 97，2035 年提高至 108；2020 年老年抚养比为

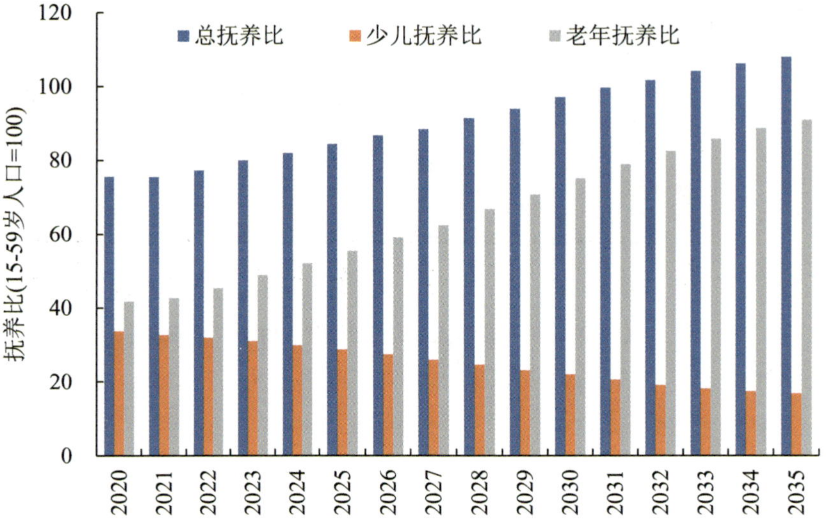

图 2-43　中国乡村人口抚养比预测（2020—2035 年，按 15-59 岁口径）

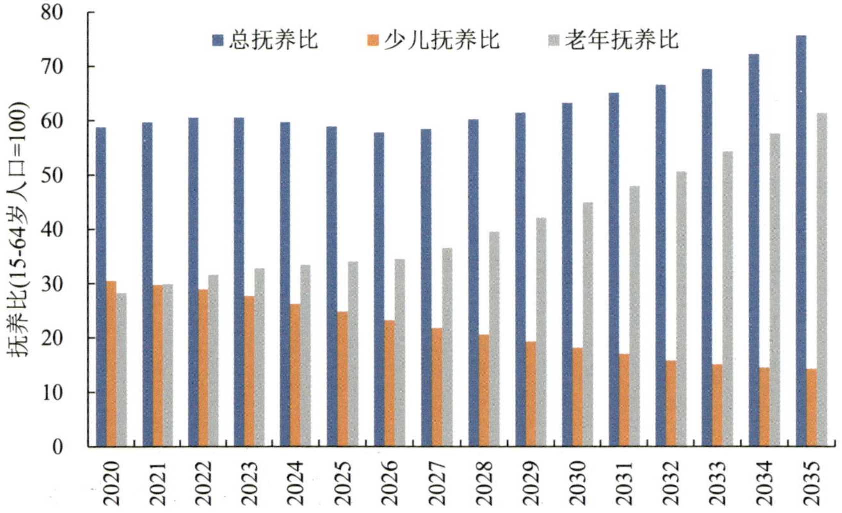

图 2-44　中国乡村人口抚养比预测（2020—2035 年，按 15-64 岁口径）

42，2025 年为 56，2030 年为 75，2035 年提高至 91；2020 年少儿抚养比为 34，2025 年为 29，2030 年为 22，2035 年下降至 17。可见，乡村总抚养比持续升高主要是老年抚养比大幅增长所致。

按 15-64 岁口径计算的抚养比来看（见图 2-44），我国乡村总抚养比在波动中总体升高，而老年抚养比依然快速增长，少儿抚养比依然快速下降。2020 年乡村总抚养比为 59，2035 年提高至 76；2020 年老年抚养比为 28，2035 年提高至 61；2020 年少儿抚养比为 31，2035 年下降至 14。可见，按 15-64 岁口径计算的总抚养比的持续升高也主要是老年抚养比大幅增长所致。

8. 乡村人口年龄金字塔“收窄”趋势明显

2020 年，我国乡村人口的年龄中位数为 43. 54 岁，2025 年为 47. 23 岁，2030 年为 50. 85 岁，2035 年提高至 53. 51 岁，在 15 年时间里提高 9. 97 岁，年均提高 0. 66 岁（见图 2-45）。

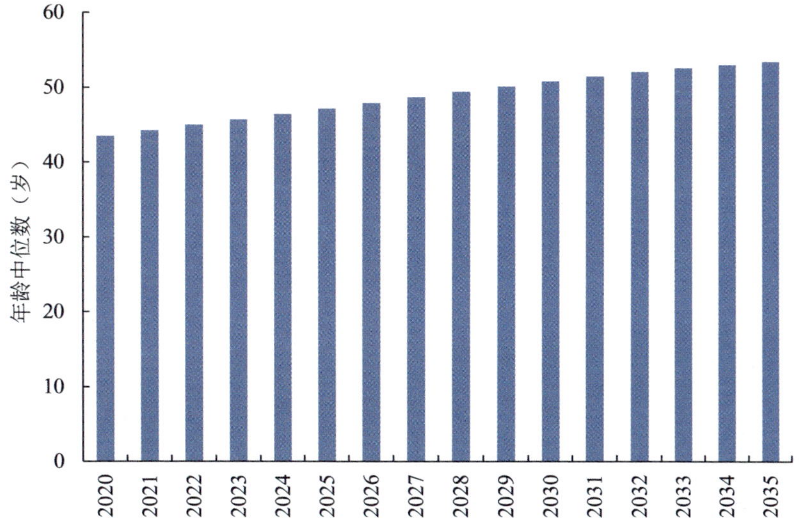

图 2-45　中国乡村人口年龄中位数预测（2020—2035 年）

比较 2020 年、2035 年我国乡村人口年龄金字塔（见图 2-46），乡村人口年龄金字塔表现出更加不规则的变动趋势，呈现底部明显收缩、中部明显收窄、顶部扩张的特征，这是生育水平持续低于更替水平，以及以劳动年龄人口为主的乡城迁移流动持续推进等因素共同作用所致。

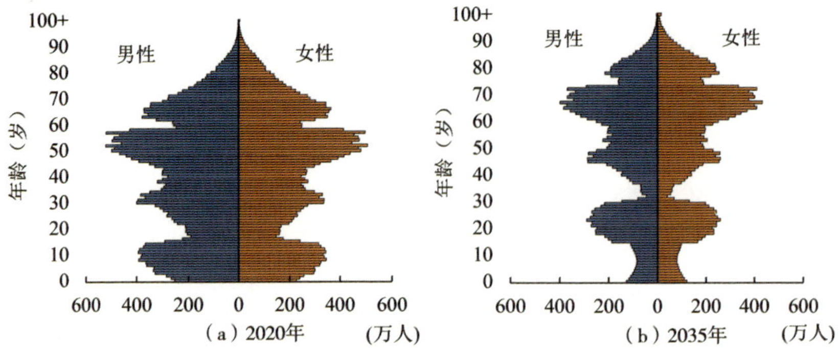

图 2-46　中国乡村人口年龄金字塔变动趋势

四、我国城乡人口预测的比较分析

综合城乡人口预测结果，对 2020—2035 年我国城乡人口格局总体情况进行分析。

（一）未来城乡人口规模变动

城乡人口结构的变化，既是社会经济变动的结果，又是影响社会经济发展的重要因素。在社会主义现代化建设进程中，2020—2035 年城镇、乡村的常住人口延续过去二十多年的变动态势，城镇人口继续增长，乡村人口继续减少（见图 2-47）。2020 年，我国 14 亿人中有 9 亿人生活在城镇，

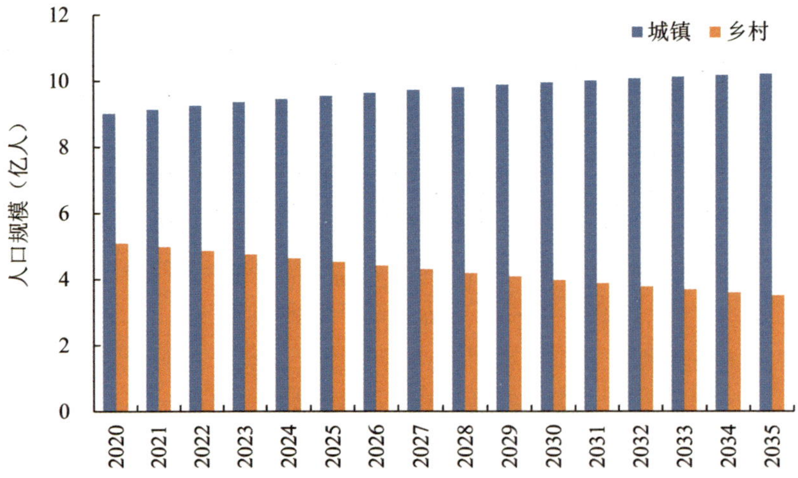

图 2-47　中国城乡人口规模变动趋势（2020—2035 年）

而到 2035 年，我国 13 亿多人中将有超过 10 亿人生活在城镇，届时仅有 3 亿多人生活在乡村，人口分布于城镇的格局更加稳定。2020 年，城镇常住人口比乡村多 3.92 亿人，而到 2035 年将增加至 6.70 亿人。总体而言，未来我国城乡人口结构的持续变动，将是消除城乡发展不平衡的重要表现。

（二）未来城镇化水平变动

2020—2035 年期间，我国城镇化水平将持续稳步提高，迈向城镇化成熟发展阶段（见图 2-48）。2020 年，我国城镇化水平为 63.89%，2025 年提高至 67.84%，2028 年突破 70%，2030 年为 71.43%，2035 年达到 74.36%。

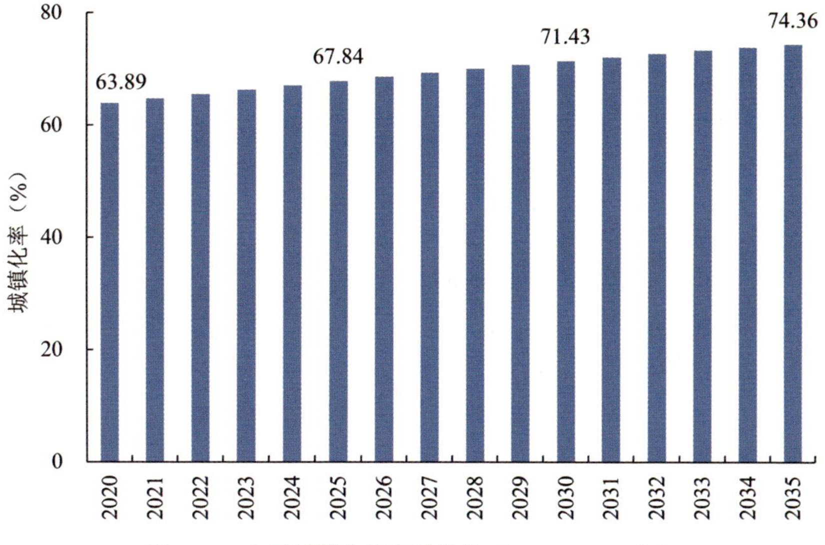

图 2-48　中国城镇化率变动趋势（2020—2035 年）

15 年间，我国城镇化水平共提高 10.47 个百分点，年均增长 0.70 个百分点。“十四五”时期，城镇化水平提高 3.95 个百分点，年均提高 0.79 个百分点；“十五五”时期，城镇化水平提高 3.59 个百分点，年均提高 0.72 个百分点；“十六五”时期，城镇化水平提高 2.93 个百分点，年均提高 0.59 个百分点。

（三）未来城乡人口年龄结构变动

2020—2035 年期间，我国城乡均呈现明显的老龄少子化趋势，2035 年乡村老龄少子化将比城镇更为严重（见图 2-49）。2020 年，城镇 0-14 岁少儿人口比重为 17.16%，比乡村低 2.06 个百分点；城镇 65 岁及以上人口比重为 11.05%，比乡村低 6.78 个百分点，即虽然乡村的少子化程度不及城镇，但老龄化程度超过城镇。2035 年，城镇 0-14 岁少儿人口比重为 11.28%，比乡村高 3.13 个百分点；城镇 65 岁及以上人口比重为 19.72%，比乡村低 15.20 个百分点，即乡村不仅少子化比城镇更严重，而且老龄化也比城镇严重得多。

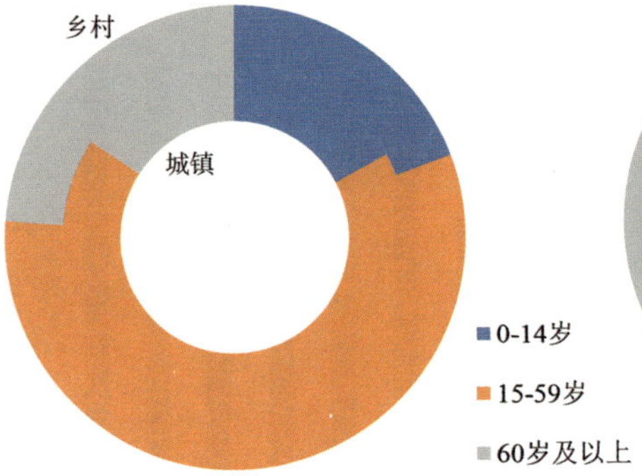

（a）2020年

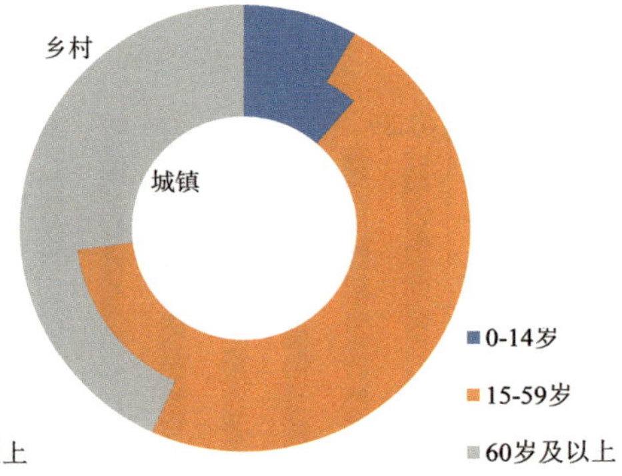

（b）2035年

图 2-49　中国城乡人口年龄结构变动趋势

总的来看，我国全面进入城镇化中后期并向成熟阶段迈进，城乡人口数量变动模式将延续分化趋势。预计到 2035 年仍将有 1 亿多乡村人口迁移到城镇，意味着城镇人口将增长到 10 亿多人，这是人类文明、城市化进程史上的重大进步。未来需要继续顺应城镇化、城乡融合发展大趋势，进一步扩大城市公共服务供给，积极应对乡村人口规模继续减量发展、长期处于重度老龄化社会带来的挑战，推动城镇化迈向更加成熟、更加高质量的新阶段。

（执笔人：刘厚莲、张许颖）

第三章　我国各地区人口发展趋势预测分析

我国幅员辽阔，人口发展的区域差异显著，不同地区在生育水平、预期寿命、人口迁移流动、城镇化率等方面都存在显著差异。进入人口负增长阶段后，我国人口区域发展不平衡特征将更加凸显，人口聚集和收缩现象并存，人口分布极化效应更为突出，需要加强对分地区人口发展趋势的预测研究，从而更为全面地把握我国人口发展形势。

本章主要基于第七次全国人口普查提供的各地区人口数据进行预测。第七次人口普查数据显示，2020 年我国流动人口规模达 3.76 亿人，流动人口占总人口的比例高达 26.64%，其中，跨省流动人口为 1.25 亿人。大规模的人口流动成为决定各地区人口发展趋势的重要因素，而长期以来我国省际人口迁移流动的规律研究和数据积累相对缺乏，准确把握省际人口迁移流动规模和年龄模式是开展各地区人口预测的重要挑战。本章是对我国分省人口预测进行的探索性尝试。鉴于预测时期越长预测误差的累积可能越大，因此本章并未开展长时期的预测，选取的预测时期为 2021—2035 年。

一、我国各地区人口发展形势分析

基于历次人口普查数据，对我国各地区人口规模、人口结构、生育水平、生育模式、死亡水平等特征进行比较分析。

（一）2000 年以来 21 个省份人口保持增长，6 个省份出现负增长

2000 年以来的三次人口普查数据显示，在 2000—2020 年期间，全国 21 个省、自治区、直辖市（以下简称省份）人口规模保持增长状态，其余 10 个省份出现了波动变化，其中山西、内蒙古、辽宁、吉林、黑龙江和甘

肃等6个省份的人口规模先增后减，湖北、重庆、四川和贵州的人口规模先减后增（见表3-1）。

从2010年、2020年两次人口普查数据比较来看，省城尺度下已经出现了人口聚集和收缩并存的现象。东部地区的广东、浙江、福建、北京等省份2020年总人口相比2010年的增长幅度均超过了10%，其中广东增幅达到21%；在中部地区高质量发展政策的引领下，贵州、重庆、宁夏等省份人口也快速增加，增幅超过了10%；此外，海南、新疆、西藏等省份的人口增幅也超过了10%。与此同时，2010—2020年期间有6个省份出现了人口负增长，分别为甘肃、内蒙古、山西、辽宁、吉林、黑龙江，其中吉林和黑龙江总人口降幅分别达到12%、17%，其他4个省份的降幅均在3%左右。广西、上海、江苏、天津、山东、陕西、河南、青海、四川、河北、云南、安徽、江西、湖南、湖北等15个省份的人口规模均有所增长，增幅在1%~9%之间。

表3-1　中国各地区人口规模变动情况　　单位：万人

地　区	省　份	2000年	2010年	2020年
东　部	北　京	1357	1961	2189
	天　津	985	1294	1387
	河　北	6668	7185	7461
	上　海	1641	2302	2487
	江　苏	7304	7866	8475
	浙　江	4593	5443	6457
	福　建	3410	3689	4154
	山　东	8997	9579	10153
	广　东	8523	10432	12601
	海　南	756	867	1008
中　部	山　西	3247	3571	3492
	安　徽	5900	5950	6103
	江　西	4040	4457	4519
	河　南	9124	9403	9937
	湖　北	5951	5724	5775
	湖　南	6327	6570	6644

续表

地　区	省　份	2000 年	2010 年	2020 年
西　部	内蒙古	2332	2471	2405
	广　西	4385	4602	5013
	重　庆	3051	2885	3205
	四　川	8235	8042	8367
	贵　州	3525	3475	3856
	云　南	4236	4597	4721
	西　藏	262	300	365
	陕　西	3537	3733	3953
	甘　肃	2512	2558	2502
	青　海	482	563	592
	宁　夏	549	630	720
	新　疆	1846	2182	2585
东　北	辽　宁	4182	4375	4259
	吉　林	2680	2745	2407
	黑龙江	3624	3831	3185

数据来源：历次人口普查资料。

（二）各地区人口年龄金字塔差异显著，静止型与缩减型共存

人口年龄金字塔是由人口性别与年龄构成的塔状条形统计图，能够直观地反映某一地区的人口规模与年龄、性别结构特征，还能够根据人口年龄金字塔的形状特征研判该地区人口的未来发展趋势，对于把握一个地区人口特征具有重要的参考价值。此外，将不同地区的人口年龄金字塔进行比较分析也有助于考察各地人口发展趋势的异同。

人口年龄金字塔以年龄为纵轴，以各年龄组人口规模或占比为横轴，一般左侧为男性、右侧为女性。为了能够更直观地展示各省人口规模和年龄结构，本章采用人口规模为横轴。根据人口年龄金字塔的特征，学界将其分为三种不同类型：第一类是增长型，塔形呈上尖下宽，少年儿童人口比例大，老年人口比例低，年龄构成类型属年轻型，未来结婚生育的人口规模大，人口发展呈持续增长趋势；第二类是缩减型，塔形底部向内收

缩，少年儿童人口比例低，中老年人口比例大，年龄构成类型属老年型，未来年轻人将越来越少，人口发展呈减少趋势；第三类是静止型，塔形上下差别不大，曲线比较平稳，少年儿童人口比例及老年人口比例介于前两种类型之间，年龄构成类型属成年型，未来结婚生育的人数不会有明显增加，人口结构将保持原状。以下将分别对我国东部、中部、西部和东北地区各省的人口年龄金字塔进行比较分析。

1. 东部地区人口年龄金字塔分析

东部地区 10 个省份人口年龄金字塔如图 3-1 所示。东部地区中，广东人口规模最大，达到了 1.26 亿人，天津人口规模最小，为 0.14 亿人。从人口年龄金字塔类型来看，东部各省大多呈现成年人口占比较高、金字塔底部收缩的特征，如北京、天津、上海、江苏、浙江等这一特征比较突出，但这些省份有很强的人口吸引力，人口流动频繁，尤其是劳动年龄人口流入较多，因此能够保持相对充沛的劳动力资源。也有省份人口年龄金字塔呈现一定的增长型特征，如山东、广东的金字塔底部相对更宽，有较强的人口增长动力。

东部各省劳动力资源相对充沛，15-64 岁劳动年龄人口规模占总人口比重在 66.09%～74.86%之间，其中山东最低，北京最高，均值为 70.61%。65 岁及以上老年人口占比在 8.58%～16.28%之间，均值为 13.30%，其中广东最低，上海最高。0～14 岁少儿人口占比存在较大差异，占比最低的省份上海仅为 9.80%，最高的河北为 20.22%，均值为 16.09%。

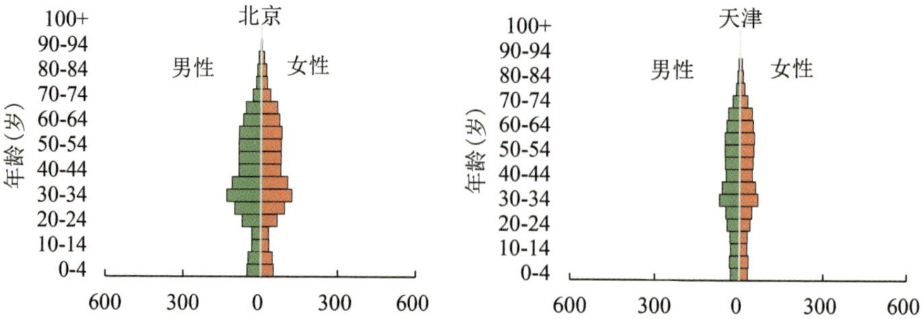

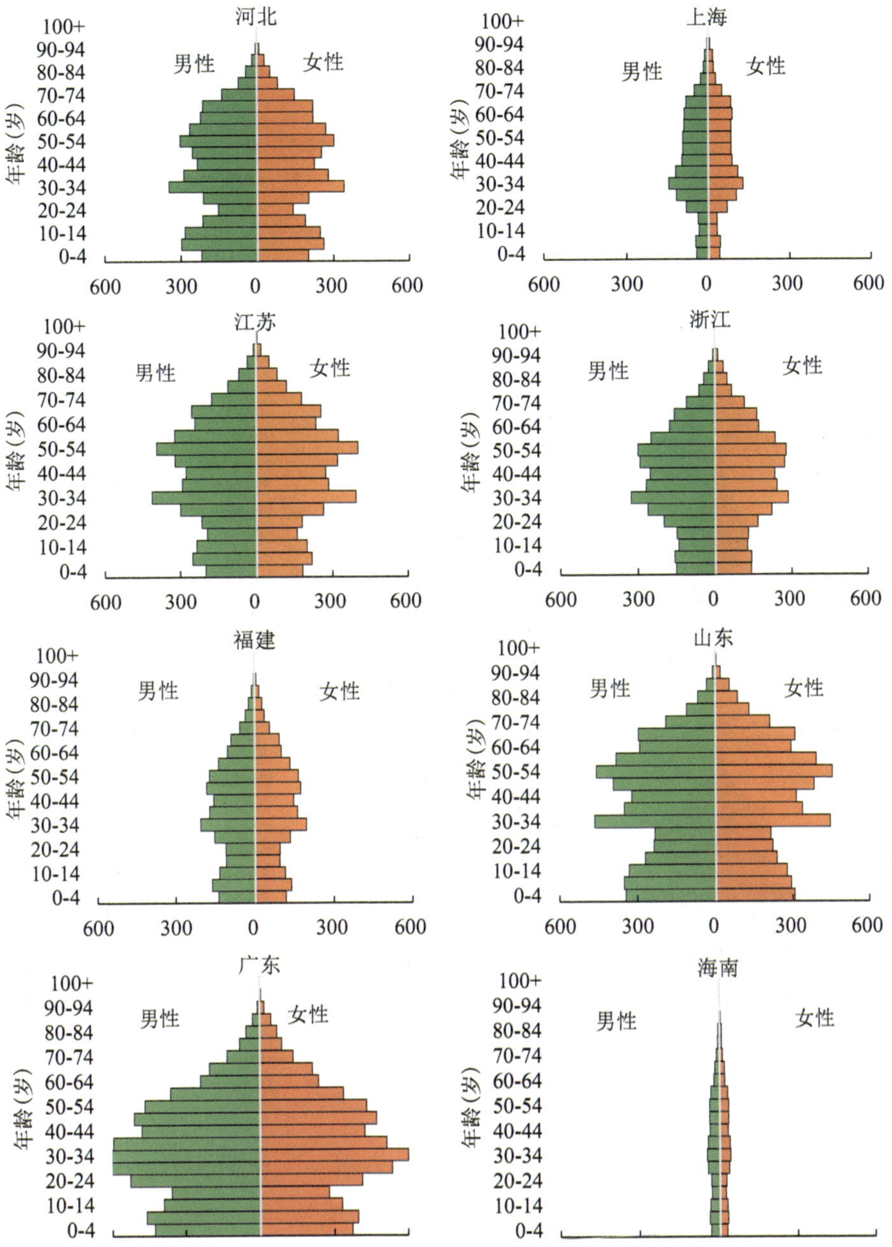

注：图中横坐标轴单位为万人。

图 3-1　中国东部各省份人口年龄金字塔（2020 年）

数据来源：本章第一部分图如无特殊说明均来自《中国人口普查年鉴-2020》。

2. 中部地区人口年龄金字塔分析

中部地区中，河南人口规模最大，为 9937 万人；山西人口规模最小，为 3492 万人。河南的人口年龄金字塔相对更为年轻，呈现静止型与增长型并存的特征，其他五省人口年龄金字塔呈现缩减型特征（见图 3-2）。

中部各省劳动年龄人口占比低于东部地区，其 15-64 岁劳动年龄人口占比在 63. 38%~70. 74%，其中河南最低，山西最高，均值为 66. 80%。65 岁及以上老年人口占比在 12. 90%~15. 01%之间，均值为 13. 78%，其中山西最低，安徽最高。0-14 岁少儿人口占比高于东部地区，在 16. 31%~23. 14%之间，其中河南最高、湖北最低，均值为 19. 42%。

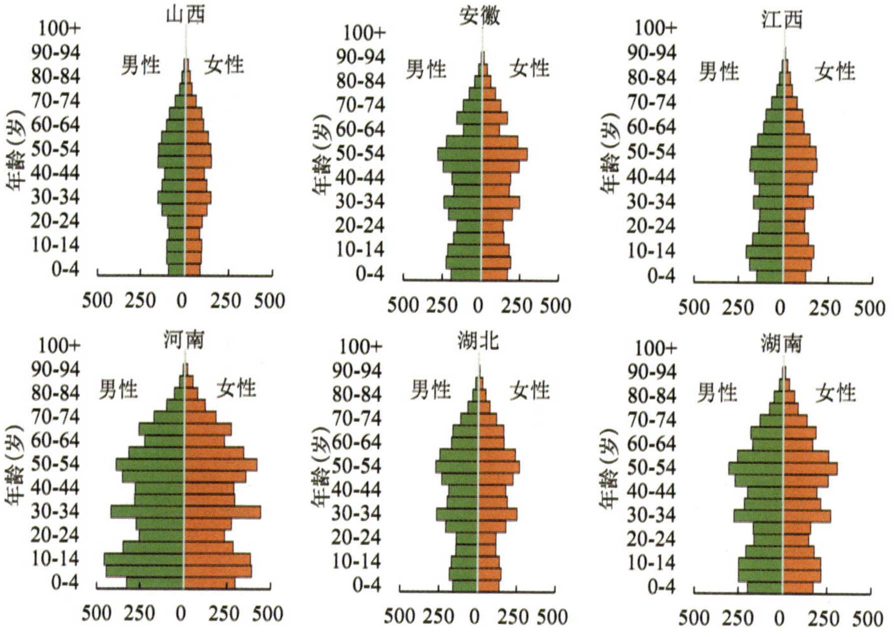

注：图中横坐标轴单位为万人。

图 3-2　中国中部各省份人口年龄金字塔（2020 年）

3. 西部地区人口年龄金字塔分析

西部地区包含 12 个省份，其中人口规模最大的四川达 8367 万人，最小的西藏仅有 365 万人。各省份人口特征有明显差异，静止型和缩减型人口年龄金字塔并存，其中广西、贵州、云南少年儿童人口组和成年人口组相差不多，塔形较直，预计这些省份的人口规模在短期内会保持增长；其他 9 个省份人口年龄金字塔呈现缩减型特征，尤其是内蒙古、重庆、四川、陕西的这一特征更为突出（见图 3-3）。

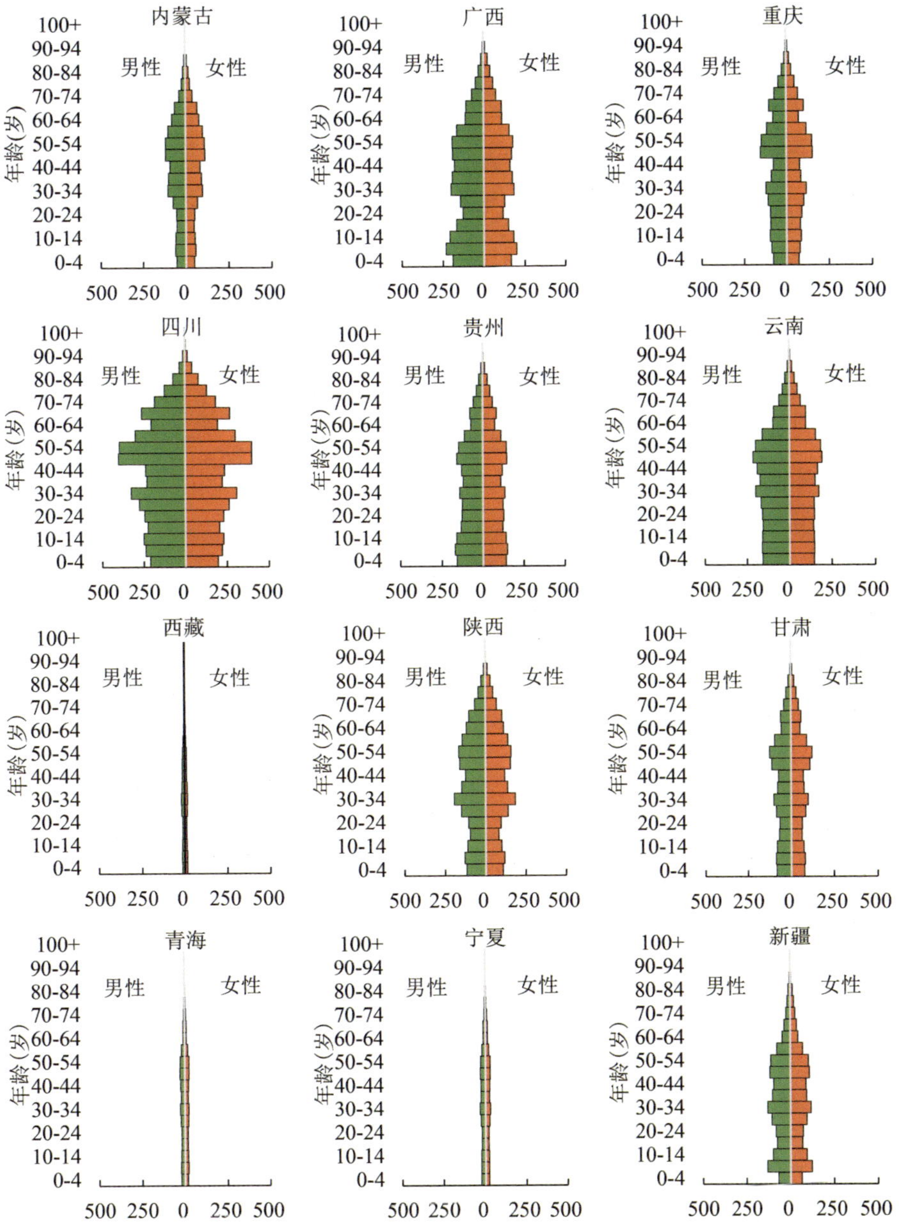

注：图中横坐标轴单位为万人。

图 3-3 中国西部各省份人口年龄金字塔（2020 年）

西部各省份15-64岁劳动年龄人口占比在64.18%～72.90%之间，其中，广西最低，内蒙古最高，均值为68.56%。各省份老龄化存在显著差异，65岁及以上老年人口占比的均值为11.60%，其中老龄化程度最低的为西藏，其65岁及以上老年人口占总人口比重为5.67%，老龄化程度最严重的为重庆，65岁及以上老年人口占比达到17.08%，这一比重超过了东部各省份。西部各省份少儿人口占比在14.04%～23.97%，其中内蒙古最低，贵州最高，均值与中部地区相当。

4. 东北地区人口年龄金字塔分析

东北地区包含辽宁、吉林和黑龙江3个省份，总人口规模分别为4259万人、2407万人、3185万人。3个省份人口年龄金字塔均呈现显著的缩减型特征，中青年和少儿人口规模随年龄减小而逐步缩小，中年各年龄组人口规模随年龄增长逐渐扩大，塔形下窄上宽，预计这些省份人口规模将呈现快速减少趋势（见图3-4）。

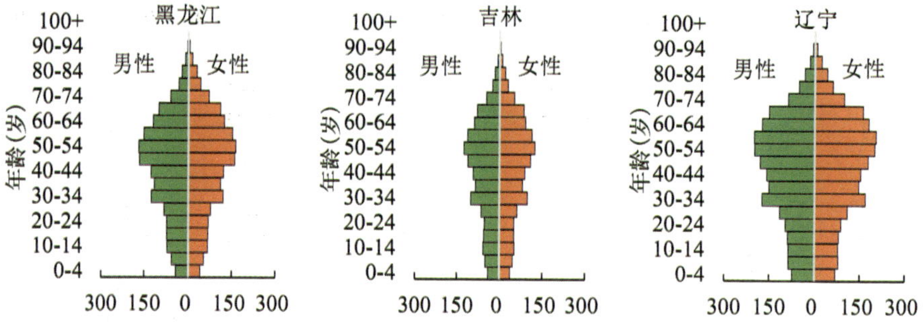

注：图中横坐标轴单位为万人。

图3-4 中国东北三省人口年龄金字塔（2020年）

东北三省劳动年龄人口资源仍相对丰沛，15-64岁人口占总人口比重在71.46%～74.07%。但各省老年人口占比也均在高水平，65岁及以上占比在15.61%～17.42%。少儿人口占比在很低水平，0-14岁人口占比仅为10.32%～11.71%，低于全国大多数省份。

总的来看，东部、中部、西部和东北地区人口年龄结构存在显著差异，东部地区劳动力资源相对丰富，但同时老龄化问题也比较突出（见表3-2）。中部地区人口结构大多呈现缩减型特征，老龄化程度相对低于东部地区，少儿人口占比相对更高。西部地区包含的省份最多，内部分化比较明显，静止型和缩减型人口结构共存，人口年龄结构相对东部和中部更为年轻。东北三省为显著的缩减型人口年龄金字塔，人口的老龄少子化特征十分突出。

表 3-2 中国各地区主要年龄组人口占总人口比重（2020 年）

单位:%

地 区	省 份	0-14 岁	15-64 岁	65 岁及以上
全 国		17. 97	68. 50	13. 52
东 部	北 京	11. 84	74. 86	13. 30
	天 津	13. 47	71. 77	14. 75
	河 北	20. 22	65. 85	13. 92
	上 海	9. 80	73. 92	16. 28
	江 苏	15. 21	68. 59	16. 20
	浙 江	13. 45	73. 29	13. 27
	福 建	19. 32	69. 58	11. 10
	山 东	18. 78	66. 09	15. 13
	广 东	18. 85	72. 57	8. 58
	海 南	19. 97	69. 59	10. 43
中 部	山 西	16. 35	70. 74	12. 90
	安 徽	19. 24	65. 75	15. 01
	江 西	21. 96	66. 16	11. 89
	河 南	23. 14	63. 38	13. 49
	湖 北	16. 31	69. 10	14. 59
	湖 南	19. 52	65. 67	14. 81
西 部	内蒙古	14. 04	72. 90	13. 05
	广 西	23. 63	64. 18	12. 20
	重 庆	15. 91	67. 02	17. 08
	四 川	16. 10	66. 97	16. 93
	贵 州	23. 97	64. 48	11. 56
	云 南	19. 57	69. 69	10. 75
	西 藏	24. 53	69. 80	5. 67

续表

地　区	省　份	0-14 岁	15-64 岁	65 岁及以上
西　部	陕　西	17.33	69.34	13.32
	甘　肃	19.40	68.02	12.58
	青　海	20.81	70.51	8.68
	宁　夏	20.38	70.00	9.62
	新　疆	22.46	69.78	7.76
东　北	辽　宁	11.12	71.46	17.42
	吉　林	11.71	72.68	15.61
	黑龙江	10.32	74.07	15.61

数据来源：本章第一部分和第二部分表如无特殊说明均来自《中国人口普查年鉴-2020》。

（三）各地区总和生育率差异明显，极低水平与更替水平共存

第七次人口普查数据显示，2020 年我国总和生育率为 1.3，国际上通常将 1.3 以下视为极低生育水平，这表明我国生育水平已降至较低水平。分地区来看，各省份之间总和生育率差异明显，极低生育水平与更替水平共存。

2020 年全国已有 15 个省份总和生育率降至 1.3 以下，包括上海、黑龙江、北京、吉林、辽宁、天津、江苏、浙江、新疆、陕西、湖北、重庆、内蒙古、山西、四川，其中最低的上海已降至 0.74；有 8 个省份总和

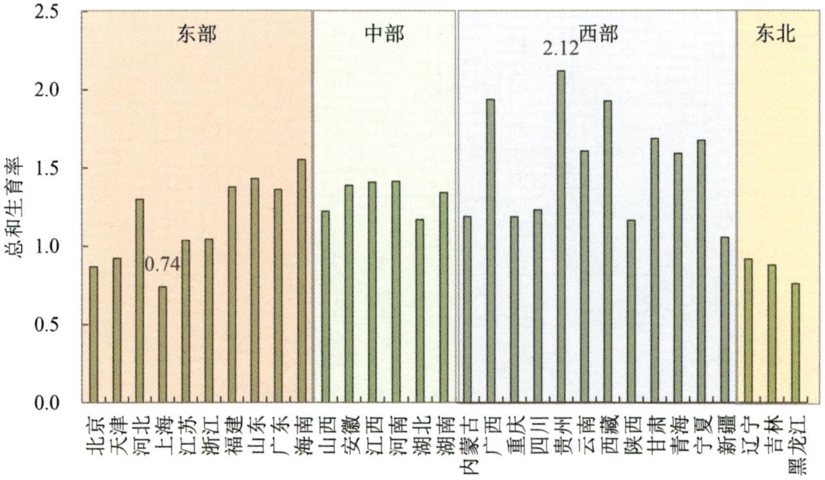

图 3-5　中国各地区总和生育率（2020 年）

生育率在 1.3~1.5 之间，包括河北、湖南、广东、福建、安徽、江西、河南、山东；其余 8 个省份总和生育率在 1.5 以上，其中最高为贵州，2020 年达到 2.12，仍在更替水平附近（详见图 3-5）。整体来看，西部地区生育水平最高，均值为 1.53；中部地区次之，均值为 1.32；东部地区更低，均值为 1.16；东北地区最低，均值仅为 0.85。

（四）各地区生育模式存在一定差异，东部地区生育推迟现象更为显著

生育模式是生育过程的时间分布函数，表明单位时间内（通常指 1 年）活产婴儿按育龄妇女年龄别分布的形式，是考察一个地区生育特征的重要指标。根据第七次人口普查提供的各省份 2020 年 5 岁组的生育模式，各省份生育模式总体特征十分相近，生育峰值年龄大多在 25-29 岁，20-34 岁为生育高峰年龄段，40 岁以上生育的占比很少。但各地生育模式也存在一定差异，东部、中部、西部及东北地区各省份的生育模式详见图 3-6 至图 3-9。

东部地区中北京的生育模式相比其他各省份有显著差异，其生育峰值年龄为 30-34 岁，低龄组生育占比很低，35 岁及以上高龄组生育占比更高，且峰值高度更低，表明北京的生育推迟现象更加明显，生育的年龄别分布更为分散。上海的生育模式的右倾特征也比较明显，虽然其生育峰值年龄集中在 25-29 岁，但 30-34 岁年龄组的生育占比也较高，低龄组生育

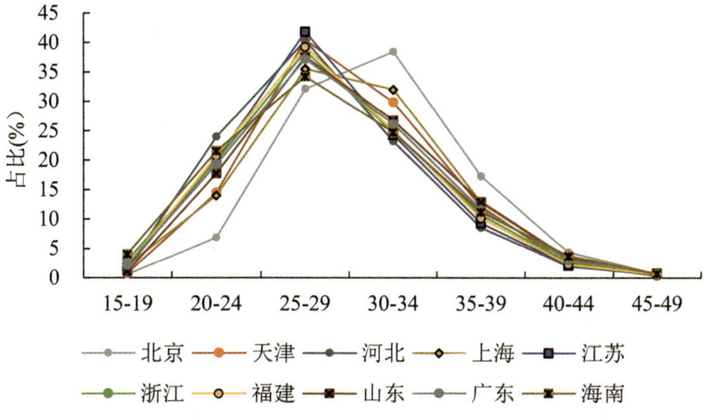

图 3-6　中国东部各省份生育模式（2020 年）

注：图中各点表示各年龄组生育率占总和生育率的比重，将各点连接后形成的曲线即代表该地区按育龄妇女年龄别分布的生育模式。

相对较低。江苏的生育峰值年龄最高，表明其生育年龄相对更为集中。河北的低龄组生育占比较高、高龄组生育占比较低，生育模式相对年轻。

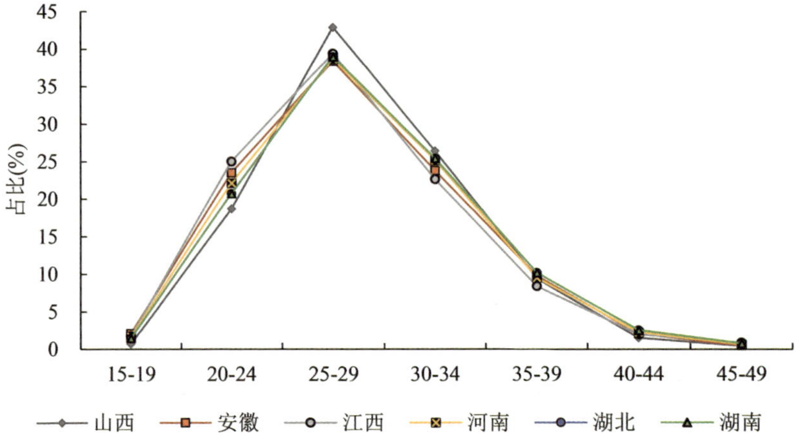

图 3-7　中国中部各省份生育模式（2020 年）

中部各省份生育模式比较接近，山西生育峰值年龄最高，安徽生育峰值年龄最低。湖北低龄组生育占比最低，高龄组生育占比最高，其生育推迟特征更为明显；江西低龄组生育占比最高，高龄组生育占比最低。

西部各省份生育模式分化明显，西藏的生育模式更为年轻，其 20-24 岁年龄段的生育占比最高（28. 16%），与生育峰值年龄（25-29 岁）的占比基本一致（30. 62%），后者在各省份中占比最低；内蒙古和陕西的生育推迟现象突出，其 24 岁及以下低龄组生育占比都低于 17%，生育峰值年龄生育占比都高于 41%。此外，重庆、陕西的生育推迟特征也比较明显。

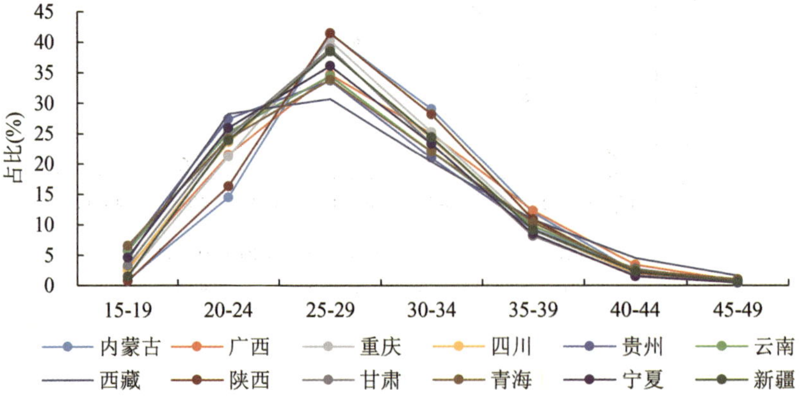

图 3-8　中国西部各省份生育模式（2020 年）

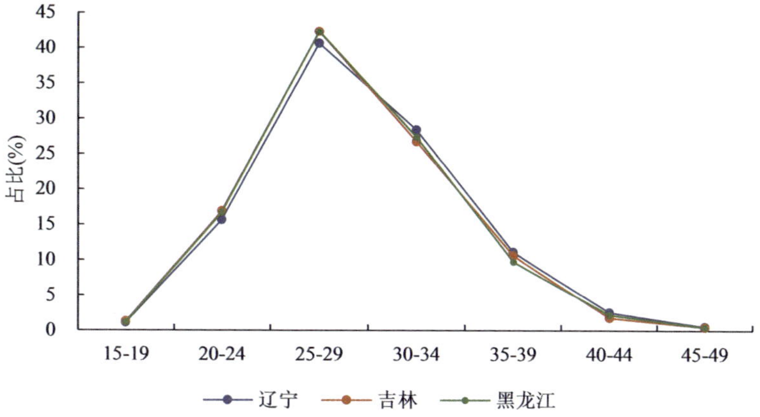

图 3-9 中国东北三省生育模式（2020 年）

东北三省生育模式十分相近，生育峰值年龄组集中在 25-29 岁，这一年龄组生育占比达 40%以上。这三省 20-24 岁年龄组生育占比相对其他省份更低，30 岁及以上年龄组生育占比更高，总体来看，东北三省生育推迟特征比较明显。

综合来看，除北京外，各省份的生育峰值年龄都在 25-29 岁，以 35 岁及以上年龄组生育占比这一指标考察各地区生育推迟现象，结果显示，东部地区生育推迟现象最为明显，该地区 35 岁及以上年龄组生育占比在 15%左右；东北地区次之，为 13. 16%；中部地区为 12. 40%；西部地区分化比较明显，其中最低为甘肃的 10. 11%，最高为西藏的 16. 77%。

（五）各地区预期寿命均持续增长，最高值与最低值相差逾 10 岁

从 1990 年到 2020 年，全国 31 个省份的人口预期寿命均呈现持续上升趋势①。30 年期间全国平均预期寿命从 68. 55 岁增至 77. 93 岁，增长了 9. 38 岁，吉林、云南、湖北、贵州、湖南、黑龙江、四川、江西、内蒙古、西藏、新疆、青海、陕西 13 个省份增幅超过了 10 岁，其中青海的增幅最大，增长了 13. 39 岁；17 个省份增幅在 10 岁以下，其中广东的增幅最小，增长了 6. 79 岁，详见表 3-3。

从性别差异看，女性平均预期寿命始终高于男性，且随着平均预期寿命的增长性别差异在不断扩大，1990 年全国女性平均预期寿命比男性高

① 重庆市 1990 年数据暂缺。

3.63岁，2020年高5.51岁。各省份性别差异特征与全国类似，大多呈现性别差异不断扩大的趋势。2020年各省份性别差异最小的为江西，女性比男性高2.44岁，性别差异最大的为广西，女性比男性高7.34岁。

表3-3　中国各地区人口平均预期寿命变动情况

单位：岁

地区	1990年			2000年			2010年			2020年		
	合计	男	女	合计	男	女	合计	男	女	合计	男	女
全国	68.55	66.84	70.47	71.40	69.63	73.33	74.83	72.38	77.37	77.93	75.37	80.88
北京	72.86	71.07	74.93	76.10	74.33	78.01	80.18	78.28	82.21	82.49	80.43	84.62
天津	72.32	71.03	73.73	74.91	73.31	76.63	78.89	77.42	80.48	81.30	79.32	83.40
河北	70.35	68.47	72.53	72.54	70.68	74.57	74.97	72.70	77.47	77.75	75.20	80.52
山西	68.97	67.33	70.93	71.65	69.96	73.57	74.92	72.87	77.28	77.91	75.64	80.47
内蒙古	65.68	64.47	67.22	69.87	68.29	71.79	74.44	72.04	77.27	77.56	74.98	80.45
辽宁	70.22	68.72	71.94	73.34	71.51	75.36	76.38	74.12	78.86	78.68	75.96	81.54
吉林	67.95	66.65	69.49	73.10	71.38	75.04	76.18	74.12	78.44	78.41	75.62	81.40
黑龙江	66.97	65.5	68.73	72.37	70.39	74.66	75.98	73.52	78.81	78.25	75.33	81.42
上海	74.90	72.77	77.02	78.14	76.22	80.04	80.26	78.20	82.44	82.55	80.39	84.87
江苏	71.37	69.26	73.57	73.91	71.69	76.23	76.63	74.60	78.81	79.32	77.02	81.83
浙江	71.78	69.66	74.24	74.70	72.50	77.21	77.73	75.58	80.21	80.19	78.09	82.58
安徽	69.48	67.75	71.36	71.85	70.18	73.59	75.08	72.65	77.84	77.96	75.52	80.72
福建	68.57	66.49	70.93	72.55	70.30	75.07	75.76	73.27	78.64	78.49	75.81	81.55
江西	66.11	64.87	67.49	68.95	68.37	69.32	74.33	71.94	77.06	77.64	78.08	80.52
山东	70.57	68.64	72.67	73.92	71.70	76.26	76.46	74.05	79.06	79.18	76.46	82.11
河南	70.15	67.96	72.55	71.54	69.67	73.41	74.57	71.84	77.59	77.60	74.59	80.84
湖北	67.25	65.51	69.23	71.08	69.31	73.02	74.87	72.68	77.35	78.00	75.73	80.53
湖南	66.93	65.41	68.70	70.66	69.05	72.47	74.70	72.28	77.48	77.88	75.36	80.75
广东	72.52	69.71	75.43	73.27	70.79	75.93	76.49	74.00	79.37	79.31	76.75	82.22
广西	68.72	67.17	70.34	71.29	69.07	73.75	75.11	71.77	79.05	78.06	74.64	81.98
海南	70.01	66.93	73.28	72.92	70.66	75.26	76.30	73.20	80.01	79.05	75.83	82.84
重庆	—	—	—	71.73	69.84	73.89	75.70	73.16	78.60	78.56	75.86	81.64

续表

地区	1990年			2000年			2010年			2020年		
	合计	男	女	合计	男	女	合计	男	女	合计	男	女
四川	66.33	65.06	67.70	71.20	69.25	73.39	74.75	72.25	77.59	77.79	75.01	80.93
贵州	64.29	63.04	65.63	65.96	64.54	67.57	71.10	68.43	74.11	75.20	72.09	78.71
云南	63.49	62.08	64.98	65.49	64.24	66.89	69.54	67.06	72.43	74.02	70.98	77.55
西藏	59.64	57.64	61.57	64.37	62.52	66.15	68.17	66.33	70.07	72.19	70.27	74.75
陕西	67.40	66.23	68.79	70.07	68.92	71.30	74.68	72.84	76.74	77.80	75.59	80.24
甘肃	67.24	66.35	68.25	67.47	66.77	68.26	72.23	70.6	74.06	75.64	73.64	77.85
青海	60.57	59.29	61.96	66.03	64.55	67.7	69.96	68.11	72.07	73.96	71.72	76.43
宁夏	66.94	65.95	68.05	70.17	68.71	71.84	73.38	71.31	75.71	76.58	74.89	78.40
新疆	62.59	61.95	63.26	67.41	65.98	69.14	72.35	70.30	74.86	75.65	73.66	77.89

2020 年各地区平均预期寿命存在显著差异，2020 年平均预期寿命最长的上海已经超过 80 岁，达到了 82.55 岁，最低的西藏为 72.19 岁，二者相差 10.36 岁，详见图 3-10。其中，上海、北京、天津、浙江 4 省份平均预期寿命超过了 80 岁；江苏、广东、山东、海南、辽宁、重庆、福建、吉林、黑龙江、广西、湖北 11 个省份平均预期寿命在 78 岁至 80 岁；安徽、山西、湖南、陕西、四川、河北、江西、河南、内蒙古、宁夏、新疆、甘肃、贵州等 13 个省份平均预期寿命在 75 岁至 78 岁；云南、青海、西藏 3 个省份平均预期寿命低于 75 岁。

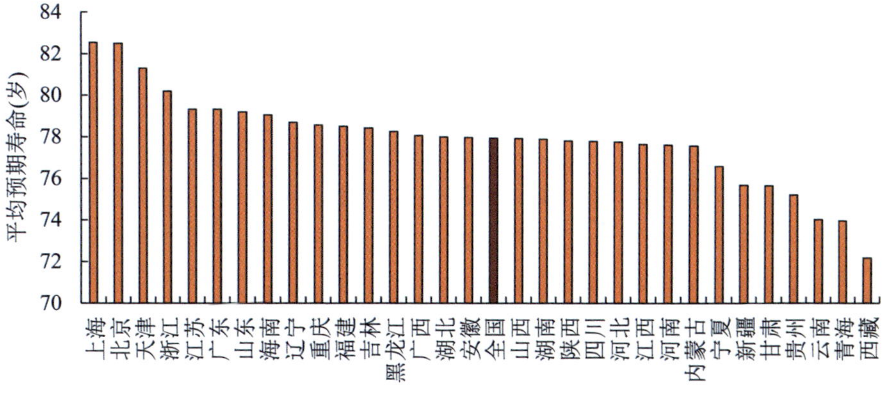

图 3-10 中国各地区平均预期寿命（2020 年）

二、分地区人口预测参数设置

基于第七次人口普查提供的各地区人口数据，得到预测基年分性别、分 5 岁组的人口数据，设置生育、死亡、迁移等预测参数，采用 R 语言软件，基于队列要素预测方法原理，对我国 31 个省份人口变动趋势进行预测。非普查和小普查年份为 1‰人口变动抽样调查，样本量远小于普查年份，数据代表性会显著下降，对 31 个省份年龄别人口数据的代表性不足，此外，非普查年份提供的分地区总和生育率和平均预期寿命数据也比较缺乏。基于这一考虑，本章选取分地区人口预测的起始年份为 2020 年。

（一）预测基年人口数据

预测基年人口数据来自国家统计局提供的第七次人口普查各地区分性别、分 5 岁组的人口数据。这一数据的时点为第七次人口普查时点即 2020 年 11 月 1 日，根据惯例，一般需要将基年年龄别人口数据时点推算至年底，但由于数据推算所需的各地区出生、死亡、迁移数据相对缺乏，本章将各省份普查时点数据视同为 2020 年年底数据。

此外，人口预测需采用单岁组人口数，而第七次人口普查提供的是 5 岁组的人口数据，课题组利用 PADIS-INT 软件提供的插分算法，将 5 岁组人口数据插分为单岁组。

（二）生育参数设置

1. 总和生育率

由于各地区总和生育率历史数据难以获得，因此缺乏采用总和生育率概率预测方法的数据基础。根据笔者以往相关研究显示，大多数地区生育水平的历史变动呈现与全国相似的趋势，预计未来各地区总和生育率的变动趋势仍与全国类似。全国尺度下的总和生育率概率预测结果显示，2035 年之前我国生育水平可能继续保持在低位且有小幅回升。综合以上考虑，设置预测期内各地区总和生育率继续保持 2020 年的水平不变。

2. 生育模式

第七次人口普查提供的数据显示，各地区生育模式特征趋同但存在一定差异。生育模式是一个地区生育水平的年龄别分布，一般来说，短期内生育模式比较稳定，其生育模式规律不会发生大的变动，故设置预测期内，各地区生育模式保持 2020 年的规律不变。

（三）死亡参数设置

1. 预期寿命

采用联合国人口司开发的双重逻辑斯蒂函数模型预测各省份平均预期寿命。联合国人口司基于 1950—2000 年全球各个国家每五年出生预期寿命增加的实际数据，将预期寿命增加的步伐生成了五大类别：极慢、慢、中等、快、极快。假设各地区未来预期寿命增长步伐均为中等，预测得到 2021—2035 年期间各地区预期寿命值。

2. 死亡模式

在开展我国人口预测时，大多学者选用寇尔—德曼模型生命表的西区模式，故也将预测期内各地区死亡模式设置为该模式。

（四）流动参数设置

基于第七次人口普查微观个体数据，汇总得到各地区常住人口的流动规模和模式，为开展我国分地区人口预测提供了重要数据基础。

在第七次人口普查调查表中询问了每个调查对象普查时点的居住地，同时，对于接受长表调查的 5 周岁及以上的对象还询问了五年前常住地，根据这两个题目的信息对每个个体“七普”时点的常住地与其五年前常住地进行比对，即可得到其五年间常住地的变动情况。对于“七普”时点居住在某省份的对象，若其五年前常住地在其他省份，则认为该对象为自其他省份流入该省份；若调查对象五年前常住地在某省份，而“七普”时未居住在该省份，则认为该调查对象为流出该省份。据此汇总得到各地区在五年内常住人口的流入率和流出率（图 3-11），以及流入和流出的年龄别模式。

需要指出的是，近年来我国人口流动频繁，仅比较调查对象五年前常住地与普查时点常住地，但未考虑五年期间内调查对象的流动情况，是对人口流动过程的一种简化处理。由于难以获得各地区常住人口的年度流动数据，本书假设各省份常住人口年度流动率与五年期内流动率的年度均值相同，常住人口年度流动模式与五年期的流动模式相同。

1. 流动规模。全国31个省份中，12个省份流入率大于流出率，即为净流入，分别为北京、天津、上海、江苏、浙江、福建、广东、海南、重庆、西藏、宁夏和新疆，其中北京、上海、浙江的净流入率在10‰以上，是吸引全国跨省流入的主要省份，天津、江苏、福建、广东、西藏和新疆的净流入率在5‰至10‰之间，山东、海南、重庆和宁夏的净流入率在0.1‰至4‰之间。总的来看，人口净流入的省份主要集中在东部发达地区。

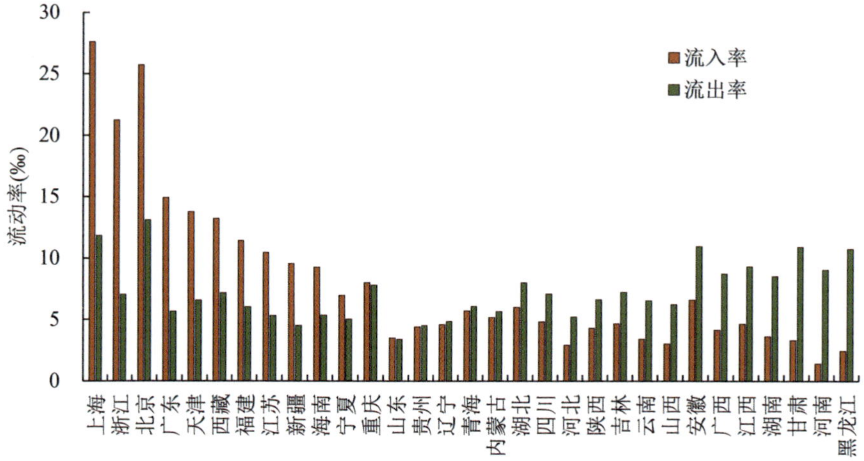

图3-11　中国各地区常住人口流动率（2020年）

数据来源：本章第二部分图均根据2020年第七次全国人口普查微观抽样数据计算得到。

其余19个省份流入率小于流出率，即人口呈现净流出态势。其中，净流出率最高的省份为黑龙江，达到8.28‰；此外，甘肃和河南的净流出率也超过了7‰；湖南、江西、广西、安徽、山西、云南6省份的净流出率在3‰至5‰之间；湖北、四川、河北、陕西、吉林5省份的净流出率在2‰至3‰之间；内蒙古、青海、辽宁和贵州4省份的净流出率在1‰以内。总的来看，中西部地区大多省份和东北地区呈现人口净流出态势，西部欠发达地区的人口净流出现象更为严重。

2. 流动模式。流动模式是指流动人口的年龄别分布，根据年龄别流入率和流出率经过标准化计算即可得到流动模式。一般来说，一个地区的流动模式在短期内不会发生重大变化，设置预测期内各省份流动模式保持2020年的年龄别变化规律不变。对于一个地区来说，往往人口流入和流出同时存在，且各个年龄也可能同时存在流入和流出的现象，因此需要分别把握流入人口和流出人口的年龄别模式。本章分别以净流入的上海（图 3-12）、江苏（图 3-13）和净流出的广西（图 3-14）、湖南（图 3-15）为例，分析其年龄别流动模式。

上海和江苏在各年龄上均存在流动现象，但各年龄的流入率均高于流出率。尤其是在 18-30 岁年龄段上的年轻人口流入率显著高于流出率，上海还在 45-55 岁年龄段出现另一个流入小高峰，这可能是父母投靠子女而致，江苏的流入率则随着年龄增长逐步下降。从性别差异看，男性流入率高于女性流入率，男性的流出率也高于女性，表明男性相比女性流动更加频繁。

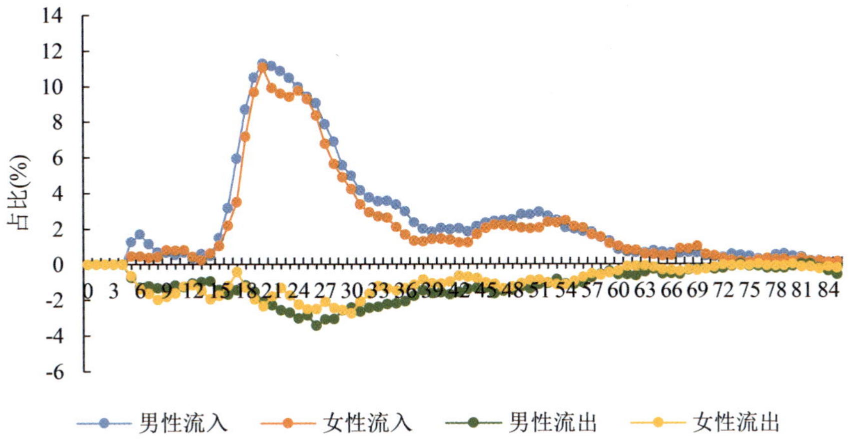

图 3-12　上海分性别年龄别流动模式（2020 年）

注：图中每个点由流入或流出人口除以该地区对应年龄别人口规模得到，下同。

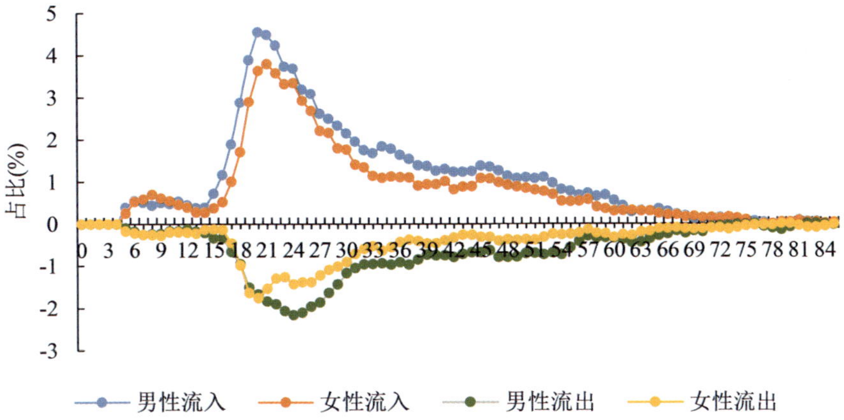

图 3-13　江苏分性别年龄别人口流动模式（2020 年）

广西和湖南在各年龄段流动上也同时存在流入和流出现象，但在20-30岁年龄段上的年轻人口流出率显著高于流入率，随着年龄增长，流入率和流出率都在逐步下降。从性别差异看，男性无论是流出率还是流入率都高于女性。

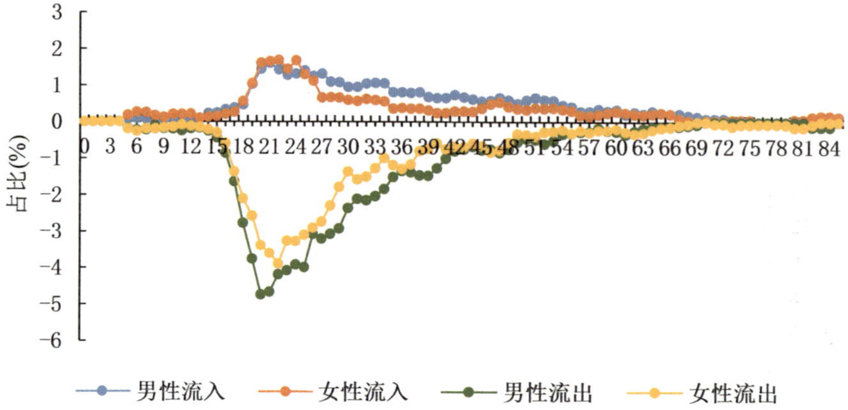

图3-14　广西分性别年龄别人口流动模式（2020年）

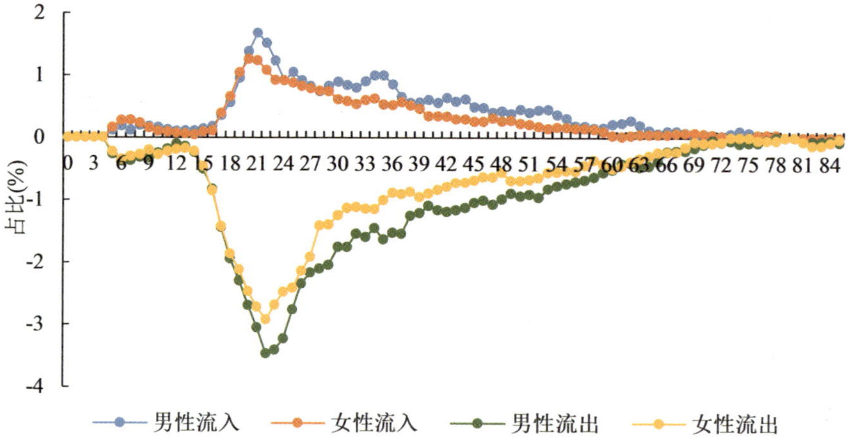

图3-15　湖南分性别年龄别人口流动模式（2020年）

三、分地区人口预测结果分析

以下将对全国31个省份人口预测结果与全国作为整体进行预测得到的结果进行比对分析，并对各地区人口规模、出生人口规模、少儿人口规模和占比、劳动年龄人口规模和占比、老年人口规模和占比的变动趋势进行预测分析。

（一）人口分省预测汇总结果与全国预测结果比对分析

将预测得到的全国 31 个省份总人口规模汇总得到全国总人口，并将该结果与以全国为整体预测得到的人口总规模结果①进行比对，以对两种预测方法得到的结果进行校验。如图 3-16 所示，两种方法得到的全国人口总规模接近，全国预测的人口总规模略高于分省预测的汇总结果，2027 年之前二者差异在 200 万人以内，这一差异占总人口的比重为 0.10%~0.13%②，2028—2035 年期间，二者差异有所扩大，差值从 2028 年的 221 万人逐步增至 2035 年的 666 万人，差异占总人口比重从 0.13%逐步增至 2035 年的 0.48%。总体来看，预测期间内，两种口径预测得到的全国人口总规模差异始终在 0.5%以下，差异很小，这从侧面验证了分省人口预测结果的可靠性。

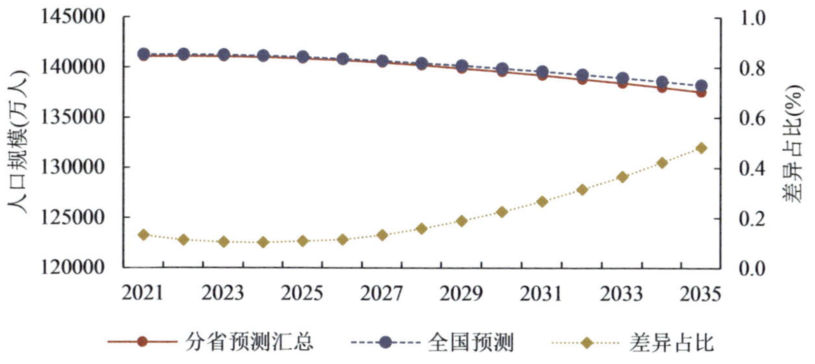

图 3-16　分省预测汇总与全国预测的总人口规模比对

将两种口径得到的历年各年龄段人口规模进行比较，如表 3-4 所示。根据比对结果，全国人口预测得到的历年 0-14 岁人口规模均低于分省预测汇总结果，这主要是因为全国人口预测设置的生育水平相对低于分省预测，因此预测得到的出生人口规模更低，二者差值在 230 万人至 1300 万人之间，0-14 岁人口差值占比从 2021 年的 0.94%逐步增加，2033 年达到最高，为 8.06%，此后小幅下降。

---

① 全国人口预测的具体方法详见本书第一章。

② 差异占比 =（全国预测−分省预测汇总）/全国预测 * 100%。

两种口径预测得到的15-59岁劳动年龄人口规模差异占比较小，全国预测结果始终略高于分省预测汇总结果，二者差值随着时间累积不断缩小，从2021年的941万人波动降低至2035年的129万人，差值占15-59岁人口的比重从2021年的1.05%降至2035年最低的0.16%。

全国预测得到的60岁及以上老年人口规模仅在2021年和2022年低于分省预测汇总结果，此后都将高于分省预测汇总得到的结果。两种口径预测结果的差异随着时间累积不断扩大，差值在200万人至1400万人之间，差值占60岁及以上人口规模的比重逐步增至3.2%左右。

表3-4　分省预测汇总与全国预测的不同年龄段人口比对

单位：万人，%

年份	0-14岁人口			15-59岁人口			60岁及以上人口		
	分省预测汇总	全国预测	差异占比	分省预测汇总	全国预测	差异占比	分省预测汇总	全国预测	差异占比
2021	24910	24678	-0.94	88905	89846	1.05	27258	26736	-1.95
2022	24390	24029	-1.50	88511	89391	0.98	28205	27837	-1.32
2023	23779	23297	-2.07	88043	88462	0.47	29262	29464	0.69
2024	23116	22521	-2.64	87542	87849	0.35	30350	30773	1.37
2025	22405	21752	-3.00	86999	87176	0.20	31476	32096	1.93
2026	21625	20906	-3.44	86404	86581	0.20	32674	33377	2.11
2027	20801	19944	-4.30	85766	86234	0.54	33916	34491	1.67
2028	19941	19083	-4.50	85065	85405	0.40	35216	35955	2.06
2029	19125	18202	-5.07	84353	84712	0.42	36447	37274	2.22
2030	18364	17475	-5.09	83619	83774	0.18	37613	38663	2.72
2031	17693	16638	-6.34	82858	83086	0.27	38689	39890	3.01
2032	17073	15814	-7.96	82084	82476	0.47	39702	41007	3.18
2033	16511	15280	-8.06	81293	81662	0.45	40652	42023	3.26
2034	16004	14874	-7.60	80562	80851	0.36	41468	42892	3.32
2035	15555	14683	-5.94	79879	80008	0.16	42156	43566	3.24

注：差异占比=（全国预测-分省预测汇总）/全国预测＊100%。

结合人口预测原理分析，导致两种口径预测结果存在差异的原因可能包括以下几个方面。

首先，二者在生育水平参数设置上存在差异。全国预测采用概率预测方法得到总和生育率的未来变动趋势，但由于采用概率预测方法需要较长时期的总和生育率历史数据，而各省份缺乏丰富的数据基础，因此采用了确定性生育参数设置的方法，导致各省份设置的生育水平在汇总后相对高于全国水平，得到的出生人口规模更高，由此导致0-14岁人口规模相对更高。

其次，分省预测充分考虑了省际人口流动，进而影响各省份的人口自然变动。根据人口预测原理，流入人口会在下一年开始参与流入地的生育和死亡，不同省份之间的生育和死亡水平都有一定差异，因此考虑省际流动能够更精确地预测各省份人口变动情况，从而形成与全国预测的差异。

最后，两种口径对死亡参数的设置存在差异。预测结果显示，两种口径得到的60岁及以上老年人口规模有一定差异，且随着时间推移二者差值不断扩大，分析其原因，这主要是由于预期寿命设置的不同。全国预测假设各地预期寿命保持相同的水平及变动趋势，而分省预测则分别设置各省份的参数，这有助于更好地把握不同地区的人口死亡变动情况。死亡事件主要发生在老年阶段，因此老年人口的预测结果差异更加明显。

（二）人口规模扩大与缩小的地区并存

根据预测结果，2021—2035年期间，全国31个省份中将有11个省份总人口呈增长态势，其余20个省份总人口规模将持续走低。其中，东部省份人口增长的动力主要来自人口流入，西部省份人口增长的动力则主要来自较高的出生率。人口下降幅度最高的省份为东北三省，即吉林、辽宁、黑龙江。以下将分四个地区对各省份人口规模变动情况进行分析。

（1）东部地区。东部的10个省份中，既有人口规模增长的省份，也有人口规模缩减的省份（图3-17），其中，广东人口规模变动幅度最大，2035年总人口相比2021年增加了逾9%，其他各省份2035年人口规模总量相对2021年变动幅度的绝对值在1%至5%之间，增加的省份主要有广东、浙江、海南、福建、天津，减少的省份主要有河北、江苏、山东、北京、上海。

（2）中部地区。中部6个省份的总人口规模都呈现持续走低的态势（图3-18），其中，湖南降幅最高、江西降幅最低，预计2035年前者总人

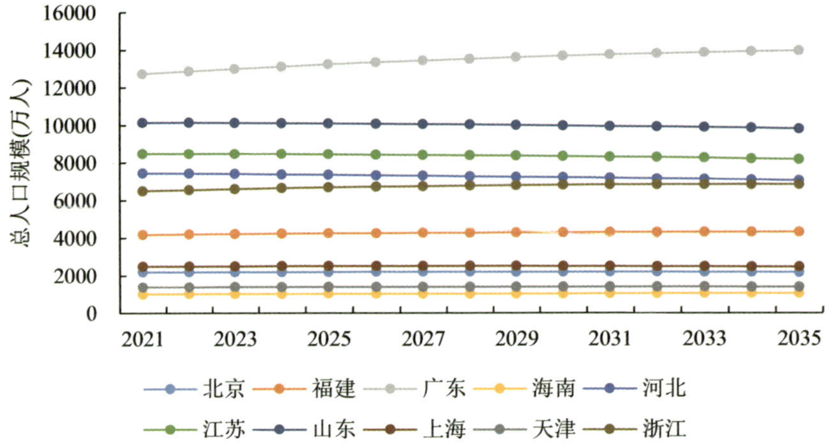

图 3-17　中国东部各省份总人口规模变动趋势

口相比 2021 年将减少 7%左右，后者将减少 2%左右。预计山西、河南、安徽、湖北四省人口规模在 2021 年至 2035 年期间将缩减 5%~7%左右。

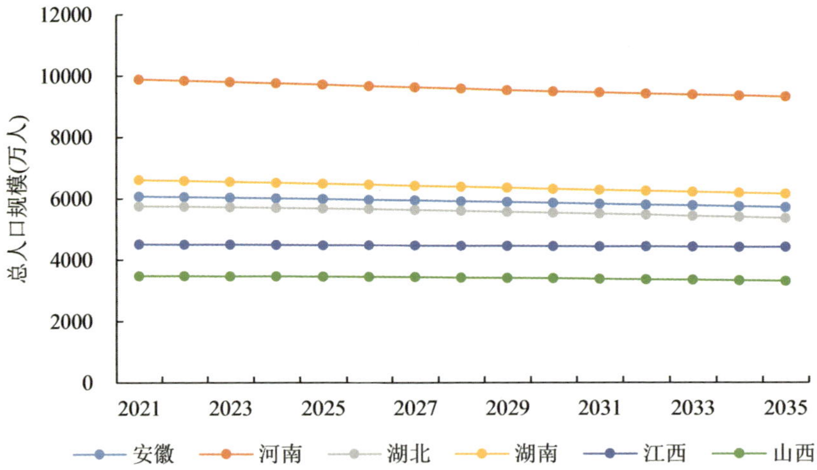

图 3-18　中国中部各省份总人口规模变动趋势

（3）西部地区。西部各省份总人口规模变化存在较大分化，人口规模快速增长与人口规模显著缩减的省份并存（图 3-19）。其中，西藏总人口规模呈现持续快速增长态势，2021 年至 2035 年期间总人口规模预计将增加 55 万人，增幅达到 15%。宁夏和贵州总人口也呈现显著增长的态势，预计到 2035 年，两省份人口规模相比 2021 年将增加 5%~7%左右。广西、新疆、青海等省份有小幅增长，预计增幅区间将在 0. 5%~2. 5%左右。

四川的人口规模呈现显著下降趋势，2021 年至 2035 年期间，该省人口规模预计将减少近 600 万人，降幅达到 7%左右。重庆、陕西、甘肃等省份人口规模也降幅明显，预计将下降 5%～6%左右。预计云南人口规模将出现小幅下降，降幅在 1.5%左右。

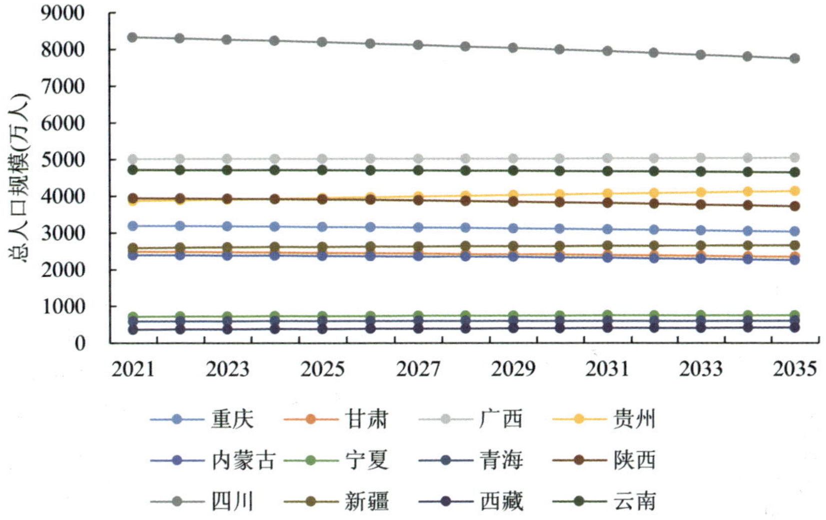

图 3-19 中国西部各省份总人口规模变动趋势

（4）东北地区。东北三省总人口规模都呈现快速下降态势（图 3-20）。2021 年至 2035 年期间，预计黑龙江人口规模将减少近 500 万人，在现有规模上缩减 15%左右。这一时期，吉林和辽宁总人口规模也将分别下降 10%左右。

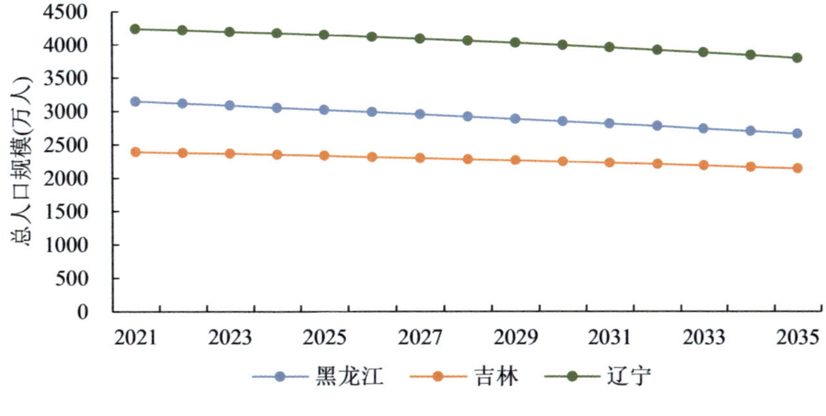

图 3-20 中国东北三省总人口规模变动趋势

（三）27个省份出生人口规模出现下降

根据预测结果，2021—2035年期间，全国31个省份中仅广西、贵州、江西及河南4个省份出生人口规模有所增加，其他27个省份出生人口规模均出现下降，其中东北地区出生人口降幅最高。各地区情况如下：

（1）东部地区。东部的10个省份中，山东、广东、河北、江苏、福建、海南的出生人口规模呈现先下降后小幅回升的态势，各省份2035年出生人口规模相比2021年将下降1万人至36万人不等；其余4个省份出生人口规模呈现持续走低的趋势，相比于2021年，2035年将分别下降2万人至8万人不等（见图3-21）。

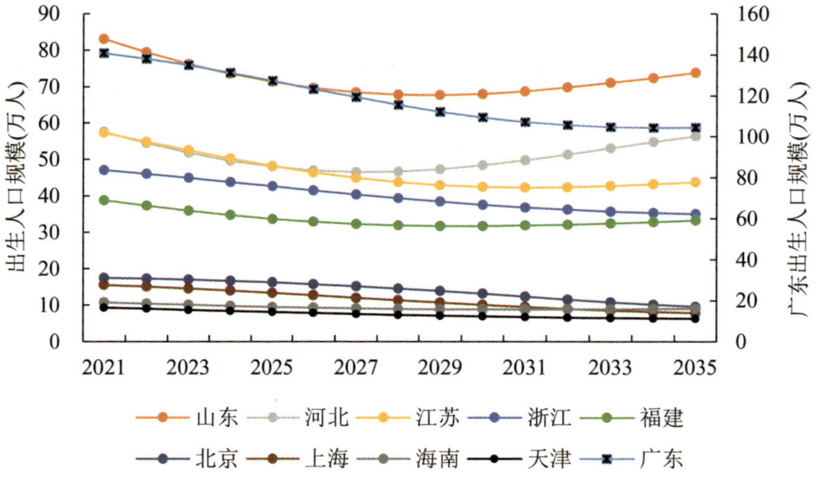

图3-21　中国东部各省份出生人口规模变动趋势

（2）中部地区。中部的6个省份中，安徽、河南、湖北、湖南、江西等5个省份出生人口规模都呈现先降后升的变动趋势（见图3-22），主要原因是这些省份生育旺盛期女性规模先降后升；其中，河南和江西2035年出生人口规模相比2021年有所增加，增幅在3万人到4万人之间，安徽、湖北、湖南的出生人口规模有所减少，降幅在1万人到12万人之间。此外，山西出生人口规模呈现持续下降态势，预计2035年相比2021年将减少10万人左右。

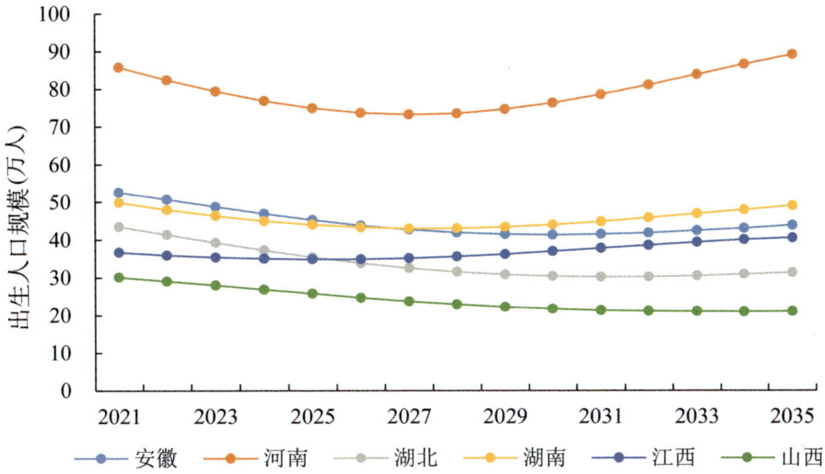

图 3-22　中国中部各省份出生人口规模变动趋势

（3）西部地区。除广西和贵州外，西部的其他 10 个省份 2035 年出生人口规模相比 2021 年均呈现下降趋势（见图 3-23）。其中，山西和四川出生人口的降幅较大，达 10 万人左右，另外 8 个省份出生人口降幅都在 7 万人以内。广西和贵州出生人口呈先下降后回升的态势，预计 2035 年将比 2021 年增加 3 万人至 4 万人。

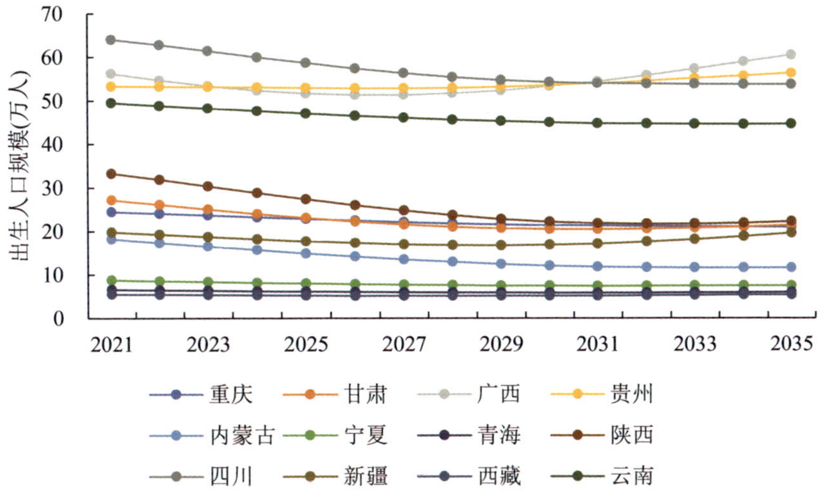

图 3-23　中国西部各省份出生人口规模变动趋势

（4）东北地区。东北三省出生人口规模均呈现持续下降态势（见图 3-24）。其中，黑龙江和辽宁下降幅度达到 35%以上，预计到 2035 年，两省的出生人口将比 2021 年减少 5 万人至 10 万人；同期吉林出生人口规模将下降 30%，出生人口将比 2021 年减少 3 万人。

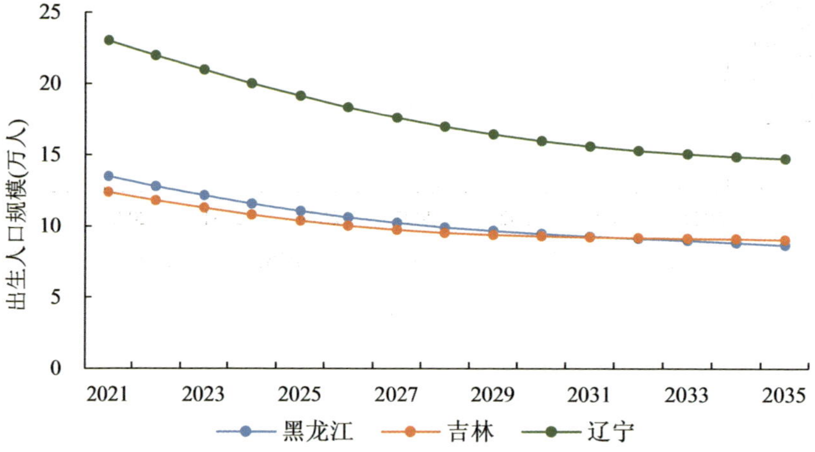

图 3-24　中国东北三省出生人口规模变动趋势

（四）各省份少儿人口规模缩小，占比下降

预测结果显示，2021—2035 年期间，全国 31 个省份 0-14 岁少儿人口规模都将呈现显著下降趋势，预计各省份下降幅度将在 3%至 12%之间。到 2035 年，各省份少儿人口占比区间将维持在 6%到 20%之间。各地情况如下：

（1）东部地区。东部各省份中仅北京 0-14 岁人口占总人口比重呈现先小幅上升后下降的趋势，其他各省份均呈持续下降趋势，降幅区间在 2%到 9%之间（见图 3-25）。2035 年各省份占比均将降至 15%以下，最低的上海降至 7%，最高的海南也仅有 13%。

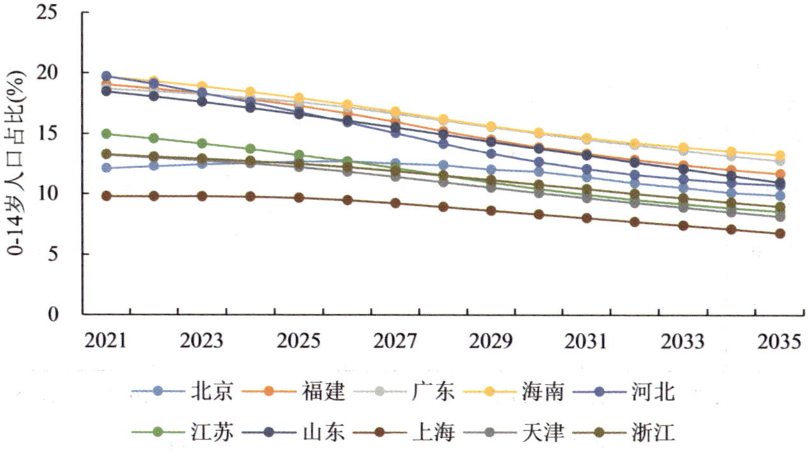

图 3-25　中国东部各省份少儿人口占总人口比重变动趋势

（2）中部地区。中部 6 个省份 0-14 岁少儿人口占总人口比重呈持续走低态势，各个省份下降幅度在 5%到 10%之间（见图 3-26）。2035 年少儿人口占比最低的省份为湖北，占比 9%；最高的省份为河南，占比 13%。

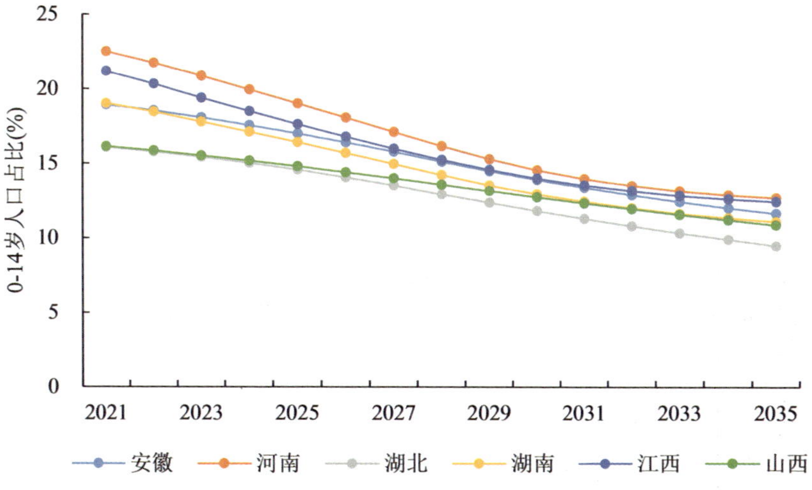

图 3-26　中国中部各省份少儿人口占总人口比重变动趋势

（3）西部地区。西部 12 个省份 0-14 岁少儿人口占总人口比重呈现持续走低的态势，各个省份的降幅区间在 4%到 12%之间，其中贵州下降幅度最小，新疆下降幅度最大（见图 3-27）。2035 年少儿人口占比最低的省份为内蒙古，最高的为贵州，二者少儿人口占比分别为 9%和 19%。

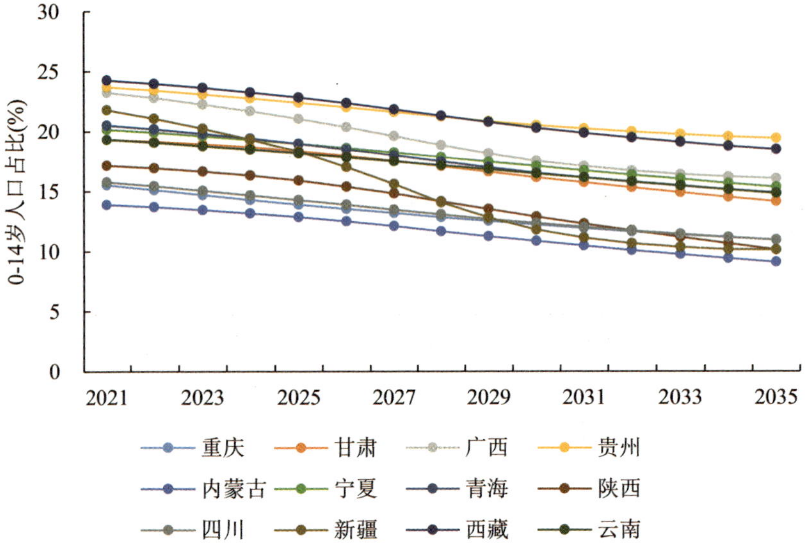

图 3-27　中国西部各省份少儿人口占总人口比重变动趋势

（4）东北地区。东北各省份的0-14岁少儿人口占总人口比重呈现持续走低的态势，各省份的下降幅度在4%到4.5%之间（见图3-28）。至2035年，东北三省少儿人口占比在5%到7%之间，其中黑龙江的少儿人口占比全国最低，吉林和辽宁的少儿人口占比仅略高于上海市，低于其他所有省份，东北地区将整体上面临着严峻的少子化问题。

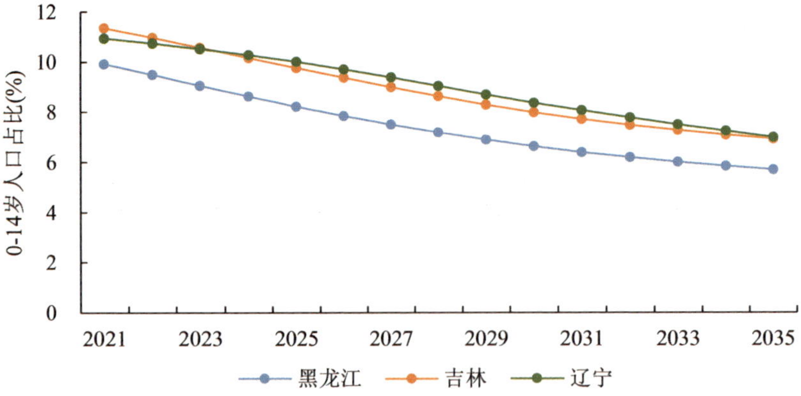

图 3-28　中国东北三省少儿人口占总人口比重变动趋势

（五）所有省份劳动年龄人口占比均有所降低

预测结果显示，2021—2035 年期间，全国 31 省份中，广东、贵州、新疆、西藏 4 个省份 15-59 岁劳动年龄人口规模有小幅增加，增量在 13 万人到 251 万人之间，增幅区间在 0.7%到 12.5%之间。其他 27 个省份劳动年龄人口规模均出现下降，减少规模在 17 万人至 730 万人之间。各省份 15-59 岁人口占总人口比重均出现下降，降幅区间在 1%至 12%之间。各地区情况如下：

（1）东部地区。东部绝大多数省份 15-59 岁人口占总人口比重呈下降态势，仅河北这一比重保持稳定（见图 3-29）。北京、上海、浙江的劳动年龄人口占比下降幅度较大，约下降 7%到 10%，其他各省份的下降幅度在 1%到 5%。2021—2035 年期间，广东始终是东部劳动年龄人口占比最高的省，这主要源于该省大量的劳动力流入及较高的生育水平。

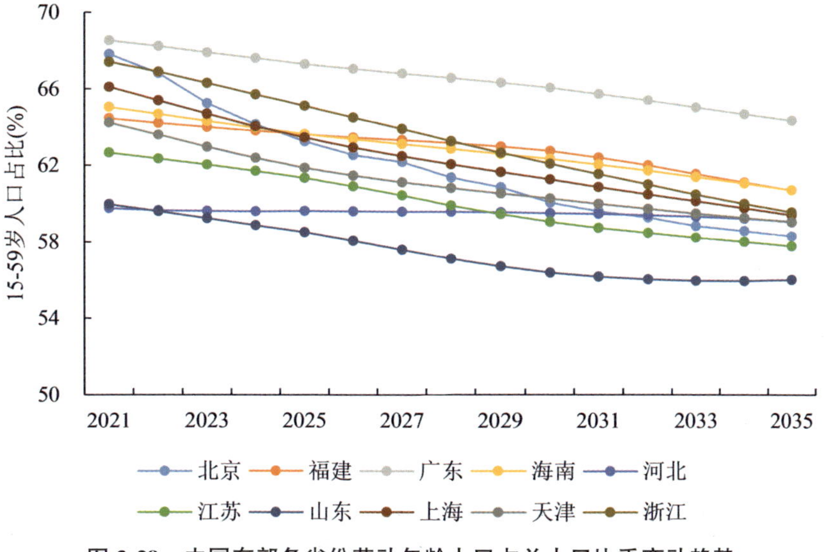

图 3-29　中国东部各省份劳动年龄人口占总人口比重变动趋势

（2）中部地区。中部的 6 个省份中，河南和江西 15-59 岁人口占总人口比重呈现先上升后下降趋势，2021 年江西比河南高 2%，但由于前者增幅小而降幅大，二者将于 2035 年持平（59%）；其他 4 个省份劳动年龄人口占比均呈持续下降态势，降幅区间在 3%到 7%之间，到 2035 年 4 个省份劳动年龄人口占比趋于接近，在 56%至 57%之间（见图 3-30）。

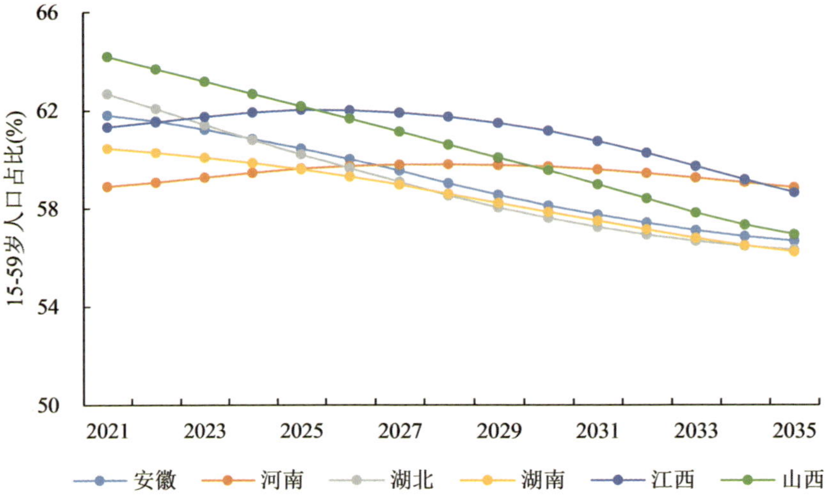

图 3-30　中国中部各省份劳动年龄人口占总人口比重变动趋势

（3）西部地区。西部各省份 15-59 岁劳动年龄人口占比变动呈现明显的分化趋势，其中广西、新疆、西藏的劳动年龄人口占比变动比较平稳；贵州和陕西的劳动年龄人口占比下降了 2% 至 3%；重庆、甘肃、宁夏、青海、四川、云南的劳动年龄人口占比下降了 6% 至 8%；内蒙古降幅最大，劳动年龄人口占比下降了 11%（见图 3-31）。

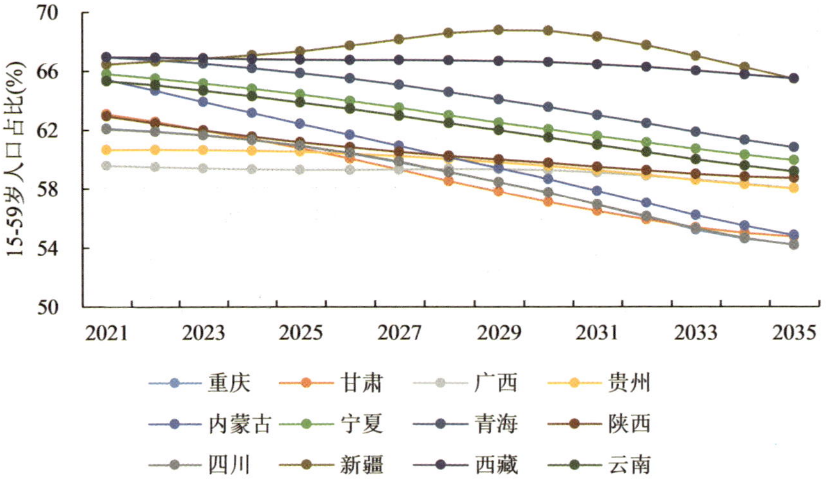

图 3-31　中国西部各省份劳动年龄人口占总人口比重变动趋势

（4）东北地区。东北三省15-59岁劳动年龄人口占比均呈现持续快速下降态势（见图3-32）。其中，黑龙江的下降幅度最大，降低了15%，吉林和辽宁分别下降了12%和10%。至2035年，东北三省劳动年龄人口占比在50%至52%之间，在全国各省份中处于最低水平。

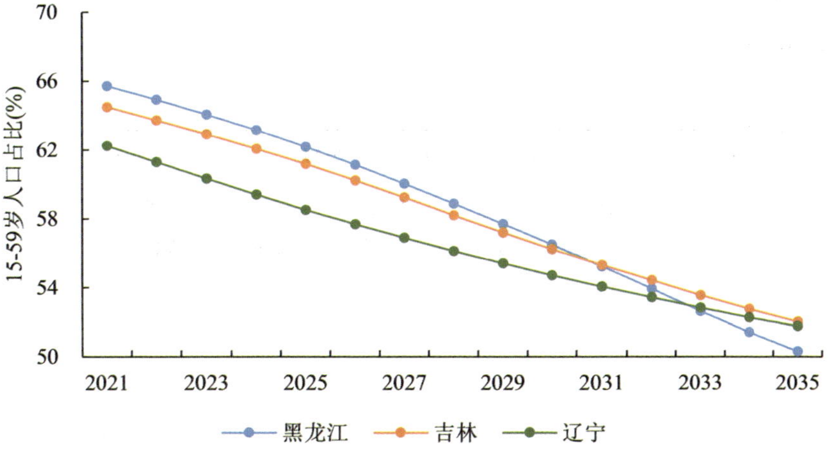

图3-32　中国东北三省劳动年龄人口占总人口比重变动趋势

（六）各省份老年人口规模持续扩大，占比持续提高，人口老龄化趋势不断发展

预测结果显示，全国31个省份60岁及以上老年人口规模均呈现显著增加态势，2021—2035年增加规模将在36万人至1566万人之间。老年人口占总人口比重均呈现持续提高的趋势，老年人口占比增幅在7%至20%之间。各地区情况如下：

（1）东部地区。东部各省份60岁及以上老年人口占比均呈现持续提高的态势，各省份上升幅度在10%至12%之间（见图3-33）。广东始终是老年人口占比最低的省份，上海老年人口占比在大部分时间内位居最高水平，2028年之后江苏老年人口占比上升并趋近于上海的水平。2035年，东部各省份老龄化程度属上海最高、广东最低，前者60岁及以上人口占比为34%，后者为23%。

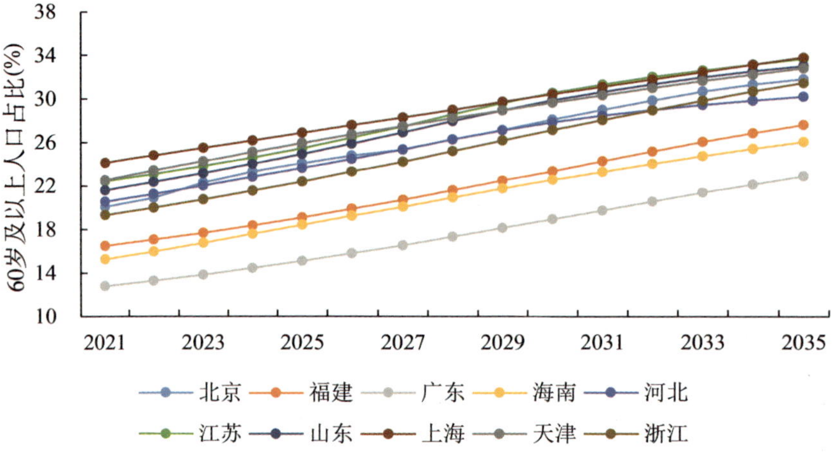

图 3-33　中国东部各省份老年人口占总人口比重变动趋势

（2）中部地区。中部六省 60 岁及以上人口占比均呈现持续快速提高的态势，其中河南增幅最低，2021—2035 年期间提高了 10%，其余五省分别提高了 12%至 13%（见图 3-34）。湖北老龄化程度始终处于最高水平，2035 年 60 岁及以上人口占比约为 35%，江西和河南老龄化程度较低，2035 年二省 60 岁及以上人口占比均在 28%左右。

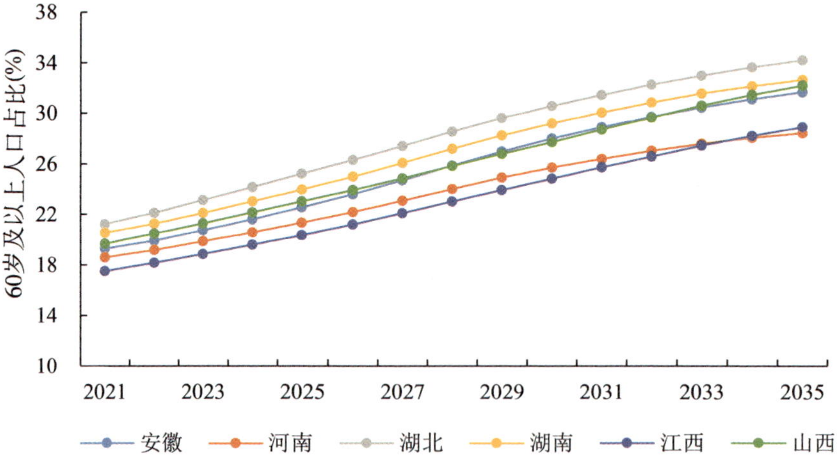

图 3-34　中国中部各省份老年人口占总人口比重变动趋势

（3）西部地区。西部各省份 60 岁及以上老年人口占比均呈快速提高的态势（见图 3-35）。其中，贵州增幅最小，2021—2035 年提高了 7%，内蒙古增幅最大，2021—2035 年提高了 15%；广西和西藏老年人口占比增幅在 7%到 8%，其他各省份增幅在 10%至 14%。预计到 2035 年，西部地区中，老龄化程度最高的为内蒙古，其 60 岁及以上人口占比将达到 36%左右；西藏最低，60 岁及以上人口占比约为 16%。

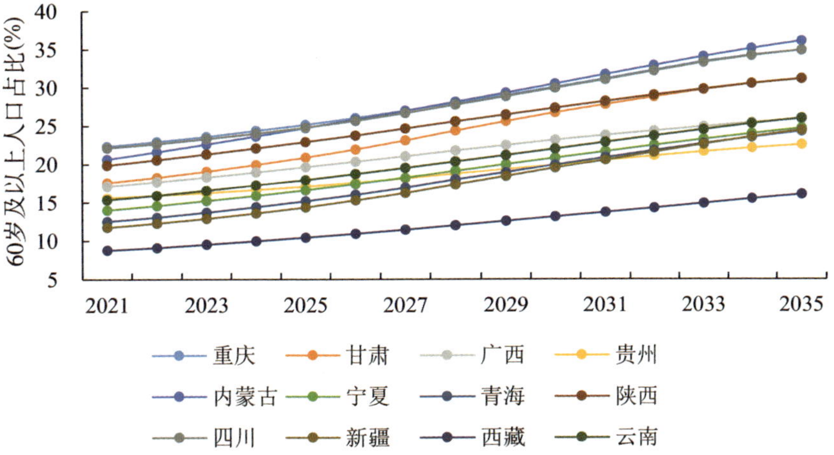

图 3-35　中国西部各省份老年人口占总人口比重变动趋势

（4）东北地区。东北三省 60 岁及以上人口占比均呈现快速提高的态势（见图 3-36）。其中，黑龙江增幅最大，2021—2035 年将提高 20%；吉林次之，2021—2035 年将提高 17%，辽宁将提高 14%。预计到 2035 年，黑龙江、吉林、辽宁的 60 岁及以上人口占比将在 41%到 44%左右。

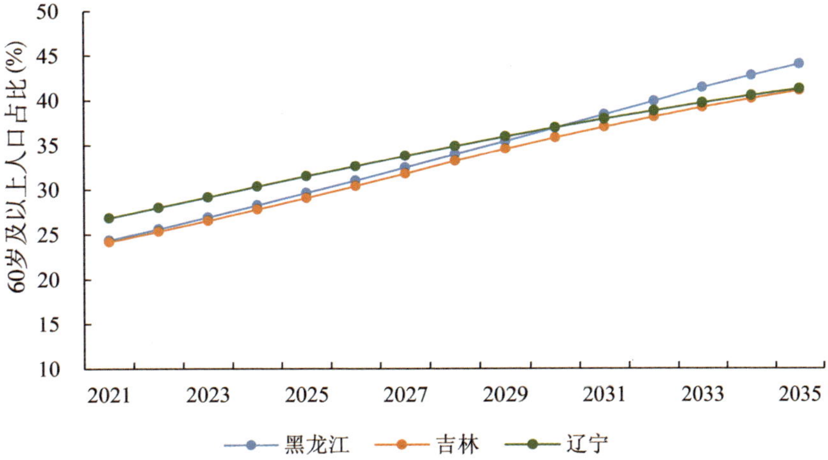

图 3-36　中国东北三省老年人口占总人口比重变动趋势

四、小结

本章基于第七次人口普查数据，对我国31个省、自治区、直辖市人口发展趋势进行了预测分析，结果显示2021—2035年期间我国各省份人口发展趋势呈现如下特征。

各地区总人口规模扩大与缩小并存，东北地区人口缩减显著。2021—2035年期间，全国31个省份中将有11个省份总人口呈增长态势，其余20个省份总人口规模将持续缩小，其中下降幅度最高的为东北三省。

27个省份出生人口规模出现缩小，东北地区出生人口降幅最高。2021—2035年期间，全国31个省份中仅广西、贵州、江西及河南4个省份的出生人口规模有所扩大，其他27个省份的出生人口规模均出现缩小。

各省份的少儿人口规模持续缩小，占比持续下降。2021—2035年期间，全国31个省份的0-14岁少儿人口规模都将呈现显著缩小的趋势，预计到2035年时，各省份的少儿人口占比将在6%到20%之间。

27个省份劳动年龄人口规模出现缩小，所有省份劳动年龄人口占总人口比重均有所降低。全国31个省份中，仅广东、贵州、新疆、西藏4个省份15-59岁劳动年龄人口规模有小幅扩大，其他27个省份劳动年龄人口规模均出现缩小。2035年各个省份15-59岁劳动年龄人口占总人口比重将在50%至65%之间。

各个省份老年人口规模持续扩大，占比持续提高，人口老龄化趋势不断发展。2021—2035年期间，全国31个省份60岁及以上老年人口规模均呈现显著扩大的态势，其中西藏最小，广东最大；老年人口占总人口比重均呈现持续上升的趋势，老年人口占比增幅在7%至20%之间。

（执笔人：李月、张许颖）

附录一　概率预测的原理、模型及方法

一、概率预测方法

队列要素法是人口预测的主要方法之一。该方法对预测期间参数的设置多由研究者根据经验自主假定（也称为专家估计法或专家自主法）或基于比较简单的外推法来确定。但一旦人口的发展趋势不符合设置的参数，那么人口预测结果就会出现偏差。

近年来，概率人口预测方法逐渐发展起来，2010年起生育率的贝叶斯概率预测被应用于联合国人口司发布的《世界人口展望》，2012年起平均预期寿命的贝叶斯概率预测也被应用于《世界人口展望》，与此同时联合国人口司首次公布所有国家的概率人口预测结果。该方法的基本思路是对全球各国较长时期内的生育、死亡和迁移参数分别进行统计建模，从而建立各国每一参数的概率分布（称为先验分布）；依据不同国家在人口转变中所处的阶段及某一参数的历史变化轨迹，用该参数特定的统计分布推断其未来的轨迹（后验分布）。也就是说，不同国家每一参数的未来变化服从概率分布，即这些参数在预测中的未来轨迹可能有无穷多个。一般用预测区间表示未来轨迹的可能范围，比如80%的预测区间或95%的预测区间。概率预测的可信度越高，预测的区间就越大。

联合国人口司所用的概率人口预测的理论基础是：所有国家在不同时间都要经历人口转变的不同阶段，所以可以依据部分处于人口转变后期阶段或已完成人口转变的国家先前的经历来建模，并应用于那些尚处于人口转变前期或尚未完成人口转变的国家，也就是说未来未知的人口参数都依据特定的先验分布来确定。已完成人口转变的国家的未来变化主要基于统计模型的外推。与以往的预测方法相比，概率人口预测对未来参数的变化不再做过多的假定，其结果更加科学和客观。

二、生育水平概率预测方法

根据人口转变理论，生育的转变可分为三大阶段。第一阶段为生育转变的初期，表现为稳定的高生育率，总和生育率约在6以上波动；第二阶段是生育转变时期，此时总和生育率从5.5左右逐渐下降至更替水平2.1或以下；第三阶段是后生育转变时期，此时总和生育率由2.1以下回升至2.1左右。目前世界上所有国家均已进入生育转变的第二阶段或第三阶段。对处于生育转变不同阶段的国家采用不同的概率预测模型方法。

对处于生育转变第二阶段的国家，首先估计总和生育率的下降趋势，之后，若该国进入第三阶段，则再用第三阶段的方法对总和生育率的变动进行预测。生育率下降的模拟分为系统下降和随机扰动两部分，由双重逻辑斯蒂函数来描述。贝叶斯分层模型允许参数随机化，对参数不做任何假定，由此得到总和生育率在第二阶段的随机概率预测结果。

对处于生育转变第三阶段的国家，使用一阶自相关模型预测生育水平的未来变动趋势。假定一国的生育水平会在特定水平波动并在未来形成长期趋势。同时，欧洲国家生育转变的现实经验表明在进入生育转变的第三阶段后，生育水平会有所回升。

总的来看，概率预测方法对数据质量的要求较高，既需要单个国家总和生育率的长时期历史数据，也需要全球各国较长时期的参数数据，在预测过程中，任意一国的未知参数都是由全球所有国家以往的生育转变历史所组成的概率分布中的一个抽样，通过对未来生育轨迹的上万次乃至几十万次的模拟运算，从而得到预测区间。

三、对概率预测方法的讨论

概率预测方法提高了预测的科学性和可靠性。概率预测方法基于人口转变理论，结合世界各国总和生育率变动的历史数据，通过构建贝叶斯分层概率预测模型得到一国总和生育率未来变动趋势，能够给出人口变化的各种可能性及其发生概率，具有更强的科学性、客观性。确定性人口预测方法能够得到设置的不同参数对应的未来人口发展趋势，但无法给出每一个人口预测方案可能发生的概率，也无法对人口发展的不确定性给出解释。相较之下，概率人口预测方法则可以充分考虑到各种不确定性对人口发展产生的影响。

概率预测方法存在预测结果的解读问题。虽然贝叶斯分层人口概率预测方法能够给出人口变化的各种可能性，在方法上比较科学，但是如何很好地对这种不确定性进行解读并应用还存在一定的困难。

联合国人口司发布的《世界人口展望（2022）》中，除发布各国的概率人口预测结果外，还采取将概率预测与确定性预测相结合使用的方法，将概率预测方法得到的总和生育率预测轨迹的中位数作为中方案的生育参数，发布了 9 种传统的确定性人口预测方案，较好地保障了预测情景科学性与确定性的结合。

四、总和生育率随机预测原理

（一）总和生育率随机预测的基本原理

总和生育率预测通过 bayesTFR R 包实现，bayesTFR R 包包含如下模型和算法：

模型使用了每个国家从 1950—1955 至 2015—2020 每 5 年的总和生育率（TFR）估计值作为历史数据。每个国家的历史数据都被划分进三个阶段再分别建模，三个阶段分别为：

阶段一：高 TFR 预备转变阶段。

阶段二：生育水平下降，进入生育转变阶段。

阶段三：生育水平下降至某一低 TFR 值后逐渐稳定，进入后生育转变阶段。阶段三包含了从低于更替水平的 TFR 恢复到更替水平附近，并在更替水平 TFR 附近浮动的过程。

由于所有国家都已进入阶段二，因此阶段一不进行建模。判断进入阶段二和阶段三时间点的方法如下：

国家 c 阶段二的开始时间 τ_c 的定义：

$$\tau_c=\begin{cases}\max\{t:(M_c-L_{c,t})<0.5\} & (L_{c,t}>5.5),\\ <1950\text{—}1955 & \text{其他情况}\end{cases}$$

其中，M_c 为国家 c 历史 TFR 的最大值，$L_{c,t}$ 为局部最大值

国家 c 阶段三的开始时间 λ_c 定义为在 TFR 低于 2 的情况下，观察到连续两次的 TFR 上升的时间点，可表示为：

$$\lambda_c=\min\{t:f_{c,t}>f_{c,t-1},f_{c,t+1}>f_{c,t}\text{且}f_{c,p}<2,\text{其中 }p=t-1,t,t+1\}$$

其中，$f_{c,t}$ 为国家 c 在 t 时间的 TFR。对于其余国家，$\lambda_c>2015-2020$。

阶段二、阶段三模型如下。

（二）总和生育率转变阶段二：生育转变阶段

生育转变阶段的模型为带漂移项的随机游走，具体如下：

$$f_{c,t+1}=f_{c,t}-d_{c,t}+\varepsilon_{c,t} \qquad (\tau_c\leqslant t<\lambda_c)$$

其中，$f_{c,t}$ 为国家 c 在 5 年时间 t 的 TFR，$d_{c,t}$ 为转变期 TFR 下降的缩减项，$\varepsilon_{c,t}$ 为随机畸变，τ_c 为阶段二开始时间，λ_c 为阶段三开始时间。

参数的后验分布通过贝叶斯分层模型计算，并采用蒙特卡洛马尔可夫链算法从后验分布中抽取样本，即参数的概率预测值，使用的蒙特卡洛马尔可夫链算法包括 Metropolis Hasting（MH）算法、吉布斯采样和切片采样。

（三）总和生育率转变阶段三：转变后阶段

此阶段模拟 TFR 变化的模型为一阶自回归时间序列模型，即 AR(1) 模型：

$$f_{c,t+1}\sim N(\mu+\rho(f_{c,t}-\mu),s^2) \qquad (t\geqslant\lambda_c)$$

其中，μ 为平均更替水平（$\mu=2.1$），ρ 为自回归参数且 $|\rho|<1$，s 为随机畸变的标准差。

同阶段二，自回归时间序列模型中的参数均采用贝叶斯分层及蒙特卡洛马尔可夫链进行估计。

通过总和生育率的历史数据，判断进入第二、三阶段的时间，从而在不同阶段使用不同的预测模型。

五、预期寿命随机预测原理

预期寿命预测通过 bayesLife R 包实现，bayesLife R 包包含如下模型和算法。

预期寿命预测模型为：

$$l_{c,t+1}=l_{c,t}+g(l_{c,t}|\theta^{(c)})+\varepsilon_{c,t+1}$$

其中，预期寿命平均五年的增长是一条关于现在预期寿命水平的双重逻辑斯蒂函数：

$$g(l_{c,t}|\theta^{c})=\frac{k^{c}}{1+\exp\left(-\frac{A_1}{\Delta_2^c}(l_{ct}-\Delta_1^c-A_2\Delta_2^c)\right)}+\frac{z^{c}-k^{c}}{1+\exp\left(-\frac{A_1}{\Delta_4^c}(l_{ct}-\sum_{i=1}^{3}\Delta_i^c-A_2\Delta_4^c)\right)}$$

$$\theta^{c}=(\Delta_1^c,\Delta_2^c,\Delta_3^c,\Delta_4^c,k^{c},z^{c}),$$

$$\Delta_i^c|\sigma_{\Delta_i}\overset{\text{iid}}{\sim}\text{Normal}_{[0,100]},(\Delta_i,\sigma_{\Delta_i}^2),i=1,\cdots,4,$$

$$k^{c}|\sigma_k\overset{\text{iid}}{\sim}\text{Normal}_{[0,10]}(k,\sigma_k^2),$$

$$z^{c}|\sigma_z\overset{\text{iid}}{\sim}\text{Normal}_{[0,1.15]}(z,\sigma_z^2),$$

$$A_1=4.4,A_2=0.5,$$

$$\varepsilon_{ct}\overset{\text{iid}}{\sim}N(0,(\omega\times f(l_{c,t-1}))^2)$$

参数的估计方法为蒙特卡洛马尔可夫链算法，包括吉布斯采样、MH采样和切片采样，具体算法与总和生育率相同。

六、中国总和生育率随机预测

本预测采用由华盛顿大学与联合国合作开发的概率人口预测 R 包实现。通过 bayesTFR、bayesLife 等 R 包分别对总和生育率、预期寿命进行概率预测。R 包提供默认的运行参数和历史数据，同时，也支持用户自定义运行参数和历史数据。可输出的结果包括预测年份的总和生育率、预期寿命、年龄别人口、出生人口、死亡人口等。

概率人口预测 R 包采用双模型及自回归时间序列函数来预测未来的生育水平，采用双重逻辑斯蒂函数来预测死亡水平，并通过具有结构化层次的贝叶斯模型估计函数中各个参数的后验分布。采用蒙特卡洛马尔可夫链对后验分布进行采样，从而得到符合参数历史变化趋势并考虑未来不确定性的概率预测结果。

CPP 2024 开展总和生育率概率预测对 bayesTFR 中的 11 个参数的设定参考了 WPP 2019，具体如下。

（一）中国总和生育率随机预测的基础数据

以我国 1949 年以来的总和生育率历史数据作为随机概率预测的基础数据。其中，1949—1989 年数据来自国家人口计生委发展规划与信息司、中国人口与发展研究中心发布的《人口和计划生育常用数据手册》（中国人口出版社 2011 年 8 月出版）；1990 年至 2019 年数据为中国人口与发展研究中心课题组采用国家统计局公布的 2020 年 0-30 岁单岁组人口数、采用存活率方法回推得到。2020 年数据根据国家统计局公布的出生人口计算得到。总和生育率历史数据如附表 1-1。

附表 1-1　我国总和生育率历史数据

年　份	总和生育率
1950	5. 810
1955	6. 260
1960	4. 020
1965	6. 080
1970	5. 810
1975	3. 580
1980	2. 310
1985	2. 200
1990	2. 310
1995	1. 860
2000	1. 680
2005	1. 617
2010	1. 657
2015	1. 580
2020	1. 300

（二）中国总和生育率随机预测采用的参数

CPP 2024 总和生育率设置分为三部分，第一部分对 TFR 从高到低的转变阶段进行模拟建模，模型为双重逻辑斯蒂函数模型。第二部分对 TFR 达到低生育水平后的阶段进行模拟建模，模型为自回归时间序列；模型中的参数估计方法均为马尔可夫链蒙特卡洛。第三部分通过前两步的模型对未来的 TFR 进行预测。

在第一部分中，CPP 2024 对马尔可夫链个数的设定为 10，对每条马尔可夫链上运行的迭代次数设定为 18600，对是否同时运行多条马尔可夫链设定为是；在第二部分中，CPP 2024 对马尔可夫链个数的设定为 10，对每条马尔可夫链上运行的迭代次数设定为 26600，对是否同时运行多条马尔可夫链设定为是；在第三部分中，由于马尔可夫链在运行一定迭代次数后才达到收敛状态，故需舍弃部分迭代次数以保证马尔可夫链收敛至平稳分布，即双重逻辑斯蒂函数模型中参数的后验分布。CPP 2024 对 TFR 从高到低转变阶段舍弃的迭代次数设定为 2000，对 TFR 低生育水平阶段舍弃的迭代次数设定为 10000，对生成的预测轨迹数量设定为 100000。

（三）中国总和生育率概率预测结果

基于概率预测方法，中国 2024—2050 年期间的总和生育率预测结果如附表 1-2 所示。

附表 1-2　中国总和生育率概率预测

年　份	95%预测区间低值	80%预测区间低值	预测区间中位值	80%预测区间高值	95%预测区间高值
2024	1.04	1.08	1.16	1.23	1.26
2025	1.035	1.096	1.216	1.337	1.405
2030	0.993	1.089	1.279	1.471	1.576
2035	0.964	1.088	1.331	1.555	1.684
2040	0.966	1.115	1.372	1.627	1.741
2045	0.958	1.129	1.413	1.682	1.79
2050	0.957	1.136	1.444	1.714	1.84

八、中国平均预期寿命随机预测

（一）中国平均预期寿命随机预测的基础数据

以新中国成立以来可得的部分年份平均预期寿命数据作为随机概率预测的基础数据，输入的历史数据见附表 1-3。其中，1973—1975 年数据来自《中国卫生和计划生育统计年鉴》，1981 年、1990 年、1996 年、2000 年、2005 年、2010 年、2015 年、2020 年数据来自《中国统计年鉴》。

附表 1-3　中国平均预期寿命历史数据

年　份	合　计	男　性	女　性
1973—1975	—	63. 6	66. 3
1981	67. 77	66. 28	69. 27
1990	68. 55	66. 84	70. 47
1996	70. 8	—	—
2000	71. 4	69. 63	73. 33
2005	72. 95	70. 83	75. 25
2010	74. 83	72. 38	77. 37
2015	76. 34	73. 64	79. 43
2020	77. 93	75. 37	80. 88

（二）中国平均预期寿命随机预测采用的参数

进行平均预期寿命概率预测需要对 bayesLife 中的 9 个参数进行设定，CPP 2024 的参数设定参考了 WPP 2019，具体如下。

CPP 2024 预期寿命设置分为两部分，第一部分为预期寿命的上升进行模拟建模，模型为双重逻辑斯蒂函数模型；第二部分通过模型对未来的预期寿命进行预测。

在第一部分中，CPP 2024 对马尔可夫链个数的设定为 10，对每条马尔可夫链上运行的迭代次数设定为 138000，对是否同时运行多条马尔可夫链设定为是，对是否包含 HIV 流行的国家设定为是，对运行模拟建模的性别设定为女性；在第二部分中，对舍弃的迭代次数设定为 10000，对生成的预测轨迹数量设定为 100000，对是否通过男女预期寿命差距对男性预期寿命进行预测设定为是。

（三）中国平均预期寿命概率预测结果

采用随机概率预测方法得到 2024—2050 年期间我国平均预期寿命预测结果，如附表 1-4a 和附表 1-4b 所示。

附表 1-4a　中国男性平均预期寿命概率预测

单位：岁

年　份	95%预测区间低值	80%预测区间低值	预测区间中位值	80%预测区间高值	95%预测区间高值
2024	75. 34	75. 52	76. 28	76. 60	76. 84
2025	75. 32	75. 56	76. 50	77. 00	77. 32
2030	75. 78	76. 16	77. 60	78. 68	79. 16
2035	76. 38	76. 86	78. 80	80. 20	80. 70
2040	77. 06	77. 72	80. 00	81. 62	82. 12
2045	77. 76	78. 54	81. 10	82. 86	83. 36
2050	78. 62	79. 42	82. 10	83. 90	84. 40

附表 1-4b　中国女性平均预期寿命概率预测

单位：岁

年　份	95%预测区间低值	80%预测区间低值	预测区间中位值	80%预测区间高值	95%预测区间高值
2024	80. 84	80. 96	81. 46	81. 80	81. 92
2025	80. 82	80. 98	81. 60	82. 10	82. 26
2030	81. 12	81. 32	82. 40	83. 28	83. 48
2035	81. 52	81. 80	83. 20	84. 22	84. 50
2040	82. 00	82. 30	83. 90	85. 12	85. 50
2045	82. 50	82. 88	84. 60	85. 94	86. 42
2050	83. 00	83. 40	85. 30	86. 74	87. 32

（执笔人：周立权、张许颖、贾璨）

附录二　中国人口中长期变动多情景预测结果数据集

本部分为 CPP 2024 预测结果的数据集，详细列出了 95%预测区间低值、80%预测区间低值、预测区间中位值、80%预测区间高值、95%预测区间高值等方案的预测结果，各方案的基年人口数和预测参数设置请参见前文。

需要说明的是，预测区间中位值方案所采用的总和生育率参数是进行概率预测得到的 10 万条未来变动轨迹的中位值，为推荐方案。预测区间越大，概率预测结果的可信度越高，但预测结果的变化范围越大。在使用这些预测结果时需要注意其内涵。

此处列出了部分主要的人口预测结果，完整的数据集请扫封底的二维码直接下载，也可到中国人口与发展研究中心的网站查询并下载。

完整的数据集共包括五个部分的预测结果。

第一部分：人口规模与结构指标，包括总人口规模、男性人口规模、女性人口规模、人口自然增长率、总人口性别比、年龄中位数、少儿人口（0-14 岁、0-15 岁、0-17 岁）规模及占总人口比重、男性少儿人口（0-14 岁、0-15 岁、0-17 岁）规模、女性少儿人口（0-14 岁、0-15 岁、0-17 岁）规模、育龄妇女规模（15-49 岁、20-29 岁、20-34 岁、35-49 岁）、劳动年龄人口（15-59 岁、15-64 岁）规模及占总人口比重、男性劳动年龄人口（15-59 岁、15-64 岁）规模、女性劳动年龄人口（15-59 岁、15-64 岁）规模、老年人口（60 岁及以上、65 岁及以上）规模及占总人口比重、男性老年人口（60 岁及以上、65 岁及以上）规模、女性老年人口（60 岁及以上、65 岁及以上）规模、高龄老年人口（80 岁及以上）规模及占总人口比重、男性高龄老年人口（80 岁及以上）规模、女性高龄老年人口（80 岁及以上）规模、各阶段教育适龄人口（包括 0-2 岁、3-5 岁、6-14 岁、

15-17 岁、18-21 岁）规模及占总人口比重、不同口径的总抚养比、不同口径的少儿抚养比、不同口径的老年抚养比。

第二部分：出生指标，包括出生人口规模、男性出生人口规模、女性出生人口规模、粗出生率、人口净再生产率。

第三部分：死亡指标，包括 5 岁以下儿童死亡率、粗死亡率、死亡人口规模、男性死亡人口规模、女性死亡人口规模。

第四部分：2024—2035 年历年及此后每隔五年的年龄别人口预测结果（单岁组）。

第五部分：2024—2035 年历年及此后每隔五年的年龄别人口预测结果（五岁组）。

本书中选取的部分人口指标包括：总人口规模、出生人口规模、粗出生率、死亡人口规模、粗死亡率、年龄中位数、少儿人口（0-14 岁、0-15 岁）规模及占总人口比重、育龄妇女规模（15-49 岁、20-29 岁、20-34 岁、35-49 岁）、劳动年龄人口（15-59 岁、15-64 岁）规模及占总人口比重、老年人口（60 岁及以上、65 岁及以上）规模及占总人口比重、高龄老年人口（80 岁及以上）规模及占总人口比重、各阶段教育适龄人口（包括 0-2 岁、3-5 岁、6-14 岁、15-17 岁、18-21 岁）规模及占总人口比重、不同口径的总抚养比、不同口径的少儿抚养比、不同口径的老年抚养比。

附表 2-1 总人口规模预测

单位：万人

年 份	95%预测区间低值	80%预测区间低值	预测区间中位值	80%预测区间高值	95%预测区间高值
2024	140808	140852	140949	141035	141091
2025	140535	140619	140814	140987	141089
2026	140207	140346	140651	140933	141098
2027	139827	140027	140450	140853	141086
2028	139404	139667	140218	140748	141053
2029	138942	139272	139957	140621	141001

续表

年　份	95%预测区间低值	80%预测区间低值	预测区间中位值	80%预测区间高值	95%预测区间高值
2030	138445	138846	139670	140476	140932
2031	137917	138392	139363	140315	140852
2032	137360	137914	139038	140142	140763
2033	136776	137412	138699	139959	140673
2034	136165	136888	138348	139770	140577
2035	135531	136346	137987	139579	140478
2036	134874	135787	137615	139380	140377
2037	134197	135211	137232	139180	140270
2038	133501	134621	136838	138970	140154
2039	132786	134016	136430	138753	140029
2040	132049	133397	136005	138524	139888
2041	131285	132751	135557	138277	139724
2042	130489	132075	135083	138003	139533
2043	129657	131365	134576	137698	139307
2044	128786	130617	134037	137354	139043
2045	127873	129828	133454	136968	138737
2046	126915	128993	132827	136535	138385
2047	125916	128112	132153	136054	137986
2048	124869	127183	131432	135523	137540
2049	123777	126208	130662	134943	137048
2050	122641	125186	129846	134315	136514

附表 2-2 出生人口规模预测

单位：万人

年份	95%预测区间低值	80%预测区间低值	预测区间中位值	80%预测区间高值	95%预测区间高值
2024	881	910	977	1034	1071
2025	845	887	986	1074	1121
2026	814	870	982	1093	1157
2027	787	848	970	1092	1161
2028	767	832	962	1092	1165
2029	753	822	958	1095	1171
2030	744	815	958	1102	1180
2031	737	813	962	1111	1193
2032	733	812	969	1124	1209
2033	730	814	980	1139	1233
2034	729	818	993	1158	1252
2035	730	824	1008	1182	1276
2036	734	833	1024	1199	1299
2037	739	843	1039	1225	1319
2038	746	854	1053	1240	1337
2039	752	864	1064	1259	1351
2040	755	875	1072	1271	1360
2041	753	872	1075	1278	1363
2042	746	868	1072	1277	1360
2043	734	858	1064	1269	1350
2044	718	843	1056	1254	1335
2045	699	824	1034	1234	1315
2046	677	802	1013	1210	1292
2047	657	777	988	1183	1267
2048	631	751	961	1155	1241
2049	606	724	933	1126	1215
2050	581	697	905	1097	1191

附表 2-2a　男性出生人口规模预测

单位：万人

年　份	95%预测区间低值	80%预测区间低值	预测区间中位值	80%预测区间高值	95%预测区间高值
2024	461	476	511	540	560
2025	441	463	515	560	585
2026	424	453	511	570	603
2027	409	441	504	568	603
2028	398	432	499	567	604
2029	390	426	496	567	606
2030	384	422	495	569	610
2031	381	420	497	574	617
2032	379	420	501	581	625
2033	377	421	506	589	637
2034	377	423	513	598	647
2035	377	426	521	611	659
2036	380	430	529	620	671
2037	382	436	537	633	682
2038	386	441	544	641	691
2039	389	447	550	651	699
2040	390	452	554	657	703
2041	389	451	556	660	705
2042	385	449	554	660	703
2043	379	443	550	656	698
2044	371	436	546	648	690
2045	361	426	535	638	680
2046	350	415	523	626	668
2047	340	402	511	612	655
2048	326	388	497	597	642
2049	313	374	482	582	628
2050	300	360	468	567	616

附表 2-2b 女性出生人口规模预测

单位：万人

年 份	95%预测区间低值	80%预测区间低值	预测区间中位值	80%预测区间高值	95%预测区间高值
2024	420	434	466	493	511
2025	404	424	471	513	536
2026	390	417	470	524	554
2027	378	407	465	524	557
2028	369	400	463	525	560
2029	363	396	462	528	565
2030	359	394	463	532	570
2031	356	393	465	537	576
2032	354	392	468	543	584
2033	353	393	473	550	596
2034	352	395	480	559	605
2035	353	398	487	571	616
2036	355	402	495	579	627
2037	357	407	502	592	637
2038	361	413	509	599	646
2039	363	417	514	608	653
2040	365	423	518	614	657
2041	364	421	519	617	659
2042	360	419	518	617	657
2043	355	414	514	613	652
2044	347	407	510	606	645
2045	337	398	500	596	635
2046	327	387	489	585	624
2047	318	375	477	572	612
2048	305	363	464	558	600
2049	293	350	451	544	587
2050	281	337	437	530	575

附表 2-3 粗出生率预测

单位:‰

年份	95%预测区间低值	80%预测区间低值	预测区间中位值	80%预测区间高值	95%预测区间高值
2024	6. 25	6. 45	6. 93	7. 33	7. 59
2025	6. 01	6. 30	7. 00	7. 61	7. 95
2026	5. 80	6. 19	6. 98	7. 76	8. 20
2027	5. 62	6. 05	6. 90	7. 75	8. 23
2028	5. 50	5. 95	6. 85	7. 76	8. 26
2029	5. 41	5. 89	6. 84	7. 78	8. 30
2030	5. 36	5. 86	6. 85	7. 84	8. 37
2031	5. 34	5. 86	6. 89	7. 91	8. 47
2032	5. 32	5. 88	6. 96	8. 01	8. 59
2033	5. 33	5. 91	7. 06	8. 13	8. 76
2034	5. 34	5. 96	7. 17	8. 28	8. 91
2035	5. 37	6. 03	7. 30	8. 46	9. 08
2036	5. 43	6. 12	7. 43	8. 60	9. 25
2037	5. 50	6. 22	7. 56	8. 79	9. 40
2038	5. 58	6. 33	7. 68	8. 92	9. 53
2039	5. 65	6. 43	7. 78	9. 06	9. 65
2040	5. 70	6. 54	7. 87	9. 17	9. 72
2041	5. 72	6. 55	7. 92	9. 23	9. 75
2042	5. 70	6. 55	7. 92	9. 24	9. 74
2043	5. 64	6. 51	7. 89	9. 20	9. 68
2044	5. 56	6. 44	7. 86	9. 12	9. 60
2045	5. 44	6. 33	7. 73	9. 00	9. 47
2046	5. 31	6. 20	7. 60	8. 85	9. 33
2047	5. 20	6. 05	7. 46	8. 68	9. 17
2048	5. 03	5. 88	7. 29	8. 50	9. 01
2049	4. 87	5. 72	7. 12	8. 32	8. 85
2050	4. 71	5. 54	6. 95	8. 15	8. 71

附表 2-4 死亡人口规模预测

单位：万人

年 份	95%预测区间低值	80%预测区间低值	预测区间中位值	80%预测区间高值	95%预测区间高值
2024	1094	1095	1096	1097	1098
2025	1118	1119	1121	1122	1123
2026	1142	1143	1145	1147	1148
2027	1166	1167	1170	1172	1173
2028	1191	1192	1194	1197	1198
2029	1215	1217	1219	1222	1223
2030	1240	1242	1244	1247	1248
2031	1265	1266	1269	1272	1273
2032	1290	1291	1294	1297	1298
2033	1314	1316	1319	1322	1323
2034	1340	1341	1344	1347	1349
2035	1365	1366	1369	1372	1374
2036	1391	1393	1396	1399	1400
2037	1417	1418	1422	1425	1426
2038	1442	1444	1447	1450	1452
2039	1467	1469	1472	1475	1477
2040	1492	1494	1497	1500	1502
2041	1517	1519	1522	1525	1527
2042	1542	1543	1547	1550	1551
2043	1566	1568	1571	1574	1576
2044	1589	1591	1595	1598	1599
2045	1612	1614	1617	1620	1621
2046	1635	1637	1640	1643	1644
2047	1657	1659	1662	1665	1666
2048	1678	1679	1683	1686	1687
2049	1698	1700	1703	1706	1707
2050	1716	1718	1721	1724	1726

附表 2-5　粗死亡率预测

单位：‰

年　份	95%预测区间低值	80%预测区间低值	预测区间中位值	80%预测区间高值	95%预测区间高值
2024	7. 77	7. 77	7. 77	7. 78	7. 78
2025	7. 95	7. 95	7. 96	7. 96	7. 96
2026	8. 14	8. 14	8. 14	8. 14	8. 14
2027	8. 33	8. 33	8. 32	8. 32	8. 32
2028	8. 53	8. 52	8. 51	8. 50	8. 49
2029	8. 73	8. 72	8. 70	8. 68	8. 67
2030	8. 94	8. 93	8. 90	8. 87	8. 86
2031	9. 15	9. 13	9. 10	9. 06	9. 04
2032	9. 37	9. 35	9. 30	9. 25	9. 22
2033	9. 59	9. 56	9. 50	9. 44	9. 40
2034	9. 82	9. 78	9. 70	9. 63	9. 59
2035	10. 05	10. 00	9. 91	9. 83	9. 78
2036	10. 29	10. 23	10. 13	10. 03	9. 97
2037	10. 53	10. 47	10. 35	10. 23	10. 16
2038	10. 77	10. 70	10. 56	10. 43	10. 36
2039	11. 02	10. 94	10. 77	10. 62	10. 54
2040	11. 27	11. 17	10. 99	10. 82	10. 73
2041	11. 52	11. 41	11. 21	11. 02	10. 92
2042	11. 78	11. 66	11. 43	11. 22	11. 11
2043	12. 04	11. 90	11. 65	11. 42	11. 30
2044	12. 30	12. 15	11. 87	11. 62	11. 49
2045	12. 56	12. 39	12. 09	11. 81	11. 67
2046	12. 83	12. 65	12. 32	12. 02	11. 87
2047	13. 11	12. 90	12. 54	12. 22	12. 06
2048	13. 38	13. 16	12. 77	12. 41	12. 25
2049	13. 66	13. 41	12. 99	12. 61	12. 43
2050	13. 93	13. 67	13. 21	12. 81	12. 62

附表 2-6　年龄中位数预测

单位：岁

年　份	95%预测区间低值	80%预测区间低值	预测区间中位值	80%预测区间高值	95%预测区间高值
2024	40. 55	40. 54	40. 52	40. 49	40. 48
2025	41. 06	41. 04	40. 99	40. 95	40. 92
2026	41. 58	41. 55	41. 47	41. 40	41. 36
2027	42. 11	42. 05	41. 95	41. 85	41. 79
2028	42. 64	42. 57	42. 43	42. 30	42. 22
2029	43. 17	43. 08	42. 92	42. 78	42. 70
2030	43. 74	43. 65	43. 47	43. 30	43. 20
2031	44. 32	44. 22	44. 01	43. 82	43. 71
2032	44. 91	44. 80	44. 58	44. 36	44. 24
2033	45. 53	45. 40	45. 15	44. 89	44. 75
2034	46. 14	45. 99	45. 69	45. 39	45. 23
2035	46. 73	46. 56	46. 22	45. 89	45. 71
2036	47. 30	47. 11	46. 75	46. 40	46. 20
2037	47. 88	47. 68	47. 28	46. 89	46. 67
2038	48. 46	48. 24	47. 80	47. 37	47. 13
2039	49. 04	48. 79	48. 31	47. 80	47. 48
2040	49. 61	49. 33	48. 76	48. 13	47. 77
2041	50. 17	49. 84	49. 13	48. 42	48. 03
2042	50. 65	50. 26	49. 47	48. 67	48. 24
2043	51. 10	50. 65	49. 78	48. 89	48. 41
2044	51. 51	51. 02	50. 06	49. 07	48. 56
2045	51. 91	51. 36	50. 29	49. 24	48. 69
2046	52. 28	51. 68	50. 52	49. 37	48. 77
2047	52. 63	51. 97	50. 74	49. 48	48. 84
2048	52. 96	52. 27	50. 92	49. 56	48. 88
2049	53. 30	52. 53	51. 08	49. 62	48. 87
2050	53. 60	52. 78	51. 22	49. 65	48. 89

附表 2-7　少儿人口（0-14 岁）规模预测

单位：万人

年　份	95%预测区间低值	80%预测区间低值	预测区间中位值	80%预测区间高值	95%预测区间高值
2024	22185	22228	22326	22412	22468
2025	21268	21353	21548	21720	21823
2026	20260	20399	20704	20986	21151
2027	19118	19318	19741	20144	20377
2028	18064	18327	18878	19408	19713
2029	16978	17309	17993	18658	19037
2030	16033	16434	17258	18064	18520
2031	14966	15442	16412	17364	17901
2032	13900	14453	15578	16682	17303
2033	13109	13745	15032	16292	17006
2034	12432	13155	14615	16037	16843
2035	11957	12773	14413	16006	16905
2036	11638	12550	14379	16144	17141
2037	11427	12440	14462	16410	17499
2038	11261	12366	14552	16654	17818
2039	11139	12326	14643	16881	18100
2040	11054	12319	14732	17080	18341
2041	10998	12325	14829	17267	18550
2042	10962	12349	14935	17454	18752
2043	10932	12378	15040	17633	18940
2044	10901	12403	15141	17796	19107
2045	10860	12415	15220	17931	19246
2046	10804	12408	15274	18034	19349
2047	10733	12377	15297	18097	19410
2048	10637	12318	15282	18117	19423
2049	10518	12229	15227	18090	19392
2050	10374	12106	15129	18011	19313

附表 2-8 少儿人口（0-15 岁）规模预测

单位：万人

年 份	95%预测区间低值	80%预测区间低值	预测区间中位值	80%预测区间高值	95%预测区间高值
2024	23947	23991	24088	24174	24230
2025	23009	23093	23288	23461	23563
2026	22063	22202	22507	22789	22954
2027	21028	21227	21651	22054	22287
2028	19868	20131	20682	21212	21517
2029	18800	19131	19815	20480	20859
2030	17706	18107	18931	19737	20193
2031	16755	17230	18200	19152	19689
2032	15684	16237	17362	18466	19087
2033	14615	15251	16539	17799	18513
2034	13824	14547	16007	17429	18235
2035	13149	13964	15605	17197	18096
2036	12678	13590	15419	17184	18180
2037	12365	13378	15400	17347	18437
2038	12160	13280	15497	17629	18813
2039	12000	13215	15598	17891	19147
2040	11881	13186	15697	18131	19438
2041	11795	13177	15790	18337	19683
2042	11732	13179	15884	18524	19888
2043	11684	13193	15982	18703	20080
2044	11639	13208	16079	18868	20254
2045	11589	13214	16159	19011	20402
2046	11527	13205	16218	19123	20518
2047	11451	13174	16248	19200	20597
2048	11354	13117	16244	19235	20634
2049	11234	13031	16202	19226	20621
2050	11091	12915	16119	19171	20565

附表 2-9　育龄妇女（15-49 岁）规模预测

单位：万人

年　份	95%预测区间低值	80%预测区间低值	预测区间中位值	80%预测区间高值	95%预测区间高值
2024	30698	30698	30698	30698	30698
2025	30506	30506	30506	30506	30506
2026	30386	30386	30386	30386	30386
2027	30394	30394	30394	30394	30394
2028	30316	30316	30316	30316	30316
2029	30235	30235	30235	30235	30235
2030	30147	30147	30147	30147	30147
2031	30036	30036	30036	30036	30036
2032	29843	29843	29843	29843	29843
2033	29623	29623	29623	29623	29623
2034	29331	29331	29331	29331	29331
2035	28915	28915	28915	28915	28915
2036	28274	28274	28274	28274	28274
2037	27474	27474	27474	27474	27474
2038	26723	26730	26745	26760	26769
2039	25900	25921	25967	26008	26034
2040	25094	25134	25226	25309	25357
2041	24509	24575	24720	24855	24933
2042	23978	24073	24275	24467	24578
2043	23482	23607	23871	24124	24269
2044	23038	23196	23524	23842	24023
2045	22591	22783	23178	23564	23783
2046	22195	22423	22888	23345	23602
2047	21822	22087	22627	23156	23454
2048	21461	21767	22385	22990	23333
2049	21148	21495	22196	22879	23267
2050	20814	21206	21995	22760	23192

附表 2-9a 生育旺盛期育龄妇女（20-29 岁）规模预测

单位：万人

年 份	95%预测区间低值	80%预测区间低值	预测区间中位值	80%预测区间高值	95%预测区间高值
2024	6973	6973	6973	6973	6973
2025	6887	6887	6887	6887	6887
2026	6894	6894	6894	6894	6894
2027	6952	6952	6952	6952	6952
2028	7053	7053	7053	7053	7053
2029	7212	7212	7212	7212	7212
2030	7340	7340	7340	7340	7340
2031	7513	7513	7513	7513	7513
2032	7758	7758	7758	7758	7758
2033	7958	7958	7958	7958	7958
2034	8108	8108	8108	8108	8108
2035	8178	8178	8178	8178	8178
2036	8269	8269	8269	8269	8269
2037	8336	8336	8336	8336	8336
2038	8242	8242	8242	8242	8242
2039	8082	8082	8082	8082	8082
2040	7837	7837	7837	7837	7837
2041	7491	7491	7491	7491	7491
2042	7046	7046	7046	7046	7046
2043	6630	6637	6652	6666	6676
2044	6188	6208	6254	6295	6322
2045	5797	5837	5929	6011	6060
2046	5334	5400	5545	5679	5758
2047	4858	4953	5155	5346	5457
2048	4505	4631	4894	5147	5292
2049	4202	4360	4687	5004	5186
2050	3990	4182	4577	4962	5181

附表 2-9b　生育旺盛期育龄妇女（20-34 岁）规模预测

单位：万人

年　份	95%预测区间低值	80%预测区间低值	预测区间中位值	80%预测区间高值	95%预测区间高值
2024	11705	11705	11705	11705	11705
2025	11213	11213	11213	11213	11213
2026	10996	10996	10996	10996	10996
2027	10872	10872	10872	10872	10872
2028	10821	10821	10821	10821	10821
2029	10838	10838	10838	10838	10838
2030	10845	10845	10845	10845	10845
2031	10938	10938	10938	10938	10938
2032	11107	11107	11107	11107	11107
2033	11244	11244	11244	11244	11244
2034	11437	11437	11437	11437	11437
2035	11543	11543	11543	11543	11543
2036	11722	11722	11722	11722	11722
2037	11922	11922	11922	11922	11922
2038	11992	11992	11992	11992	11992
2039	11948	11948	11948	11948	11948
2040	11795	11795	11795	11795	11795
2041	11535	11535	11535	11535	11535
2042	11201	11201	11201	11201	11201
2043	10820	10827	10842	10857	10866
2044	10413	10433	10479	10520	10547
2045	10000	10040	10132	10214	10263
2046	9543	9609	9754	9888	9967
2047	9022	9117	9319	9511	9622
2048	8540	8666	8929	9182	9327
2049	8043	8201	8529	8846	9027
2050	7610	7802	8196	8582	8800

附表 2-9c 高龄育龄妇女（35-49 岁）规模预测

单位：万人

年 份	95%预测区间低值	80%预测区间低值	预测区间中位值	80%预测区间高值	95%预测区间高值
2024	15111	15111	15111	15111	15111
2025	15319	15319	15319	15319	15319
2026	15331	15331	15331	15331	15331
2027	15351	15351	15351	15351	15351
2028	15290	15290	15290	15290	15290
2029	15157	15157	15157	15157	15157
2030	15084	15084	15084	15084	15084
2031	14875	14875	14875	14875	14875
2032	14556	14556	14556	14556	14556
2033	14331	14331	14331	14331	14331
2034	14039	14039	14039	14039	14039
2035	13740	13740	13740	13740	13740
2036	13273	13273	13273	13273	13273
2037	12674	12674	12674	12674	12674
2038	12140	12140	12140	12140	12140
2039	11609	11609	11609	11609	11609
2040	11124	11124	11124	11124	11124
2041	10912	10912	10912	10912	10912
2042	10790	10790	10790	10790	10790
2043	10742	10742	10742	10742	10742
2044	10761	10761	10761	10761	10761
2045	10770	10770	10770	10770	10770
2046	10864	10864	10864	10864	10864
2047	11034	11034	11034	11034	11034
2048	11171	11171	11171	11171	11171
2049	11364	11364	11364	11364	11364
2050	11471	11471	11471	11471	11471

附表 2-10　劳动年龄人口（15-59 岁）规模预测

单位：万人

年　份	95%预测区间低值	80%预测区间低值	预测区间中位值	80%预测区间高值	95%预测区间高值
2024	87810	87810	87810	87810	87810
2025	87137	87137	87137	87137	87137
2026	86543	86543	86543	86543	86543
2027	86196	86196	86196	86196	86196
2028	85368	85368	85368	85368	85368
2029	84676	84676	84676	84676	84676
2030	83739	83739	83739	83739	83739
2031	83052	83052	83052	83052	83052
2032	82443	82443	82443	82443	82443
2033	81630	81630	81630	81630	81630
2034	80821	80821	80821	80821	80821
2035	79979	79979	79979	79979	79979
2036	79062	79062	79062	79062	79062
2037	78191	78191	78191	78191	78191
2038	77207	77222	77253	77283	77303
2039	76154	76198	76294	76380	76436
2040	75187	75271	75465	75637	75739
2041	74027	74166	74469	74750	74914
2042	72668	72867	73289	73690	73922
2043	71503	71765	72314	72842	73145
2044	70289	70619	71301	71963	72341
2045	69011	69410	70232	71035	71490
2046	67426	67900	68867	69816	70352
2047	65616	66168	67289	68389	69008
2048	63934	64568	65852	67109	67820
2049	62134	62855	64310	65728	66532
2050	60383	61196	62832	64420	65316

附表 2-11 劳动年龄人口（15-64 岁）规模预测

单位：万人

年 份	95%预测区间低值	80%预测区间低值	预测区间中位值	80%预测区间高值	95%预测区间高值
2024	96782	96782	96782	96782	96782
2025	97107	97107	97107	97107	97107
2026	97546	97546	97546	97546	97546
2027	97295	97295	97295	97295	97295
2028	96467	96467	96467	96467	96467
2029	95937	95937	95937	95937	95937
2030	95222	95222	95222	95222	95222
2031	94639	94639	94639	94639	94639
2032	94186	94186	94186	94186	94186
2033	93095	93095	93095	93095	93095
2034	92005	92005	92005	92005	92005
2035	90622	90622	90622	90622	90622
2036	89219	89219	89219	89219	89219
2037	87792	87792	87792	87792	87792
2038	86398	86414	86444	86475	86494
2039	85082	85125	85222	85308	85364
2040	83893	83977	84171	84343	84445
2041	82747	82886	83189	83470	83635
2042	81718	81917	82339	82740	82972
2043	80598	80860	81409	81937	82240
2044	79434	79763	80445	81107	81485
2045	78376	78776	79597	80400	80855
2046	77154	77628	78595	79544	80079
2047	75761	76313	77434	78534	79153
2048	74571	75205	76489	77745	78457
2049	73346	74067	75523	76941	77745
2050	72068	72881	74517	76105	77002

附表 2-12　老年人口（60 岁及以上）规模预测

单位：万人

年　份	95%预测区间低值	80%预测区间低值	预测区间中位值	80%预测区间高值	95%预测区间高值
2024	30814	30814	30814	30814	30814
2025	32130	32130	32130	32130	32130
2026	33404	33404	33404	33404	33404
2027	34513	34513	34513	34513	34513
2028	35972	35972	35972	35972	35972
2029	37287	37287	37287	37287	37287
2030	38673	38673	38673	38673	38673
2031	39899	39899	39899	39899	39899
2032	41017	41017	41017	41017	41017
2033	42037	42037	42037	42037	42037
2034	42912	42912	42912	42912	42912
2035	43594	43594	43594	43594	43594
2036	44174	44174	44174	44174	44174
2037	44579	44579	44579	44579	44579
2038	45033	45033	45033	45033	45033
2039	45493	45493	45493	45493	45493
2040	45807	45807	45807	45807	45807
2041	46260	46260	46260	46260	46260
2042	46859	46859	46859	46859	46859
2043	47222	47222	47222	47222	47222
2044	47596	47596	47596	47596	47596
2045	48002	48002	48002	48002	48002
2046	48685	48685	48685	48685	48685
2047	49567	49567	49567	49567	49567
2048	50297	50297	50297	50297	50297
2049	51125	51125	51125	51125	51125
2050	51885	51885	51885	51885	51885

附表 2-13　老年人口（65 岁及以上）规模预测

单位：万人

年　份	95% 预测区间低值	80% 预测区间低值	预测区间中位值	80% 预测区间高值	95% 预测区间高值
2024	21841	21841	21841	21841	21841
2025	22159	22159	22159	22159	22159
2026	22401	22401	22401	22401	22401
2027	23414	23414	23414	23414	23414
2028	24873	24873	24873	24873	24873
2029	26026	26026	26026	26026	26026
2030	27190	27190	27190	27190	27190
2031	28312	28312	28312	28312	28312
2032	29275	29275	29275	29275	29275
2033	30572	30572	30572	30572	30572
2034	31729	31729	31729	31729	31729
2035	32952	32952	32952	32952	32952
2036	34018	34018	34018	34018	34018
2037	34978	34978	34978	34978	34978
2038	35842	35842	35842	35842	35842
2039	36565	36565	36565	36565	36565
2040	37101	37101	37101	37101	37101
2041	37539	37539	37539	37539	37539
2042	37809	37809	37809	37809	37809
2043	38127	38127	38127	38127	38127
2044	38451	38451	38451	38451	38451
2045	38636	38636	38636	38636	38636
2046	38957	38957	38957	38957	38957
2047	39422	39422	39422	39422	39422
2048	39660	39660	39660	39660	39660
2049	39912	39912	39912	39912	39912
2050	40199	40199	40199	40199	40199

附表 2-14　高龄老年人口（80 岁及以上）规模预测

单位：万人

年　份	95%预测区间低值	80%预测区间低值	预测区间中位值	80%预测区间高值	95%预测区间高值
2024	4253	4253	4253	4253	4253
2025	4433	4433	4433	4433	4433
2026	4656	4656	4656	4656	4656
2027	4907	4907	4907	4907	4907
2028	5176	5176	5176	5176	5176
2029	5515	5515	5515	5515	5515
2030	5848	5848	5848	5848	5848
2031	6212	6212	6212	6212	6212
2032	6671	6671	6671	6671	6671
2033	7112	7112	7112	7112	7112
2034	7606	7606	7606	7606	7606
2035	8054	8054	8054	8054	8054
2036	8453	8453	8453	8453	8453
2037	8857	8857	8857	8857	8857
2038	9095	9095	9095	9095	9095
2039	9136	9136	9136	9136	9136
2040	9180	9180	9180	9180	9180
2041	9179	9179	9179	9179	9179
2042	9726	9726	9726	9726	9726
2043	10585	10585	10585	10585	10585
2044	11215	11215	11215	11215	11215
2045	11847	11847	11847	11847	11847
2046	12443	12443	12443	12443	12443
2047	12918	12918	12918	12918	12918
2048	13634	13634	13634	13634	13634
2049	14240	14240	14240	14240	14240
2050	14889	14889	14889	14889	14889

附表 2-15a 教育适龄人口（0-2 岁）规模预测

单位：万人

年 份	95%预测区间低值	80%预测区间低值	预测区间中位值	80%预测区间高值	95%预测区间高值
2024	2710	2754	2851	2937	2994
2025	2598	2683	2878	3050	3153
2026	2496	2620	2894	3145	3291
2027	2404	2560	2887	3204	3381
2028	2329	2507	2864	3223	3424
2029	2270	2461	2842	3225	3439
2030	2227	2430	2831	3235	3459
2031	2199	2411	2832	3255	3488
2032	2179	2402	2844	3284	3527
2033	2167	2402	2867	3322	3580
2034	2159	2408	2898	3369	3640
2035	2157	2420	2937	3427	3706
2036	2162	2439	2982	3488	3772
2037	2173	2464	3028	3555	3839
2038	2189	2495	3072	3614	3900
2039	2207	2526	3113	3673	3953
2040	2223	2559	3146	3720	3994
2041	2230	2577	3168	3758	4022
2042	2224	2581	3178	3776	4031
2043	2205	2565	3171	3775	4022
2044	2170	2537	3152	3752	3995
2045	2124	2494	3116	3711	3952
2046	2068	2440	3065	3654	3896
2047	2009	2375	2999	3585	3829
2048	1943	2303	2928	3507	3757
2049	1873	2227	2850	3424	3681
2050	1797	2148	2768	3339	3607

附表 2-15b　教育适龄人口（3-5 岁）规模预测

单位：万人

年　份	95%预测区间低值	80%预测区间低值	预测区间中位值	80%预测区间高值	95%预测区间高值
2024	3631	3631	3631	3631	3631
2025	3176	3176	3176	3176	3176
2026	2928	2928	2928	2928	2928
2027	2703	2747	2843	2929	2985
2028	2592	2676	2870	3042	3145
2029	2489	2613	2886	3137	3283
2030	2398	2554	2880	3196	3372
2031	2323	2501	2857	3215	3416
2032	2264	2455	2835	3217	3431
2033	2222	2424	2824	3228	3451
2034	2194	2406	2825	3247	3480
2035	2174	2397	2838	3277	3519
2036	2162	2396	2860	3315	3572
2037	2154	2402	2892	3362	3632
2038	2153	2415	2931	3420	3698
2039	2158	2434	2975	3481	3764
2040	2168	2459	3022	3548	3831
2041	2185	2490	3066	3607	3892
2042	2203	2521	3106	3666	3945
2043	2218	2554	3140	3713	3987
2044	2226	2572	3162	3751	4014
2045	2220	2577	3172	3769	4023
2046	2201	2560	3165	3768	4014
2047	2167	2532	3147	3746	3988
2048	2121	2490	3110	3705	3945
2049	2065	2436	3060	3648	3889
2050	2006	2371	2994	3579	3823

附表 2-15c 教育适龄人口（6-14 岁）规模预测

单位：万人

年 份	95%预测区间低值	80%预测区间低值	预测区间中位值	80%预测区间高值	95%预测区间高值
2024	15844	15844	15844	15844	15844
2025	15495	15495	15495	15495	15495
2026	14882	14882	14882	14882	14882
2027	14011	14011	14011	14011	14011
2028	13144	13144	13144	13144	13144
2029	12265	12265	12265	12265	12265
2030	11407	11450	11547	11633	11689
2031	10445	10529	10723	10895	10997
2032	9457	9596	9899	10180	10345
2033	8720	8919	9341	9743	9975
2034	8079	8342	8891	9420	9724
2035	7626	7956	8638	9301	9680
2036	7315	7715	8537	9341	9797
2037	7099	7574	8542	9492	10028
2038	6919	7457	8549	9620	10220
2039	6774	7366	8555	9727	10383
2040	6663	7301	8565	9813	10516
2041	6584	7259	8594	9903	10636
2042	6534	7247	8651	10012	10775
2043	6509	7259	8730	10146	10931
2044	6505	7294	8826	10293	11098
2045	6515	7344	8933	10451	11270
2046	6534	7408	9044	10612	11438
2047	6557	7469	9151	10767	11593
2048	6574	7525	9244	10905	11721
2049	6581	7566	9317	11018	11821
2050	6571	7587	9367	11092	11883

附表 2-15d　教育适龄人口（15-17 岁）规模预测

单位：万人

年　份	95%预测区间低值	80%预测区间低值	预测区间中位值	80%预测区间高值	95%预测区间高值
2024	5180	5180	5180	5180	5180
2025	5242	5242	5242	5242	5242
2026	5305	5305	5305	5305	5305
2027	5452	5452	5452	5452	5452
2028	5516	5516	5516	5516	5516
2029	5535	5535	5535	5535	5535
2030	5298	5298	5298	5298	5298
2031	5282	5282	5282	5282	5282
2032	5244	5244	5244	5244	5244
2033	5078	5078	5078	5078	5078
2034	4682	4682	4682	4682	4682
2035	4089	4089	4089	4089	4089
2036	3622	3622	3622	3622	3622
2037	3169	3169	3169	3169	3169
2038	2922	2922	2922	2922	2922
2039	2697	2741	2837	2923	2979
2040	2586	2670	2864	3036	3138
2041	2484	2608	2880	3131	3276
2042	2394	2549	2874	3189	3365
2043	2318	2496	2852	3208	3409
2044	2260	2450	2830	3211	3424
2045	2218	2420	2819	3221	3444
2046	2190	2401	2820	3241	3473
2047	2170	2393	2833	3271	3512
2048	2158	2392	2855	3309	3566
2049	2151	2398	2887	3356	3626
2050	2149	2411	2926	3414	3692

附表 2-15e 教育适龄人口（18-21 岁）规模预测

单位：万人

年 份	95%预测区间低值	80%预测区间低值	预测区间中位值	80%预测区间高值	95%预测区间高值
2024	6088	6088	6088	6088	6088
2025	6367	6367	6367	6367	6367
2026	6582	6582	6582	6582	6582
2027	6797	6797	6797	6797	6797
2028	6914	6914	6914	6914	6914
2029	7038	7038	7038	7038	7038
2030	7208	7208	7208	7208	7208
2031	7250	7250	7250	7250	7250
2032	7331	7331	7331	7331	7331
2033	7201	7201	7201	7201	7201
2034	7080	7080	7080	7080	7080
2035	7061	7061	7061	7061	7061
2036	6746	6746	6746	6746	6746
2037	6465	6465	6465	6465	6465
2038	5869	5869	5869	5869	5869
2039	5125	5125	5125	5125	5125
2040	4557	4557	4557	4557	4557
2041	4110	4110	4110	4110	4110
2042	3735	3778	3874	3960	4016
2043	3522	3606	3799	3971	4073
2044	3381	3519	3822	4103	4268
2045	3253	3436	3827	4197	4409
2046	3143	3362	3814	4256	4503
2047	3055	3300	3788	4278	4554
2048	2987	3248	3766	4288	4578
2049	2939	3215	3760	4308	4611
2050	2906	3196	3769	4341	4657

附表 2-16a　少儿人口（0-14 岁）占总人口比重预测

单位:%

年　份	95%预测区间低值	80%预测区间低值	预测区间中位值	80%预测区间高值	95%预测区间高值
2024	15.76	15.78	15.84	15.89	15.92
2025	15.13	15.19	15.30	15.41	15.47
2026	14.45	14.53	14.72	14.89	14.99
2027	13.67	13.80	14.06	14.30	14.44
2028	12.96	13.12	13.46	13.79	13.98
2029	12.22	12.43	12.86	13.27	13.50
2030	11.58	11.84	12.36	12.86	13.14
2031	10.85	11.16	11.78	12.38	12.71
2032	10.12	10.48	11.20	11.90	12.29
2033	9.58	10.00	10.84	11.64	12.09
2034	9.13	9.61	10.56	11.47	11.98
2035	8.82	9.37	10.45	11.47	12.03
2036	8.63	9.24	10.45	11.58	12.21
2037	8.52	9.20	10.54	11.79	12.48
2038	8.44	9.19	10.63	11.98	12.71
2039	8.39	9.20	10.73	12.17	12.93
2040	8.37	9.23	10.83	12.33	13.11
2041	8.38	9.28	10.94	12.49	13.28
2042	8.40	9.35	11.06	12.65	13.44
2043	8.43	9.42	11.18	12.81	13.60
2044	8.46	9.50	11.30	12.96	13.74
2045	8.49	9.56	11.40	13.09	13.87
2046	8.51	9.62	11.50	13.21	13.98
2047	8.52	9.66	11.58	13.30	14.07
2048	8.52	9.69	11.63	13.37	14.12
2049	8.50	9.69	11.65	13.41	14.15
2050	8.46	9.67	11.65	13.41	14.15

附表 2-16b　少儿人口（0-15 岁）占总人口比重预测

单位：%

年　份	95%预测区间低值	80%预测区间低值	预测区间中位值	80%预测区间高值	95%预测区间高值
2024	17.01	17.03	17.09	17.14	17.17
2025	16.37	16.42	16.54	16.64	16.70
2026	15.74	15.82	16.00	16.17	16.27
2027	15.04	15.16	15.42	15.66	15.80
2028	14.25	14.41	14.75	15.07	15.25
2029	13.53	13.74	14.16	14.56	14.79
2030	12.79	13.04	13.55	14.05	14.33
2031	12.15	12.45	13.06	13.65	13.98
2032	11.42	11.77	12.49	13.18	13.56
2033	10.69	11.10	11.92	12.72	13.16
2034	10.15	10.63	11.57	12.47	12.97
2035	9.70	10.24	11.31	12.32	12.88
2036	9.40	10.01	11.20	12.33	12.95
2037	9.21	9.89	11.22	12.46	13.14
2038	9.11	9.86	11.33	12.69	13.42
2039	9.04	9.86	11.43	12.89	13.67
2040	9.00	9.88	11.54	13.09	13.90
2041	8.98	9.93	11.65	13.26	14.09
2042	8.99	9.98	11.76	13.42	14.25
2043	9.01	10.04	11.88	13.58	14.41
2044	9.04	10.11	12.00	13.74	14.57
2045	9.06	10.18	12.11	13.88	14.71
2046	9.08	10.24	12.21	14.01	14.83
2047	9.09	10.28	12.29	14.11	14.93
2048	9.09	10.31	12.36	14.19	15.00
2049	9.08	10.33	12.40	14.25	15.05
2050	9.04	10.32	12.41	14.27	15.06

附表 2-17a　劳动年龄人口（15-59 岁）占总人口比重预测

单位：%

年　份	95%预测区间低值	80%预测区间低值	预测区间中位值	80%预测区间高值	95%预测区间高值
2024	62. 36	62. 34	62. 30	62. 26	62. 24
2025	62. 00	61. 97	61. 88	61. 80	61. 76
2026	61. 73	61. 66	61. 53	61. 41	61. 34
2027	61. 64	61. 56	61. 37	61. 20	61. 09
2028	61. 24	61. 12	60. 88	60. 65	60. 52
2029	60. 94	60. 80	60. 50	60. 22	60. 05
2030	60. 49	60. 31	59. 95	59. 61	59. 42
2031	60. 22	60. 01	59. 59	59. 19	58. 96
2032	60. 02	59. 78	59. 30	58. 83	58. 57
2033	59. 68	59. 41	58. 85	58. 32	58. 03
2034	59. 36	59. 04	58. 42	57. 82	57. 49
2035	59. 01	58. 66	57. 96	57. 30	56. 93
2036	58. 62	58. 23	57. 45	56. 72	56. 32
2037	58. 27	57. 83	56. 98	56. 18	55. 74
2038	57. 83	57. 36	56. 46	55. 61	55. 16
2039	57. 35	56. 86	55. 92	55. 05	54. 59
2040	56. 94	56. 43	55. 49	54. 60	54. 14
2041	56. 39	55. 87	54. 94	54. 06	53. 62
2042	55. 69	55. 17	54. 25	53. 40	52. 98
2043	55. 15	54. 63	53. 73	52. 90	52. 51
2044	54. 58	54. 07	53. 20	52. 39	52. 03
2045	53. 97	53. 46	52. 63	51. 86	51. 53
2046	53. 13	52. 64	51. 85	51. 13	50. 84
2047	52. 11	51. 65	50. 92	50. 27	50. 01
2048	51. 20	50. 77	50. 10	49. 52	49. 31
2049	50. 20	49. 80	49. 22	48. 71	48. 55
2050	49. 24	48. 88	48. 39	47. 96	47. 85

附表 2-17b 劳动年龄人口（15-64 岁）占总人口比重预测

单位:%

年 份	95%预测区间低值	80%预测区间低值	预测区间中位值	80%预测区间高值	95%预测区间高值
2024	68.73	68.71	68.66	68.62	68.60
2025	69.10	69.06	68.96	68.88	68.83
2026	69.57	69.50	69.35	69.21	69.13
2027	69.58	69.48	69.27	69.08	68.96
2028	69.20	69.07	68.80	68.54	68.39
2029	69.05	68.88	68.55	68.22	68.04
2030	68.78	68.58	68.18	67.79	67.57
2031	68.62	68.38	67.91	67.45	67.19
2032	68.57	68.29	67.74	67.21	66.91
2033	68.06	67.75	67.12	66.52	66.18
2034	67.57	67.21	66.50	65.83	65.45
2035	66.86	66.46	65.67	64.93	64.51
2036	66.15	65.71	64.83	64.01	63.56
2037	65.42	64.93	63.97	63.08	62.59
2038	64.72	64.19	63.17	62.23	61.71
2039	64.07	63.52	62.47	61.48	60.96
2040	63.53	62.95	61.89	60.89	60.37
2041	63.03	62.44	61.37	60.36	59.86
2042	62.62	62.02	60.95	59.96	59.46
2043	62.16	61.55	60.49	59.50	59.04
2044	61.68	61.07	60.02	59.05	58.60
2045	61.29	60.68	59.64	58.70	58.28
2046	60.79	60.18	59.17	58.26	57.87
2047	60.17	59.57	58.59	57.72	57.36
2048	59.72	59.13	58.20	57.37	57.04
2049	59.26	58.69	57.80	57.02	56.73
2050	58.76	58.22	57.39	56.66	56.41

附表 2-18a　老年人口（60 岁及以上）占总人口比重预测

单位：%

年　份	95%预测区间低值	80%预测区间低值	预测区间中位值	80%预测区间高值	95%预测区间高值
2024	21.88	21.88	21.86	21.85	21.84
2025	22.86	22.85	22.82	22.79	22.77
2026	23.82	23.80	23.75	23.70	23.67
2027	24.68	24.65	24.57	24.50	24.46
2028	25.80	25.76	25.65	25.56	25.50
2029	26.84	26.77	26.64	26.52	26.44
2030	27.93	27.85	27.69	27.53	27.44
2031	28.93	28.83	28.63	28.44	28.33
2032	29.86	29.74	29.50	29.27	29.14
2033	30.73	30.59	30.31	30.04	29.88
2034	31.51	31.35	31.02	30.70	30.53
2035	32.17	31.97	31.59	31.23	31.03
2036	32.75	32.53	32.10	31.69	31.47
2037	33.22	32.97	32.48	32.03	31.78
2038	33.73	33.45	32.91	32.40	32.13
2039	34.26	33.95	33.35	32.79	32.49
2040	34.69	34.34	33.68	33.07	32.75
2041	35.24	34.85	34.13	33.45	33.11
2042	35.91	35.48	34.69	33.96	33.58
2043	36.42	35.95	35.09	34.29	33.90
2044	36.96	36.44	35.51	34.65	34.23
2045	37.54	36.97	35.97	35.05	34.60
2046	38.36	37.74	36.65	35.66	35.18
2047	39.37	38.69	37.51	36.43	35.92
2048	40.28	39.55	38.27	37.11	36.57
2049	41.30	40.51	39.13	37.89	37.30
2050	42.31	41.45	39.96	38.63	38.01

附表 2-18b 老年人口（65 岁及以上）占总人口比重预测

单位:%

年 份	95%预测区间低值	80%预测区间低值	预测区间中位值	80%预测区间高值	95%预测区间高值
2024	15.51	15.51	15.50	15.49	15.48
2025	15.77	15.76	15.74	15.72	15.71
2026	15.98	15.96	15.93	15.89	15.88
2027	16.74	16.72	16.67	16.62	16.60
2028	17.84	17.81	17.74	17.67	17.63
2029	18.73	18.69	18.60	18.51	18.46
2030	19.64	19.58	19.47	19.36	19.29
2031	20.53	20.46	20.32	20.18	20.10
2032	21.31	21.23	21.06	20.89	20.80
2033	22.35	22.25	22.04	21.84	21.73
2034	23.30	23.18	22.93	22.70	22.57
2035	24.31	24.17	23.88	23.61	23.46
2036	25.22	25.05	24.72	24.41	24.23
2037	26.06	25.87	25.49	25.13	24.94
2038	26.85	26.62	26.19	25.79	25.57
2039	27.54	27.28	26.80	26.35	26.11
2040	28.10	27.81	27.28	26.78	26.52
2041	28.59	28.28	27.69	27.15	26.87
2042	28.97	28.63	27.99	27.40	27.10
2043	29.41	29.02	28.33	27.69	27.37
2044	29.86	29.44	28.69	27.99	27.65
2045	30.21	29.76	28.95	28.21	27.85
2046	30.70	30.20	29.33	28.53	28.15
2047	31.31	30.77	29.83	28.98	28.57
2048	31.76	31.18	30.18	29.26	28.84
2049	32.25	31.62	30.55	29.58	29.12
2050	32.78	32.11	30.96	29.93	29.45

附表 2-18c　高龄老年人口（80 岁及以上）占总人口比重预测

单位：%

年　份	95%预测区间低值	80%预测区间低值	预测区间中位值	80%预测区间高值	95%预测区间高值
2024	3. 02	3. 02	3. 02	3. 02	3. 01
2025	3. 15	3. 15	3. 15	3. 14	3. 14
2026	3. 32	3. 32	3. 31	3. 30	3. 30
2027	3. 51	3. 50	3. 49	3. 48	3. 48
2028	3. 71	3. 71	3. 69	3. 68	3. 67
2029	3. 97	3. 96	3. 94	3. 92	3. 91
2030	4. 22	4. 21	4. 19	4. 16	4. 15
2031	4. 50	4. 49	4. 46	4. 43	4. 41
2032	4. 86	4. 84	4. 80	4. 76	4. 74
2033	5. 20	5. 18	5. 13	5. 08	5. 06
2034	5. 59	5. 56	5. 50	5. 44	5. 41
2035	5. 94	5. 91	5. 84	5. 77	5. 73
2036	6. 27	6. 23	6. 14	6. 06	6. 02
2037	6. 60	6. 55	6. 45	6. 36	6. 31
2038	6. 81	6. 76	6. 65	6. 54	6. 49
2039	6. 88	6. 82	6. 70	6. 58	6. 52
2040	6. 95	6. 88	6. 75	6. 63	6. 56
2041	6. 99	6. 91	6. 77	6. 64	6. 57
2042	7. 45	7. 36	7. 20	7. 05	6. 97
2043	8. 16	8. 06	7. 87	7. 69	7. 60
2044	8. 71	8. 59	8. 37	8. 17	8. 07
2045	9. 26	9. 13	8. 88	8. 65	8. 54
2046	9. 80	9. 65	9. 37	9. 11	8. 99
2047	10. 26	10. 08	9. 78	9. 49	9. 36
2048	10. 92	10. 72	10. 37	10. 06	9. 91
2049	11. 50	11. 28	10. 90	10. 55	10. 39
2050	12. 14	11. 89	11. 47	11. 09	10. 91

附表 2-19a 教育适龄人口（0-2 岁）占总人口比重预测

单位:%

年 份	95%预测区间低值	80%预测区间低值	预测区间中位值	80%预测区间高值	95%预测区间高值
2024	1.92	1.96	2.02	2.08	2.12
2025	1.85	1.91	2.04	2.16	2.23
2026	1.78	1.87	2.06	2.23	2.33
2027	1.72	1.83	2.06	2.27	2.40
2028	1.67	1.79	2.04	2.29	2.43
2029	1.63	1.77	2.03	2.29	2.44
2030	1.61	1.75	2.03	2.30	2.45
2031	1.59	1.74	2.03	2.32	2.48
2032	1.59	1.74	2.05	2.34	2.51
2033	1.58	1.75	2.07	2.37	2.54
2034	1.59	1.76	2.09	2.41	2.59
2035	1.59	1.77	2.13	2.46	2.64
2036	1.60	1.80	2.17	2.50	2.69
2037	1.62	1.82	2.21	2.55	2.74
2038	1.64	1.85	2.24	2.60	2.78
2039	1.66	1.88	2.28	2.65	2.82
2040	1.68	1.92	2.31	2.69	2.86
2041	1.70	1.94	2.34	2.72	2.88
2042	1.70	1.95	2.35	2.74	2.89
2043	1.70	1.95	2.36	2.74	2.89
2044	1.68	1.94	2.35	2.73	2.87
2045	1.66	1.92	2.33	2.71	2.85
2046	1.63	1.89	2.31	2.68	2.82
2047	1.60	1.85	2.27	2.63	2.77
2048	1.56	1.81	2.23	2.59	2.73
2049	1.51	1.76	2.18	2.54	2.69
2050	1.47	1.72	2.13	2.49	2.64

附表 2-19b　教育适龄人口（3-5 岁）占总人口比重预测

单位：%

年　份	95%预测区间低值	80%预测区间低值	预测区间中位值	80%预测区间高值	95%预测区间高值
2024	2. 58	2. 58	2. 58	2. 57	2. 57
2025	2. 26	2. 26	2. 26	2. 25	2. 25
2026	2. 06	2. 06	2. 08	2. 10	2. 11
2027	1. 93	1. 96	2. 02	2. 08	2. 12
2028	1. 86	1. 92	2. 05	2. 16	2. 23
2029	1. 79	1. 88	2. 06	2. 23	2. 33
2030	1. 73	1. 84	2. 06	2. 28	2. 39
2031	1. 68	1. 81	2. 05	2. 29	2. 43
2032	1. 65	1. 78	2. 04	2. 30	2. 44
2033	1. 62	1. 76	2. 04	2. 31	2. 45
2034	1. 61	1. 76	2. 04	2. 32	2. 48
2035	1. 60	1. 76	2. 06	2. 35	2. 51
2036	1. 60	1. 76	2. 08	2. 38	2. 54
2037	1. 61	1. 78	2. 11	2. 42	2. 59
2038	1. 61	1. 79	2. 14	2. 46	2. 64
2039	1. 63	1. 82	2. 18	2. 51	2. 69
2040	1. 64	1. 84	2. 22	2. 56	2. 74
2041	1. 66	1. 88	2. 26	2. 61	2. 79
2042	1. 69	1. 91	2. 30	2. 66	2. 83
2043	1. 71	1. 94	2. 33	2. 70	2. 86
2044	1. 73	1. 97	2. 36	2. 73	2. 89
2045	1. 74	1. 98	2. 38	2. 75	2. 90
2046	1. 73	1. 98	2. 38	2. 76	2. 90
2047	1. 72	1. 98	2. 38	2. 75	2. 89
2048	1. 70	1. 96	2. 37	2. 73	2. 87
2049	1. 67	1. 93	2. 34	2. 70	2. 84
2050	1. 64	1. 89	2. 31	2. 66	2. 80

附表 2-19c 教育适龄人口（6-14 岁）占总人口比重预测

单位：%

年 份	95%预测区间低值	80%预测区间低值	预测区间中位值	80%预测区间高值	95%预测区间高值
2024	11.25	11.25	11.24	11.23	11.23
2025	11.03	11.02	11.00	10.99	10.98
2026	10.61	10.60	10.58	10.56	10.55
2027	10.02	10.01	9.98	9.95	9.93
2028	9.43	9.41	9.37	9.34	9.32
2029	8.79	8.78	8.76	8.74	8.73
2030	8.24	8.25	8.27	8.28	8.29
2031	7.57	7.61	7.69	7.76	7.81
2032	6.88	6.96	7.12	7.26	7.35
2033	6.38	6.49	6.73	6.96	7.09
2034	5.93	6.09	6.43	6.74	6.92
2035	5.63	5.84	6.26	6.66	6.89
2036	5.42	5.68	6.20	6.70	6.98
2037	5.29	5.60	6.22	6.82	7.15
2038	5.18	5.54	6.25	6.92	7.29
2039	5.10	5.50	6.27	7.01	7.41
2040	5.05	5.47	6.30	7.08	7.52
2041	5.02	5.47	6.34	7.16	7.61
2042	5.01	5.49	6.40	7.25	7.72
2043	5.02	5.53	6.49	7.37	7.85
2044	5.05	5.58	6.58	7.49	7.98
2045	5.09	5.66	6.69	7.63	8.12
2046	5.15	5.74	6.81	7.77	8.27
2047	5.21	5.83	6.92	7.91	8.40
2048	5.26	5.92	7.03	8.05	8.52
2049	5.32	5.99	7.13	8.16	8.63
2050	5.36	6.06	7.21	8.26	8.70

附表 2-19d　教育适龄人口（15-17 岁）占总人口比重预测

单位:%

年　份	95%预测区间低值	80%预测区间低值	预测区间中位值	80%预测区间高值	95%预测区间高值
2024	3. 68	3. 68	3. 68	3. 67	3. 67
2025	3. 73	3. 73	3. 72	3. 72	3. 72
2026	3. 78	3. 78	3. 77	3. 76	3. 76
2027	3. 90	3. 89	3. 88	3. 87	3. 86
2028	3. 96	3. 95	3. 93	3. 92	3. 91
2029	3. 98	3. 97	3. 95	3. 94	3. 93
2030	3. 83	3. 82	3. 79	3. 77	3. 76
2031	3. 83	3. 82	3. 79	3. 76	3. 75
2032	3. 82	3. 80	3. 77	3. 74	3. 73
2033	3. 71	3. 70	3. 66	3. 63	3. 61
2034	3. 44	3. 42	3. 38	3. 35	3. 33
2035	3. 02	3. 00	2. 96	2. 93	2. 91
2036	2. 69	2. 67	2. 63	2. 60	2. 58
2037	2. 36	2. 34	2. 31	2. 28	2. 26
2038	2. 15	2. 15	2. 14	2. 12	2. 12
2039	2. 03	2. 05	2. 08	2. 11	2. 13
2040	1. 96	2. 00	2. 11	2. 19	2. 24
2041	1. 89	1. 96	2. 12	2. 26	2. 34
2042	1. 83	1. 93	2. 13	2. 31	2. 41
2043	1. 79	1. 90	2. 12	2. 33	2. 45
2044	1. 75	1. 88	2. 11	2. 34	2. 46
2045	1. 73	1. 86	2. 11	2. 35	2. 48
2046	1. 73	1. 86	2. 12	2. 37	2. 51
2047	1. 72	1. 87	2. 14	2. 40	2. 55
2048	1. 73	1. 88	2. 17	2. 44	2. 59
2049	1. 74	1. 90	2. 21	2. 49	2. 65
2050	1. 75	1. 93	2. 25	2. 54	2. 70

附表 2-19e　教育适龄人口（18-21 岁）占总人口比重预测

单位:%

年　份	95%预测区间低值	80%预测区间低值	预测区间中位值	80%预测区间高值	95%预测区间高值
2024	4. 32	4. 32	4. 32	4. 32	4. 31
2025	4. 53	4. 53	4. 52	4. 52	4. 51
2026	4. 69	4. 69	4. 68	4. 67	4. 66
2027	4. 86	4. 85	4. 84	4. 83	4. 82
2028	4. 96	4. 95	4. 93	4. 91	4. 90
2029	5. 07	5. 05	5. 03	5. 00	4. 99
2030	5. 21	5. 19	5. 16	5. 13	5. 11
2031	5. 26	5. 24	5. 20	5. 17	5. 15
2032	5. 34	5. 32	5. 27	5. 23	5. 21
2033	5. 26	5. 24	5. 19	5. 15	5. 12
2034	5. 20	5. 17	5. 12	5. 07	5. 04
2035	5. 21	5. 18	5. 12	5. 06	5. 03
2036	5. 00	4. 97	4. 90	4. 84	4. 81
2037	4. 82	4. 78	4. 71	4. 65	4. 61
2038	4. 40	4. 36	4. 29	4. 22	4. 19
2039	3. 86	3. 82	3. 76	3. 69	3. 66
2040	3. 45	3. 42	3. 35	3. 29	3. 26
2041	3. 10	3. 07	3. 03	2. 99	2. 98
2042	2. 86	2. 86	2. 87	2. 87	2. 88
2043	2. 72	2. 75	2. 82	2. 88	2. 92
2044	2. 63	2. 69	2. 85	2. 99	3. 07
2045	2. 54	2. 65	2. 87	3. 06	3. 18
2046	2. 48	2. 61	2. 87	3. 12	3. 25
2047	2. 43	2. 58	2. 87	3. 14	3. 30
2048	2. 39	2. 55	2. 87	3. 16	3. 33
2049	2. 37	2. 55	2. 88	3. 19	3. 36
2050	2. 37	2. 55	2. 90	3. 23	3. 41

附表 2-20a　总抚养比［（0-14 岁人口+60 岁及以上人口）/15-59 岁人口］预测

（15-59 岁人口数=100）

年　份	95%预测区间低值	80%预测区间低值	预测区间中位值	80%预测区间高值	95%预测区间高值
2024	60. 36	60. 41	60. 52	60. 61	60. 68
2025	61. 28	61. 38	61. 60	61. 80	61. 92
2026	62. 01	62. 17	62. 52	62. 85	63. 04
2027	62. 22	62. 45	62. 94	63. 41	63. 68
2028	63. 30	63. 61	64. 25	64. 87	65. 23
2029	64. 09	64. 48	65. 29	66. 07	66. 52
2030	65. 33	65. 81	66. 79	67. 75	68. 30
2031	66. 06	66. 63	67. 80	68. 95	69. 59
2032	66. 61	67. 28	68. 65	69. 99	70. 74
2033	67. 56	68. 34	69. 91	71. 46	72. 33
2034	68. 48	69. 37	71. 18	72. 94	73. 94
2035	69. 46	70. 48	72. 53	74. 52	75. 64
2036	70. 59	71. 75	74. 06	76. 29	77. 55
2037	71. 63	72. 92	75. 51	78. 00	79. 39
2038	72. 91	74. 33	77. 13	79. 82	81. 30
2039	74. 37	75. 88	78. 82	81. 66	83. 20
2040	75. 63	77. 22	80. 22	83. 14	84. 70
2041	77. 35	78. 99	82. 03	84. 99	86. 51
2042	79. 57	81. 25	84. 32	87. 28	88. 76
2043	81. 33	83. 05	86. 10	89. 04	90. 45
2044	83. 22	84. 96	87. 99	90. 87	92. 20
2045	85. 29	87. 05	90. 02	92. 82	94. 06
2046	88. 23	89. 97	92. 87	95. 56	96. 70
2047	91. 90	93. 62	96. 40	98. 94	99. 96
2048	95. 31	96. 98	99. 59	101. 94	102. 80
2049	99. 21	100. 79	103. 18	105. 31	105. 99
2050	103. 11	104. 57	106. 66	108. 50	109. 01

附表 2-20b 总抚养比［（0-14 岁人口+65 岁及以上人口）/15-64 岁人口］预测

（15-64 岁人口数=100）

年 份	95%预测区间低值	80%预测区间低值	预测区间中位值	80%预测区间高值	95%预测区间高值
2024	45.49	45.54	45.64	45.72	45.78
2025	44.72	44.81	45.01	45.19	45.29
2026	43.73	43.88	44.19	44.48	44.65
2027	43.71	43.92	44.35	44.77	45.01
2028	44.51	44.78	45.35	45.90	46.22
2029	44.83	45.17	45.88	46.58	46.97
2030	45.39	45.81	46.68	47.52	48.00
2031	45.73	46.23	47.26	48.26	48.83
2032	45.84	46.43	47.62	48.79	49.45
2033	46.92	47.60	48.99	50.34	51.11
2034	48.00	48.78	50.37	51.92	52.79
2035	49.56	50.46	52.27	54.02	55.02
2036	51.17	52.20	54.24	56.22	57.34
2037	52.86	54.01	56.31	58.53	59.78
2038	54.52	55.79	58.30	60.71	62.04
2039	56.07	57.43	60.09	62.65	64.04
2040	57.40	58.85	61.58	64.24	65.66
2041	58.66	60.16	62.95	65.66	67.06
2042	59.68	61.23	64.06	66.79	68.17
2043	60.87	62.46	65.31	68.05	69.39
2044	62.13	63.76	66.62	69.35	70.64
2045	63.15	64.81	67.66	70.36	71.59
2046	64.50	66.17	69.00	71.65	72.81
2047	66.20	67.88	70.67	73.24	74.33
2048	67.45	69.12	71.83	74.32	75.31
2049	68.76	70.40	73.01	75.39	76.28
2050	70.17	71.77	74.25	76.49	77.29

附表 2-20c　总抚养比［（0-19 岁人口+65 岁及以上人口）/20-64 岁人口］预测

（20-64 岁人口数=100）

年　份	95%预测区间低值	80%预测区间低值	预测区间中位值	80%预测区间高值	95%预测区间高值
2024	59. 22	59. 27	59. 38	59. 48	59. 54
2025	58. 68	58. 77	58. 99	59. 19	59. 30
2026	57. 84	58. 00	58. 34	58. 66	58. 85
2027	58. 28	58. 50	58. 98	59. 44	59. 70
2028	59. 41	59. 71	60. 34	60. 94	61. 29
2029	59. 96	60. 34	61. 13	61. 89	62. 33
2030	60. 58	61. 05	62. 00	62. 94	63. 47
2031	61. 03	61. 59	62. 72	63. 83	64. 46
2032	61. 00	61. 65	62. 96	64. 26	64. 99
2033	61. 82	62. 57	64. 09	65. 58	66. 43
2034	62. 36	63. 23	64. 97	66. 66	67. 62
2035	63. 36	64. 35	66. 32	68. 24	69. 33
2036	63. 86	64. 97	67. 20	69. 34	70. 55
2037	64. 20	65. 44	67. 92	70. 30	71. 63
2038	64. 94	66. 32	69. 06	71. 69	73. 16
2039	65. 66	67. 20	70. 21	73. 11	74. 70
2040	66. 46	68. 15	71. 44	74. 62	76. 34
2041	67. 40	69. 26	72. 84	76. 31	78. 16
2042	68. 23	70. 27	74. 15	77. 92	79. 89
2043	69. 28	71. 48	75. 60	79. 60	81. 65
2044	70. 46	72. 79	77. 08	81. 26	83. 35
2045	71. 43	73. 86	78. 25	82. 52	84. 63
2046	72. 81	75. 31	79. 78	84. 09	86. 18
2047	74. 64	77. 20	81. 72	86. 06	88. 11
2048	76. 00	78. 61	83. 16	87. 48	89. 48
2049	77. 47	80. 11	84. 67	88. 95	90. 89
2050	79. 10	81. 75	86. 30	90. 52	92. 40

附表 2-20d 总抚养比［（0-19 岁人口+70 岁及以上人口）/20-69 岁人口］预测

（20-69 岁人口数=100）

年 份	95%预测区间低值	80%预测区间低值	预测区间中位值	80%预测区间高值	95%预测区间高值
2024	47.29	47.33	47.43	47.52	47.58
2025	47.47	47.56	47.76	47.94	48.05
2026	47.42	47.57	47.89	48.19	48.36
2027	47.29	47.51	47.95	48.38	48.62
2028	46.72	47.00	47.58	48.14	48.46
2029	45.71	46.06	46.78	47.47	47.87
2030	44.74	45.15	46.02	46.86	47.34
2031	43.57	44.07	45.08	46.07	46.63
2032	43.34	43.92	45.09	46.24	46.89
2033	43.89	44.56	45.92	47.24	47.99
2034	44.00	44.76	46.31	47.81	48.67
2035	44.36	45.23	46.98	48.68	49.63
2036	44.51	45.49	47.44	49.33	50.40
2037	44.44	45.53	47.71	49.80	50.98
2038	45.32	46.54	48.95	51.27	52.56
2039	46.20	47.56	50.22	52.77	54.18
2040	47.56	49.06	51.98	54.79	56.32
2041	48.96	50.63	53.81	56.90	58.54
2042	50.42	52.25	55.72	59.08	60.85
2043	51.84	53.81	57.51	61.11	62.96
2044	53.12	55.22	59.10	62.87	64.76
2045	54.17	56.37	60.36	64.24	66.16
2046	55.12	57.39	61.47	65.42	67.32
2047	55.83	58.16	62.31	66.28	68.17
2048	56.68	59.06	63.26	67.24	69.10
2049	57.58	60.01	64.24	68.22	70.04
2050	58.25	60.71	64.95	68.91	70.70

附表 2-20e　总抚养比［（0-24 岁人口+65 岁及以上人口）/25-64 岁人口］预测

（25-64 岁人口数=100）

年　份	95%预测区间低值	80%预测区间低值	预测区间中位值	80%预测区间高值	95%预测区间高值
2024	73. 43	73. 49	73. 61	73. 71	73. 78
2025	72. 96	73. 06	73. 30	73. 52	73. 64
2026	72. 37	72. 54	72. 92	73. 27	73. 47
2027	73. 51	73. 76	74. 29	74. 79	75. 08
2028	75. 68	76. 01	76. 70	77. 37	77. 75
2029	76. 94	77. 36	78. 23	79. 08	79. 56
2030	78. 21	78. 73	79. 79	80. 83	81. 41
2031	79. 26	79. 87	81. 14	82. 37	83. 07
2032	79. 84	80. 57	82. 04	83. 48	84. 30
2033	81. 11	81. 95	83. 66	85. 32	86. 27
2034	82. 04	83. 00	84. 95	86. 86	87. 93
2035	83. 23	84. 33	86. 55	88. 70	89. 92
2036	83. 94	85. 18	87. 68	90. 08	91. 44
2037	84. 16	85. 55	88. 32	91. 00	92. 49
2038	84. 44	85. 99	89. 05	92. 00	93. 63
2039	84. 36	86. 07	89. 42	92. 65	94. 42
2040	84. 22	86. 10	89. 74	93. 25	95. 16
2041	83. 55	85. 60	89. 52	93. 33	95. 35
2042	82. 48	84. 70	88. 91	92. 99	95. 13
2043	82. 25	84. 65	89. 17	93. 56	95. 82
2044	82. 34	84. 93	89. 77	94. 47	96. 86
2045	82. 59	85. 38	90. 56	95. 57	98. 10
2046	83. 59	86. 60	92. 15	97. 51	100. 19
2047	85. 30	88. 53	94. 47	100. 21	103. 06
2048	86. 52	89. 94	96. 19	102. 21	105. 16
2049	87. 92	91. 49	97. 95	104. 18	107. 19
2050	89. 56	93. 24	99. 84	106. 18	109. 22

附表 2-20f 总抚养比［（0-24 岁人口+70 岁及以上人口）/25-69 岁人口］预测

（25-69 岁人口数=100）

年 份	95%预测区间低值	80%预测区间低值	预测区间中位值	80%预测区间高值	95%预测区间高值
2024	59.37	59.42	59.53	59.62	59.69
2025	59.73	59.82	60.05	60.24	60.36
2026	60.02	60.18	60.53	60.85	61.04
2027	60.40	60.63	61.12	61.58	61.85
2028	60.39	60.70	61.33	61.94	62.29
2029	59.67	60.05	60.84	61.60	62.04
2030	58.90	59.36	60.31	61.24	61.76
2031	57.89	58.43	59.54	60.63	61.25
2032	58.08	58.72	60.02	61.29	62.00
2033	58.95	59.69	61.18	62.65	63.48
2034	59.27	60.11	61.82	63.48	64.43
2035	59.66	60.62	62.56	64.43	65.49
2036	59.89	60.97	63.14	65.23	66.42
2037	59.66	60.87	63.27	65.59	66.88
2038	60.25	61.59	64.25	66.81	68.23
2039	60.58	62.07	64.99	67.79	69.34
2040	61.35	63.00	66.18	69.26	70.93
2041	61.62	63.43	66.88	70.23	72.01
2042	61.72	63.68	67.41	71.03	72.92
2043	62.19	64.33	68.34	72.25	74.26
2044	62.64	64.95	69.27	73.46	75.59
2045	63.13	65.63	70.25	74.74	76.99
2046	63.76	66.44	71.39	76.17	78.56
2047	64.27	67.13	72.41	77.50	80.02
2048	64.97	67.99	73.53	78.86	81.48
2049	65.77	68.93	74.66	80.18	82.86
2050	66.37	69.63	75.48	81.10	83.81

附表 2-21a　少儿抚养比（0-14 岁人口/15-59 岁人口）预测

（15-59 岁人口数 = 100）

年　份	95%预测区间低值	80%预测区间低值	预测区间中位值	80%预测区间高值	95%预测区间高值
2024	25.26	25.31	25.43	25.52	25.59
2025	24.41	24.51	24.73	24.93	25.04
2026	23.41	23.57	23.92	24.25	24.44
2027	22.18	22.41	22.90	23.37	23.64
2028	21.16	21.47	22.11	22.73	23.09
2029	20.05	20.44	21.25	22.03	22.48
2030	19.15	19.63	20.61	21.57	22.12
2031	18.02	18.59	19.76	20.91	21.55
2032	16.86	17.53	18.90	20.23	20.99
2033	16.06	16.84	18.41	19.96	20.83
2034	15.38	16.28	18.08	19.84	20.84
2035	14.95	15.97	18.02	20.01	21.14
2036	14.72	15.87	18.19	20.42	21.68
2037	14.61	15.91	18.50	20.99	22.38
2038	14.59	16.01	18.84	21.55	23.05
2039	14.63	16.18	19.19	22.10	23.68
2040	14.70	16.37	19.52	22.58	24.22
2041	14.86	16.62	19.91	23.10	24.76
2042	15.09	16.95	20.38	23.69	25.37
2043	15.29	17.25	20.80	24.21	25.89
2044	15.51	17.56	21.24	24.73	26.41
2045	15.74	17.89	21.67	25.24	26.92
2046	16.02	18.27	22.18	25.83	27.50
2047	16.36	18.71	22.73	26.46	28.13
2048	16.64	19.08	23.21	27.00	28.64
2049	16.93	19.46	23.68	27.52	29.15
2050	17.18	19.78	24.08	27.96	29.57

附表 2-21b 少儿抚养比（0-14 岁人口/15-64 岁人口）预测

（15-64 岁人口数=100）

年 份	95%预测区间低值	80%预测区间低值	预测区间中位值	80%预测区间高值	95%预测区间高值
2024	22.92	22.97	23.07	23.16	23.22
2025	21.90	21.99	22.19	22.37	22.47
2026	20.77	20.91	21.22	21.51	21.68
2027	19.65	19.86	20.29	20.70	20.94
2028	18.73	19.00	19.57	20.12	20.43
2029	17.70	18.04	18.76	19.45	19.84
2030	16.84	17.26	18.12	18.97	19.45
2031	15.81	16.32	17.34	18.35	18.92
2032	14.76	15.35	16.54	17.71	18.37
2033	14.08	14.76	16.15	17.50	18.27
2034	13.51	14.30	15.89	17.43	18.31
2035	13.19	14.09	15.90	17.66	18.65
2036	13.04	14.07	16.12	18.09	19.21
2037	13.02	14.17	16.47	18.69	19.93
2038	13.03	14.31	16.83	19.26	20.60
2039	13.09	14.48	17.18	19.79	21.20
2040	13.18	14.67	17.50	20.25	21.72
2041	13.29	14.87	17.83	20.69	22.18
2042	13.41	15.08	18.14	21.09	22.60
2043	13.56	15.31	18.47	21.52	23.03
2044	13.72	15.55	18.82	21.94	23.45
2045	13.86	15.76	19.12	22.30	23.80
2046	14.00	15.98	19.43	22.67	24.16
2047	14.17	16.22	19.75	23.04	24.52
2048	14.26	16.38	19.98	23.30	24.76
2049	14.34	16.51	20.16	23.51	24.94
2050	14.39	16.61	20.30	23.67	25.08

附表 2-21c　少儿抚养比（0-19 岁人口/20-64 岁人口）预测

（20-64 岁人口数＝100）

年　份	95%预测区间低值	80%预测区间低值	预测区间中位值	80%预测区间高值	95%预测区间高值
2024	34.53	34.58	34.69	34.78	34.85
2025	33.66	33.75	33.97	34.17	34.28
2026	32.63	32.78	33.13	33.44	33.63
2027	31.77	32.00	32.48	32.94	33.20
2028	30.96	31.27	31.90	32.50	32.85
2029	29.99	30.37	31.16	31.93	32.36
2030	29.04	29.51	30.47	31.40	31.93
2031	27.97	28.53	29.66	30.77	31.40
2032	26.68	27.33	28.65	29.95	30.67
2033	25.65	26.40	27.92	29.41	30.26
2034	24.53	25.39	27.13	28.83	29.79
2035	23.64	24.63	26.60	28.52	29.61
2036	22.54	23.64	25.87	28.01	29.22
2037	21.40	22.64	25.12	27.50	28.83
2038	20.66	22.04	24.78	27.41	28.88
2039	20.04	21.58	24.59	27.49	29.08
2040	19.69	21.39	24.67	27.85	29.57
2041	19.53	21.40	24.98	28.45	30.29
2042	19.49	21.53	25.41	29.17	31.14
2043	19.50	21.71	25.85	29.87	31.94
2044	19.57	21.92	26.28	30.52	32.65
2045	19.63	22.12	26.64	31.04	33.21
2046	19.76	22.36	27.05	31.57	33.77
2047	19.96	22.67	27.51	32.15	34.37
2048	20.10	22.91	27.89	32.62	34.84
2049	20.25	23.15	28.26	33.07	35.30
2050	20.39	23.39	28.62	33.50	35.74

附表 2-21d 少儿抚养比（0-19 岁人口/20-69 岁人口）预测

（20-69 岁人口数=100）

年 份	95%预测区间低值	80%预测区间低值	预测区间中位值	80%预测区间高值	95%预测区间高值
2024	31.94	31.98	32.09	32.18	32.23
2025	31.28	31.37	31.57	31.75	31.86
2026	30.47	30.62	30.94	31.23	31.41
2027	29.57	29.78	30.23	30.65	30.90
2028	28.50	28.78	29.36	29.92	30.24
2029	27.32	27.67	28.39	29.08	29.48
2030	26.18	26.60	27.46	28.30	28.78
2031	24.94	25.44	26.45	27.44	28.00
2032	23.76	24.34	25.51	26.66	27.31
2033	22.81	23.48	24.83	26.16	26.91
2034	21.76	22.52	24.06	25.57	26.42
2035	20.89	21.76	23.51	25.21	26.17
2036	19.87	20.85	22.81	24.70	25.77
2037	18.83	19.92	22.09	24.19	25.36
2038	18.20	19.42	21.83	24.15	25.44
2039	17.69	19.04	21.70	24.26	25.66
2040	17.45	18.96	21.87	24.69	26.21
2041	17.38	19.04	22.23	25.31	26.96
2042	17.42	19.25	22.72	26.08	27.85
2043	17.49	19.47	23.19	26.80	28.65
2044	17.58	19.69	23.61	27.42	29.34
2045	17.66	19.89	23.97	27.93	29.89
2046	17.74	20.08	24.30	28.37	30.35
2047	17.81	20.23	24.57	28.73	30.72
2048	17.89	20.40	24.86	29.10	31.10
2049	17.98	20.57	25.13	29.44	31.44
2050	18.02	20.68	25.34	29.70	31.71

附表 2-21e　少儿抚养比（0-24 岁人口/25-64 岁人口）预测

（25-64 岁人口数＝100）

年　份	95%预测区间低值	80%预测区间低值	预测区间中位值	80%预测区间高值	95%预测区间高值
2024	46.53	46.59	46.71	46.81	46.88
2025	45.69	45.79	46.03	46.24	46.37
2026	44.83	45.00	45.38	45.73	45.93
2027	44.46	44.71	45.23	45.73	46.02
2028	44.33	44.66	45.36	46.02	46.41
2029	43.79	44.21	45.09	45.93	46.42
2030	43.21	43.73	44.79	45.83	46.41
2031	42.46	43.08	44.34	45.58	46.27
2032	41.51	42.24	43.71	45.16	45.97
2033	40.63	41.47	43.17	44.84	45.79
2034	39.62	40.59	42.54	44.44	45.52
2035	38.68	39.79	42.00	44.16	45.37
2036	37.55	38.79	41.28	43.69	45.05
2037	36.16	37.55	40.32	43.00	44.49
2038	34.92	36.47	39.54	42.48	44.12
2039	33.60	35.30	38.66	41.88	43.65
2040	32.46	34.34	37.98	41.49	43.40
2041	31.07	33.12	37.04	40.84	42.87
2042	29.61	31.83	36.03	40.12	42.26
2043	28.66	31.06	35.57	39.96	42.22
2044	27.90	30.49	35.33	40.03	42.42
2045	27.42	30.21	35.39	40.41	42.93
2046	27.24	30.25	35.79	41.16	43.83
2047	27.28	30.51	36.46	42.20	45.05
2048	27.28	30.71	36.99	43.03	46.00
2049	27.33	30.93	37.49	43.79	46.85
2050	27.43	31.19	37.97	44.47	47.61

附表 2-21f 少儿抚养比（0-24 岁人口/25-69 岁人口）预测

（25-69 岁人口数=100）

年 份	95%预测区间低值	80%预测区间低值	预测区间中位值	80%预测区间高值	95%预测区间高值
2024	42.76	42.81	42.92	43.02	43.08
2025	42.19	42.29	42.51	42.71	42.82
2026	41.62	41.78	42.13	42.45	42.64
2027	41.10	41.33	41.82	42.28	42.54
2028	40.47	40.78	41.41	42.02	42.37
2029	39.52	39.90	40.69	41.45	41.89
2030	38.53	38.99	39.94	40.86	41.39
2031	37.40	37.94	39.05	40.14	40.76
2032	36.49	37.13	38.42	39.69	40.41
2033	35.66	36.40	37.89	39.36	40.19
2034	34.66	35.51	37.22	38.88	39.82
2035	33.71	34.67	36.60	38.48	39.54
2036	32.64	33.72	35.89	37.98	39.16
2037	31.35	32.55	34.96	37.28	38.57
2038	30.34	31.69	34.35	36.91	38.33
2039	29.26	30.75	33.67	36.48	38.02
2040	28.43	30.08	33.26	36.34	38.01
2041	27.36	29.16	32.62	35.96	37.75
2042	26.24	28.20	31.93	35.55	37.45
2043	25.51	27.64	31.66	35.56	37.58
2044	24.88	27.20	31.52	35.70	37.84
2045	24.50	26.99	31.62	36.10	38.36
2046	24.30	26.98	31.92	36.71	39.10
2047	24.19	27.05	32.32	37.41	39.93
2048	24.13	27.16	32.72	38.06	40.69
2049	24.11	27.29	33.08	38.64	41.35
2050	24.07	27.38	33.34	39.06	41.83

附表 2-22a 老年抚养比（60 岁及以上人口/15-59 岁人口）预测

（15-59 岁人口数 = 100）

年 份	95%预测区间低值	80%预测区间低值	预测区间中位值	80%预测区间高值	95%预测区间高值
2024	35.09	35.09	35.09	35.09	35.09
2025	36.87	36.87	36.87	36.87	36.87
2026	38.60	38.60	38.60	38.60	38.60
2027	40.04	40.04	40.04	40.04	40.04
2028	42.14	42.14	42.14	42.14	42.14
2029	44.03	44.03	44.03	44.03	44.03
2030	46.18	46.18	46.18	46.18	46.18
2031	48.04	48.04	48.04	48.04	48.04
2032	49.75	49.75	49.75	49.75	49.75
2033	51.50	51.50	51.50	51.50	51.50
2034	53.10	53.10	53.10	53.10	53.10
2035	54.51	54.51	54.51	54.51	54.51
2036	55.87	55.87	55.87	55.87	55.87
2037	57.01	57.01	57.01	57.01	57.01
2038	58.33	58.32	58.29	58.27	58.26
2039	59.74	59.70	59.63	59.56	59.52
2040	60.92	60.86	60.70	60.56	60.48
2041	62.49	62.37	62.12	61.89	61.75
2042	64.48	64.31	63.94	63.59	63.39
2043	66.04	65.80	65.30	64.83	64.56
2044	67.71	67.40	66.75	66.14	65.79
2045	69.56	69.16	68.35	67.58	67.15
2046	72.21	71.70	70.69	69.73	69.20
2047	75.54	74.91	73.66	72.48	71.83
2048	78.67	77.90	76.38	74.95	74.16
2049	82.28	81.34	79.50	77.78	76.84
2050	85.93	84.78	82.58	80.54	79.44

附表 2-22b 老年抚养比（65 岁及以上人口/15-64 岁人口）预测

（15-64 岁人口数=100）

年 份	95%预测区间低值	80%预测区间低值	预测区间中位值	80%预测区间高值	95%预测区间高值
2024	22.57	22.57	22.57	22.57	22.57
2025	22.82	22.82	22.82	22.82	22.82
2026	22.96	22.96	22.96	22.96	22.96
2027	24.06	24.06	24.06	24.06	24.06
2028	25.78	25.78	25.78	25.78	25.78
2029	27.13	27.13	27.13	27.13	27.13
2030	28.55	28.55	28.55	28.55	28.55
2031	29.92	29.92	29.92	29.92	29.92
2032	31.08	31.08	31.08	31.08	31.08
2033	32.84	32.84	32.84	32.84	32.84
2034	34.49	34.49	34.49	34.49	34.49
2035	36.36	36.36	36.36	36.36	36.36
2036	38.13	38.13	38.13	38.13	38.13
2037	39.84	39.84	39.84	39.84	39.84
2038	41.48	41.48	41.46	41.45	41.44
2039	42.98	42.95	42.91	42.86	42.83
2040	44.22	44.18	44.08	43.99	43.94
2041	45.37	45.29	45.12	44.97	44.88
2042	46.27	46.16	45.92	45.70	45.57
2043	47.31	47.15	46.83	46.53	46.36
2044	48.41	48.21	47.80	47.41	47.19
2045	49.30	49.05	48.54	48.05	47.78
2046	50.49	50.18	49.57	48.98	48.65
2047	52.03	51.66	50.91	50.20	49.80
2048	53.18	52.74	51.85	51.01	50.55
2049	54.42	53.89	52.85	51.87	51.34
2050	55.78	55.16	53.95	52.82	52.21

附表 2-22c　老年抚养比（65 岁及以上人口/20-64 岁人口）预测

（20-64 岁人口数＝100）

年　份	95%预测区间低值	80%预测区间低值	预测区间中位值	80%预测区间高值	95%预测区间高值
2024	24.70	24.70	24.70	24.70	24.70
2025	25.02	25.02	25.02	25.02	25.02
2026	25.22	25.22	25.22	25.22	25.22
2027	26.50	26.50	26.50	26.50	26.50
2028	28.44	28.44	28.44	28.44	28.44
2029	29.96	29.96	29.96	29.96	29.96
2030	31.54	31.54	31.54	31.54	31.54
2031	33.06	33.06	33.06	33.06	33.06
2032	34.31	34.31	34.31	34.31	34.31
2033	36.17	36.17	36.17	36.17	36.17
2034	37.83	37.83	37.83	37.83	37.83
2035	39.72	39.72	39.72	39.72	39.72
2036	41.33	41.33	41.33	41.33	41.33
2037	42.80	42.80	42.80	42.80	42.80
2038	44.28	44.28	44.28	44.28	44.28
2039	45.62	45.62	45.62	45.62	45.62
2040	46.77	46.77	46.77	46.77	46.77
2041	47.86	47.86	47.86	47.86	47.86
2042	48.74	48.74	48.74	48.74	48.74
2043	49.78	49.77	49.75	49.73	49.72
2044	50.89	50.86	50.80	50.74	50.70
2045	51.80	51.74	51.60	51.49	51.42
2046	53.04	52.94	52.73	52.53	52.41
2047	54.68	54.53	54.21	53.91	53.74
2048	55.90	55.70	55.27	54.87	54.64
2049	57.23	56.96	56.41	55.89	55.59
2050	58.70	58.36	57.68	57.02	56.65

附表 2-22d　老年抚养比（70 岁及以上人口/20-69 岁人口）预测

（20-69 岁人口数=100）

年　份	95%预测区间低值	80%预测区间低值	预测区间中位值	80%预测区间高值	95%预测区间高值
2024	15. 35	15. 35	15. 35	15. 35	15. 35
2025	16. 19	16. 19	16. 19	16. 19	16. 19
2026	16. 95	16. 95	16. 95	16. 95	16. 95
2027	17. 73	17. 73	17. 73	17. 73	17. 73
2028	18. 22	18. 22	18. 22	18. 22	18. 22
2029	18. 39	18. 39	18. 39	18. 39	18. 39
2030	18. 56	18. 56	18. 56	18. 56	18. 56
2031	18. 63	18. 63	18. 63	18. 63	18. 63
2032	19. 58	19. 58	19. 58	19. 58	19. 58
2033	21. 09	21. 09	21. 09	21. 09	21. 09
2034	22. 24	22. 24	22. 24	22. 24	22. 24
2035	23. 47	23. 47	23. 47	23. 47	23. 47
2036	24. 63	24. 63	24. 63	24. 63	24. 63
2037	25. 61	25. 61	25. 61	25. 61	25. 61
2038	27. 12	27. 12	27. 12	27. 12	27. 12
2039	28. 51	28. 51	28. 51	28. 51	28. 51
2040	30. 10	30. 10	30. 10	30. 10	30. 10
2041	31. 58	31. 58	31. 58	31. 58	31. 58
2042	33. 00	33. 00	33. 00	33. 00	33. 00
2043	34. 34	34. 34	34. 33	34. 31	34. 31
2044	35. 54	35. 52	35. 48	35. 45	35. 42
2045	36. 51	36. 48	36. 39	36. 32	36. 27
2046	37. 38	37. 32	37. 18	37. 05	36. 98
2047	38. 02	37. 93	37. 73	37. 55	37. 44
2048	38. 79	38. 66	38. 40	38. 15	38. 01
2049	39. 61	39. 44	39. 10	38. 78	38. 60
2050	40. 23	40. 03	39. 61	39. 21	38. 99

附表 2-22e　老年抚养比（65 岁及以上人口/25-64 岁人口）预测

（25-64 岁人口数＝100）

年　份	95%预测区间低值	80%预测区间低值	预测区间中位值	80%预测区间高值	95%预测区间高值
2024	26.90	26.90	26.90	26.90	26.90
2025	27.27	27.27	27.27	27.27	27.27
2026	27.54	27.54	27.54	27.54	27.54
2027	29.06	29.06	29.06	29.06	29.06
2028	31.34	31.34	31.34	31.34	31.34
2029	33.14	33.14	33.14	33.14	33.14
2030	35.00	35.00	35.00	35.00	35.00
2031	36.80	36.80	36.80	36.80	36.80
2032	38.33	38.33	38.33	38.33	38.33
2033	40.48	40.48	40.48	40.48	40.48
2034	42.42	42.42	42.42	42.42	42.42
2035	44.55	44.55	44.55	44.55	44.55
2036	46.39	46.39	46.39	46.39	46.39
2037	48.00	48.00	48.00	48.00	48.00
2038	49.52	49.52	49.52	49.52	49.52
2039	50.77	50.77	50.77	50.77	50.77
2040	51.76	51.76	51.76	51.76	51.76
2041	52.48	52.48	52.48	52.48	52.48
2042	52.87	52.87	52.87	52.87	52.87
2043	53.59	53.59	53.59	53.59	53.59
2044	54.44	54.44	54.44	54.44	54.44
2045	55.17	55.17	55.17	55.17	55.17
2046	56.35	56.35	56.35	56.35	56.35
2047	58.01	58.01	58.01	58.01	58.01
2048	59.24	59.23	59.20	59.17	59.16
2049	60.60	60.56	60.47	60.39	60.34
2050	62.13	62.05	61.87	61.71	61.61

附表 2-22f　老年抚养比（70 岁及以上人口/25-69 岁人口）预测

（25-69 岁人口数 = 100）

年　份	95%预测区间低值	80%预测区间低值	预测区间中位值	80%预测区间高值	95%预测区间高值
2024	16. 61	16. 61	16. 61	16. 61	16. 61
2025	17. 54	17. 54	17. 54	17. 54	17. 54
2026	18. 40	18. 40	18. 40	18. 40	18. 40
2027	19. 30	19. 30	19. 30	19. 30	19. 30
2028	19. 92	19. 92	19. 92	19. 92	19. 92
2029	20. 15	20. 15	20. 15	20. 15	20. 15
2030	20. 37	20. 37	20. 37	20. 37	20. 37
2031	20. 49	20. 49	20. 49	20. 49	20. 49
2032	21. 60	21. 60	21. 60	21. 60	21. 60
2033	23. 29	23. 29	23. 29	23. 29	23. 29
2034	24. 60	24. 60	24. 60	24. 60	24. 60
2035	25. 96	25. 96	25. 96	25. 96	25. 96
2036	27. 26	27. 26	27. 26	27. 26	27. 26
2037	28. 31	28. 31	28. 31	28. 31	28. 31
2038	29. 91	29. 91	29. 91	29. 91	29. 91
2039	31. 32	31. 32	31. 32	31. 32	31. 32
2040	32. 92	32. 92	32. 92	32. 92	32. 92
2041	34. 27	34. 27	34. 27	34. 27	34. 27
2042	35. 48	35. 48	35. 48	35. 48	35. 48
2043	36. 69	36. 69	36. 69	36. 69	36. 69
2044	37. 75	37. 75	37. 75	37. 75	37. 75
2045	38. 64	38. 64	38. 64	38. 64	38. 64
2046	39. 46	39. 46	39. 46	39. 46	39. 46
2047	40. 08	40. 08	40. 08	40. 08	40. 08
2048	40. 84	40. 83	40. 81	40. 80	40. 79
2049	41. 66	41. 64	41. 59	41. 54	41. 51
2050	42. 30	42. 25	42. 14	42. 04	41. 98

（执笔人：李月、刘厚莲、王丹寅、元俊磊）